近代日本語における用字法の変遷

―尾崎紅葉を中心に―

近藤瑞子

序

近藤瑞子さんは、平成十二年三月、日本大学文理学部国文学科を卒業した。卒業に当たり、作成した卒業論文が、

近代日本語における用字法の変遷――尾崎紅葉を中心に――

の論文題名で、私のところに提出された。四百字詰め原稿用紙で七二〇枚余の論文であった。このテーマで卒業論文を纏めることにしたのは、近藤さんが三年生（平成十一年度）の時、私が国語学演習に尾崎紅葉の『二人女房』を扱ったことに機縁があったようである。近藤さんの演習の発表はその年の夏休み明けであったと記憶している。その発表資料がB４版二十数枚で、テキストだけでなく紅葉の他の作品をはじめ同時代、前後の時代の作家の小説を取り上げて、用字法の調査が詳細な数値で示されていた。一夏かかって調査し、纏めたとのことであった。大がかりな調査と丹念な分析による発表は、出席していた学生のなかで一頭地を抜いた発表であった。

卒業論文は、三年生のときの演習の調査を基に、尾崎紅葉を中心に明治時代の用字法の変遷を研究していくことになった。そして提出された卒業論文が本書と同題名のものである。

卒業論文執筆途上で、体調を崩されて、健康に自信がなくなったと話していたが、結果として提出された卒業論文は、七〇〇枚を越す大冊となった。論文執筆中に私に質問やアドバイスを求めたこともあったが、それは数えるほどしかなく、その中で私の過剰な要求もあったが、近藤さんはそれを次に会うまでに十分に対応して、論文の中に反映させていた。その上、調査対象の文献の原稿、初版本等を求めて駒場の日本近代文学館、国文学研究資料館、県立神奈川近代文学館、東京都町田市立図書館にも足を延ばして、確実な資料を論文に反映させた。

私は、提出された近藤さんの卒業論文を読み、一年にも満たない期間に纏めた論文とは思えないほど入念で出色の論文と思った。証明すべきところには証明すべき資料を提示して遺漏のないよう配慮された個所が所々に認められたのである。

この論文で、硯友社を主催し、近代日本語確立途上の日本語の駆使に腐心した尾崎紅葉を浮き彫りにする事ができ、明治時代の用字法の変遷を概括的に纏めていて、斯界には有意義な研究となったと思えたのである。この卒業論文に対し、日本大学文理学部と国文学科は、近藤さんに褒賞でもって応えたのは、当然であったと言わなければならない。

近藤さんは、そのまま大学院に進学してくれるものと思っていたが、一身上の都合で進学はされなかった。ところが、卒業した平成十二年の夏休みがあけた九月のある日、突然来研され、卒業論文を私家版として印刷し、知り合いに頒布したいので、推薦文を書いてほしいと言われた。そこで、印刷所は決めているのかを尋ねたところ、今から考えるのだとのことであった。私は、内容からみて私家版として知り合いだけに頒布するのでは、勿体ないのではないか、内容を再吟味して同学の士の研究にも供しうるような、歴とした研究書にした方がよいのではないかとアドバイスした。近藤さんは、そのようにできるのなら、それに越したことはないとの返事であった。私は、国語国文学関係で名の通った出版社の方がよいと考え、日本大学国文学科の卒業生で篤実な出版を手掛け、雑誌『漱石研究』等の出版で著名な翰林書房の今井肇さんに電話して、事情を話したところ、前向きに検討していただくことになり、後日、近藤さんを同道して翰林書房にうかがうことにした。平成十二年十二月の中旬、翰林書房に近藤さんを連れていき、現物をみていただき、一応の刊行の了解を得た。

この後、近藤さんは、再び論文の充実と誤認の検討のため、日本近代文学館、日本大学文理学部図書館、町田市立図書館に通い、万全を期すことになった。このような三年間ほどの経過を経て完成したものが本書であり、できるだけ欠陥をなくすように努力したものである。しかし、近藤さんは、研究をはじめて日が浅く、論証を端折った点もみられる一方、失考もあるやと思うが、私も過誤のないように協力したつもりである。近藤さんの意のあるところを汲み取り、励ましていただければ、指導した者として望外の幸いである。

以上、本書刊行に至までの経過を述べて序文に代えたい。

なお、末筆ながら、翰林書房の今井肇さんに対し、現今の出版事情の窮屈な時期にかかわらず、果敢にも本書の刊行を決断されたことに私からも深甚なる謝意を表したい。

平成十三年七月二十日

佐藤武義

近代日本語における用字法の変遷——尾崎紅葉を中心に——目次

I　序論

（一）はじめに

普段我々が日常生活の中で何気なく使用している「言葉」について、最近「日本語の乱れ」「若者言葉」「死語」などの言葉に関する問題が、新聞や一般書物などで取り上げられることが多い。しかもその言葉を表記する「文字」も、あて字を始め、漢字と仮名との組み合わせの問題（例えば送り仮名・混ぜ表記）など、多くの議論を巻き起こしている。

漢字というものが三世紀頃に中国より我が国に伝来し、それを基に日本独自の「仮名表記」が生れたということは周知の事実であるが、日本語とは異なる言語の中国語の表記文字である漢字を、日本語の表記として用いるため、漢字伝来以降、当然その当て方に対して、常に大きな問題を抱え込まざるを得なかった。

日本語の一語を漢字で表記するために、いずれの漢字を選び用いるかは、古来日本人を悩まし続けてきた。例えば「オモフ」という日本語にはどのような漢字を当てたのかを、『類聚名義抄』に拠って検討すると、「思・念・惟・想・謂・認・論」を始め、多くの漢字が挙げられている。これは、中国語の「オモフ」に該当する漢字として、右のような多様な漢字が使用されていたことを示しているのである。それ故、漢字の意味に対応する日本語をいかに正確に選ぶかは、先進文明国の中国の文化を、中国人と同じレベルで理解するためには必須の務めであった。

このような日本人の歴史的な漢字との対決を通して、日本語の中に漢字を安定した形で同化させる努力が続けられた結果、現在我々が日常で使用する漢字は、小学校から習い始める「常用漢字」だけで凡そ事足り、どのような漢字をどの程度用いるのか、その表記の仕方には個人差があるものの、一つの語に対する漢字の使い分けなども、ほぼ固定されていると言えるのである。しかし中国から伝来した漢字の数は膨大なものであり、この常用漢字や慣用表記がある程度固定されたのは、ごく最近のことであった。

漢字表記に関する論議が特に盛んになったのは、文明開化が主張された明治初期のことであった。ある者はローマ字で日本語を表せと言い、ある者は日本独自の仮名だけを使えば良いのだと主張し、漢字廃止論まで出たのだが、最終的には、福沢諭吉の漢字削減論が生かされたのであった。これは、近代文明の幕開けと共に起こった現象であるとも言える。

「文明開化」と言われるように、西洋の文物が徐々に我々日本人の生活の中に受け入れられるようになるのと同時に、西洋文学が、翻訳を通して大量に移入された。ここに日本語の近代化が叫ばれるようになり、文体・文法・語彙・用字法などの、広範に亘る日本語の改良の機運が高まった。しかし古代から明治期までの長期間の日本人の言語生活の伝統の中では、日本語の近代化は容易ではなく、そういった意味では、明治時代における現実の日本語使用の実態は混沌の中にあったと言える。特に文学者は、日本語の近代化の担い手でもあったが、彼らの教養が前代の江戸時代の文化を基盤にしていたか否かが、彼らのその後に大きな影響を及ぼした。江戸期に生れた文学者は、多かれ少なかれ江戸的な体質を身につけていたことは否めない事実であり、中でも、若年にして文名を高らしめた文学者はなおさらである。近代日本語の確立期は明治二十年前後と言われているが、明治二十年代に文名を挙げた文学者の基礎的な日本語とその文体は、いまだ近代日本語に慣れきれない日本語、換言すれば江戸時代語の残滓であって、これを使用して文学活動を行っていたことになる。この時期を代表する文学者として、もっとも著名な文学者は尾崎紅葉であった。

紅葉は、慶応三（一八六七）年十二月に東京芝中門前町に生れた。十八歳の頃から硯友社を小説仲間と設立し、『我楽多文庫』などに作品を載せている。そして明治二十二年の『二人比丘尼色懺悔』で世に認められる作家となった。二十二歳の時である。そして『金色夜叉』（明治三十年一月〜三十六年六月）を未完のままにして、三十六歳の若さで病没した。

紅葉は近代日本語確立の過渡期に青年時代を過ごし、文名を高らしめた。彼は当然、前代の日本語と新しい近代日本語の二面を体得して文学活動を始めた。そしていずれの日本語に与することが、文学者としてもっとも読者の共感を得るかに腐心し、一時期言文一致体を試みるなど、日本語の運用にもっとも心を砕き、その狭間でもっとも苦悩した文学者であったと考えられる。

前述のように、日本語表記における漢字と仮名との結びつきは古来大きな問題であり、紅葉もその関係について大胆な試行錯誤を行った一人と考えられたため、次項の「用字法の研究史」に挙げるように、紅葉の用字法について先学により種々問題にされてきた。

私も先学の驥尾に付して、紅葉の作品における用字法を全体的に捉えながら、用字法の歴史の中に位置付けて検討してみようと考え、本書を編むことにした。

また、紅葉と同じ慶応三年に東京に生れた夏目漱石の表記法についても、同時代の作家がどのような表記をとるかを知るために、列挙する形で取り上げた。

(二) 近世・明治期の文学作品に関する用字法の研究史

本論に入る前に、江戸期・明治期の用字法に関して、これまでどのような研究がなされてきたのかを見ていくことにする。

[江戸時代]

○鈴木丹士郎「馬琴の語彙」(『専修国文』一号　昭和四十一年一月)

滝沢馬琴の読本中に見られる語義の変容と、『書言字考節用集』を参考にしながら特殊と思われる熟字を数種取り上げ検討し、また、中国白話小説との関係などを調査することによって、馬琴の用字法の原点の一端を探ろうとしたものである。

○佐藤喜代治「西鶴の小説における用字についての試論」(『東北大学文学部研究年報』十三号　昭和五十五年十一月)
井原西鶴の五作品〔『好色一代男』(天和二年)、『好色五人女』(貞享三年)、『好色一代女』(貞享三年)、『日本永代蔵』(貞享五年)、『世間胸算用』(元禄五年)〕を資料とし、西鶴の作品中の用字法のどこまでが一般のものであり、どこからが彼独自の用字法であるかを見極め、近世における用字法の一般的傾向を探ろうとしたものである。

○土屋信一「式亭三馬の漢字使用―『浮世風呂』を資料として―」(『日本語学』昭和六十一年五月)
従来、江戸町人の会話資料という視点で捉えられてきた式亭三馬の『浮世風呂』を、町人作家による文章語の用字法がどのようなものであったか、という点から考察を試みたものである。振り仮名の用法、定訓から大きくずれた振り仮名のついた漢語「譚話・生辰」について触れ、その結果、式亭三馬の『浮世風呂』にも、上田秋成や滝沢馬琴の読本の用字法と同様に、中国小説からの漢語と振り仮名が並立する用字法が見られたとしている。

○木村秀次「『雨月物語』の用字「かたち」の場合を通して」(『日本語学』平成二年七月)
『雨月物語』(安永五年四月刊)の中で、特に「かたち」という語を取り上げ、同音異表記語における漢字の意味を整理し、上田秋成の用字意識の一端について考察したものである。

〔明治時代〕

○岡保生『尾崎紅葉—その基礎的研究—』(『近代作家研究叢書・十七』昭和二十八年四月　日本図書センター)

尾崎紅葉の作品の中で、最も当字率の多い副詞における用字法に着目し、中でもとりわけ多く使用される「やがて・さすがに・いつも」の三語を取り上げ、同時期(明治二十年代)の他作家の作品との比較を交えながら考察したものであり、紅葉の明治十八年から明治三十六年までの作家活動において、特に明治二十四、五年の『二人女房』・『三人妻』と、明治二十九年の『多情多恨』の二作品が彼の用字法の変革期にあたるということで結論づけている。

○鈴木英夫「『安愚楽鍋』にみられる漢語とその表記について」(『共立女子大学短期大学部文化紀要』十五号　昭和四十七年三月)

『安愚楽鍋』の登場人物の用いている漢語について、それらが一般の人々に通常耳慣れた言葉であったのか、当時の字引・新聞などを用い検討するとともに、それらの表記に関して、仮名垣魯文がどのような配慮をしたのかを考察したものである。

○玉村文郎「漢字をあてる—『多情多恨』表記考—」(『大阪外国語大学学報』二十九号　昭和四十八年二月)

尾崎紅葉の作品である『多情多恨』中で、多様な表記の見られる音象徴語に焦点をあて、漢字使用のパロール的側面について考察を試みたものである。感叫応答詞・擬声語・擬態語に分類し、特に擬態語において紅葉が漢字を当てるのに苦心したという調査結果を出している。また、『多情多恨』中で使用されている音象徴語のほとんどすべてが「借義用法」であり、和語と漢字との繋がりが非常に緩く、個人的恣意的なもの（パロール）に止まっているとしている。

○石川禎紀「夏目漱石の用字法」（『言語生活』二六一号　昭和四十八年六月）

夏目漱石の主たる作品の九つを資料とし、一般に「あて字」と言われるもののほかに、表記法の揺れをも取り上げ、漱石の用字法について考察したものである。一〇六の単語を選択しそれぞれ検討してはいるが、細部に亘る調査はなされておらず、概略的なものである。

○梶原滉太郎「尾崎紅葉『三人妻』の副詞の表記」（『佐藤喜代治教授退官記念国語学論集』同刊行会　昭和五十一年六月　桜楓社）

岡保生氏の研究を基に、尾崎紅葉の『三人妻』（明治二十五年）における副詞の表記法を検討したものである。その調査は「漢字表記・仮名表記・漢字と仮名の両表記」の三種に分けて行われており、用例数まで明らかにされた非常に詳細なものである。結果として、尾崎紅葉は漢語の副詞は「漢字表記」に、和語の副詞や擬態語の類は「仮名表記」に、その他は「漢字表記」にする方針をもち、使用度数の多い副詞は「両表記」にする傾向があったとして結論づけている。

○太田紘子「『あひゞき』初訳・改訳の使用漢字」（『就実国文』七号　昭和六十一年十一月）

ツルゲーネフ原作・二葉亭四迷訳『あひゞき』（『国民之友』第二十五号　明治二十一年七月・第二十七号同年八月所載）の初訳における使用漢字と、翻訳集『片恋』（明治二十九年十一月刊行）所収の『あひゞき』改訳の二冊を取り上げ、その使用漢字を比較対照し、漢字の訓について、また主に常用漢字との関係を考慮しながら、四迷がどのような漢字をどの程度使用しているのかを考察したものである。

○田島優「速記本の漢字表記語の一面―『怪談牡丹燈籠』を中心に―」(『東海学園国語国文』三十七号　昭和六十三年三月)

明治十七年に出版された三遊亭円朝演述の『怪談牡丹燈籠』をもとに、作品中にいくつかの漢字表記と一致しないルビの振られた表記に着目し、その結果、それらの表記が同一人物による個人の表記の揺れではなく、複数の人間が関与した結果のものだとし、速記本における漢字表記語の一面について考察したものである。

○『近代文学と漢字』(『漢字講座・九』昭和六十三年六月　明治書院)

①遠藤好英「近代文学と漢字」

明治初期の漢字表記の混乱と多様性の問題について、尾崎紅葉の『二人比丘尼色懺悔』(明治二十二年刊)を例に取り上げ検討し、近代に新たに作り出された「国字」については、それらが文章としての背景にふさわしい合理的な造字方法に基づいて行われたものであるという証明を行い、また「あて字」について、外国語と国語の両面からその問題を論じている。特に国語に関しては、単なる「あて字」から、本来の漢字や漢語の意味や音を曲げてでも言葉というものを表現しようとした「あて語」への変化を考察している。概説的な面があるが、そのほか中国白話小説の近代文学作品への影響など、さまざまな面から明治初期の漢字の問題を取り上げたものである。

②飛田良文「『安愚楽鍋』の漢字」

仮名垣魯文の『安愚楽鍋』（明治四～五年刊）について、登場人物により、漢字の使用数が異なっているという点に注目し、作品中の身分・職業の明確な人物五名（鄙武士・士・町人・商法個・職人）の会話中の使用語彙を基に、語種別・品詞別にそれぞれ分析を行い、幕末明治初期の社会的位相と表記との関係についての一考察を試みたものである。

③清水康行「『牡丹燈籠』の漢字」

初期言文一致運動に影響を与えた、三遊亭円朝演述・若林玵蔵筆記の最初の落語速記本『怪談牡丹燈籠』（全十三編　明治十七年刊）を基に、多様な書き分けのなされている自称詞・対称詞の漢字について、その使い分けの傾向を調査したものである。また今後の課題として、当時の大衆文芸・稗史小説のあて字の出自として、近世中国語からの影響を整理することが望ましいとしている。

④米川明彦「翻訳文学の漢字」

政治小説と乱訳の時代と言われている明治十一～十八年の中で、特に広く読まれたと見られる『欧州奇事花柳春話』（丹羽純一郎訳、明治十一～十八年）を中心に、明治初期の翻訳小説に見られる漢字の問題、具体的には漢字の含有率、音・訓、表記の揺れ、あて字、軸字について調査したものである。表記法に関しては字順が逆になっているものに着目し、その多くが明治期に新しく見られる日本製の漢語であると指摘している。

⑤半沢幹一「二葉亭四迷の漢字―『浮雲』における字法―」

「言文一致の運動が根本的には文字改革であり、漢字の否定である」として、漢字廃止を考えていた二葉亭四迷であるが、そのような考えが実際に小説の中に形として表れているのかどうかを検討したものであり、字法に対する四迷の拘泥と否定、統一と混乱の関係を、特に擬態語の表記の仕方、漢字に付された振り仮名、会話文における漢語の表れかたなどの面から考察を行っている。

⑥蒲生芳郎「鷗外と漢字―初期作品、とくに『舞姫』を中心に―」

漢字・漢籍に造詣の深かった森鷗外の作品『舞姫』（明治二十三年）を基に、漢字含有率、字音・字訓語、外来語・翻訳語の面から考察を試みたものである。特に字訓に関しては、一部には近世の読本からの影響が見られるものの、そういった近世読本の類の和文学よりも、鷗外の字訓語がすべて漢字本来の字義に即しているということから、漢文訓読の伝統というものが背景にあるのだと述べている。

⑦玉村文郎「尾崎紅葉・幸田露伴の漢字―『多情多恨』と『五重塔』―」

尾崎紅葉の『多情多恨』（明治二十九年）と幸田露伴『五重塔』（明治二十四年）の両作品における用字法を品詞ごとに比較対照し、紅葉と露伴両作家の作品における文字観がどのようなものであったかを調査したものである。その結果、露伴は漢字の使用率が多いとはいうものの、その用字法は一般的なものであり、紅葉においては、彼独自の個性的な漢字の使用法が認められるとしている。

⑧橋浦兵一「夏目漱石『こゝろ』の漢字表記およびその背景」

夏目漱石の『こゝろ』（大正三年）の中に見られる約二十種の外来語表記と、同義異形の漢字や特殊なルビに関して、どのようなものが作品中に表れているかを取り上げたものであるが、それらの漢字表記がどのように行われたかなど、内容の面からの考察はされていない。

⑨岡本勲「自然主義文学の漢字」

明治四年から六年の間に出生した同年輩で、漢字教育をほぼ同時期に受けた自然主義作家、田山花袋・岩野泡鳴・島崎藤村・徳田秋声の四人の、明治三十八年から四十五年の間に成立した明治自然主義を代表する文学作品を各一冊ずつ選び、それらの漢字の使用実態、及び各作品の比較による漢字の使用法の相違を検討したものである。その結果、四人の作家にはそれぞれの生い立ちや過去に受けた教育などの影響により千差万別なところはあるものの、その用字法は幼少年期に受けた漢文教育が大きく影響を与えているとし、明治三十年から四十年にかけての国語教育と漢文教育との深い関わりを指摘している。

○伊藤澄子「独歩における用字法について—『野菊』を中心に—」（『東洋大学短期大学論集　日本文学編』二十六号　平成元年三月）

国木田独歩全集第二巻（昭和三十九年七月一日　学習研究社刊）に収載されている『野菊』を基に、その用字法、特に表記と語彙を中心に考察したものである。同語異表記中で相違の認められるものと、そうでないものについて、宛字として表記されているものについてそれぞれ検討し、品詞ごとにその使用数を調査し、独歩の作品における用字法の意識の一端を探ろうとしたものである。

○山田貞雄「明治一知識人の用字二—森鷗外『青年』における同一語表記の変容について—」（『図書館情報大学研究報告』第八巻一号　平成元年七月）

森鷗外の『青年』を基に、外国語・外来語における同一語表記の変容と、それらの表記上の種々の現象や問題、また平仮名表記と漢字仮名交りの表記の変容、送りがなの変容、数種の漢字の変容についてそれぞれ考察したものである。

○田中順子「夏目漱石研究―『夢十夜』の宛字について―」(『東洋大学短期大学論集　日本文学編』二十七号　平成三年三月)

夏目漱石の『夢十夜』(『漱石文学全集』第十巻　集英社)を資料とし、作品中に見られる宛字について「表音的宛字」「表意的宛字」とに分けてその用例を見、その結果として、漱石が書き言葉としての漢字表記に話言葉としての読みを与えることで、庶民的な言葉を表現し、生活感のある文章を書き上げたのだと述べている。

(三) 研究の目的とその方法

尾崎紅葉の作品中には、多種に亘る同語異字の表記が見られ、特に副詞に関しては、明治四十三年に発見された『畳字訓』(『紅葉遺稿』明治四十四年　博信堂書房)の存在から、紅葉が副詞の表記方法に関して非常に苦心していたということが明らかになっている。しかしそのような紅葉の表記方法は、副詞以外にも多く見られるものである。

本論を進めるに当り、とりわけ用字法に対する意識が最も強かったと言われている尾崎紅葉を中心として、できる限り多くの作品にも触れながら、さまざまな角度から調査を進めていきたいと思うのだが、「(二) 研究史」で見たように、今日まで用字法に関してさまざまな研究がなされてきたにも拘らず、紅葉に関しては、本文と用字との関係を明確にした細部に亘る研究がなされておらず、また副詞を中心とした研究が多く、あくまで紅葉独自の用字法研究の域を出ていない。

そこで本書では、人称代名詞・名詞・動詞・形容詞・形容動詞・副詞の各品詞ごとに語を選定し、他作家の作品や辞書などを参考に比較検討した上で、明治期において一般的に広く使用されていた漢字表記がどのようなものであり、紅葉独特と思われている用字法が、果たして当時一般的に認められ得ないものであったのかなどを明らかにしていきたいと思うのである。また紅葉に関しては、現在諸研究者から指摘されているように、滝沢馬琴の『南総里見八犬伝』の影響を受けている可能性が強いのだが、現在までのところ『八犬伝』との比較を実際に行った研究は見られないことから、本書では『八犬伝』との比較検討をも交え、さらに白話小説や中国語との関係をも考慮しながら、近代日本語における用字法の変遷の一端を探っていきたいと思う。

なお研究方法は以下の通りであり、また本論を進めていく上での注意点を以下に掲げる。

① 基本資料としては、ほとんどが初版本そのままの形で載せられているということから、「日本図書センター」から刊行されている複刻版『紅葉全集』（明治三十七年五月　博文館）を用いることにした。ただし誤植であると思われるものについては、副資料として、岩波書店より刊行されている『紅葉全集』を参考にし、疑問のある点についてはその都度これを参照することとした。

首を回せば、本年三月上旬、紅葉君大學醫院に在つて、入澤・佐藤・近藤諸博士の診察を受け、到底不起の症たるを宣告せらる、や、予等五六の親友は、直ちに十千萬堂設立の事を議し、第一着に「紅葉全集」を發行するに定めて、之を君に謀つたところ、君は其の大いに我が意を得たるを喜び、病苦を推して、之が校訂に從事したのである。（以下略）

明治三十六年十二月二十五日　遺友　巖谷小波・石橋思案

（『紅葉全集』日本図書センター　序文より）

このように、この全集本は紅葉の校訂を経たものと考え、初出（読売新聞などの連載）とは用字に若干の相違が見られるものの、初出の使用は容易でなかったため、次善の策としてこれに拠ることにした。ただし、該当語で、初出を参看する必要がある場合、ＣＤ―ＲＯＭ版『明治の読売新聞』を利用した。

②　各項目の初めに「各作家の用字法」という表を掲げ、江戸期から明治期までの用字法の様相を一目で分かるようにしたが、井原西鶴・尾崎紅葉・森鷗外・夏目漱石に関しては、その作品数が多く、一作品ごとに用字例を挙げられないために、西鶴は『八犬伝』よりも前の作品に当たるので、『八犬伝』の前に、紅葉は明治二十年代の作家として取り上げたので、明治二十年代の一番最後に、鷗外と漱石に関しては、用例の見られる作品の年代の古いものを基準と考え、その都度その作品の年代と一致する位置に掲げた。

また、表中には作品名ではなく「西鶴・紅葉・鷗外・漱石」と記す。

③　今回の調査では、漢字表記に関してのみの用字法を主眼としているため、例えば「頻りに・頻に」とあった場合には「頻…二例」というように、送り仮名の別に関係なく、使用数を出すことにした。

④　明治期の表記法と現代の表記法の違いを示すために、現代語における常用漢字、又は慣用表記を、各項目の題名の下の鍵括弧内に掲げた。　例：（一）ヲット［夫］

⑤　紅葉の作品は、より詳しい調査を行うために、『三人妻』と『多情多恨』は前編と後編に、『金色夜叉』

は「前編・中編・後編・続編・続々編・新続編・手紙（新続編の後半は手紙文である）」に分けた。

⑥ 語を検索する際に、西鶴は『近世文学総索引・井原西鶴』（教育社）を、鷗外と漱石に関しても『作家用語索引』（教育社）をそれぞれ利用したが、鷗外と漱石に関しては、岩波書店より刊行されている全集で語の確認を行い、用例を挙げる際には、ページ数などもすべて全集に拠った。西鶴に関しては、『八犬伝』と同様に、初出本に当たることができなかったため、ページ数ではなく用語索引に拠る文番号を示した。

なお、西鶴の用語索引は、次の諸本を底本としている。

好色一代男…天和二年刊荒砥屋孫兵衛版（早稲田大学図書館蔵本）
西鶴諸国はなし…貞享二年刊池田屋三郎右衛門版（東洋文庫〈岩崎文庫〉蔵本）
好色五人女…貞享三年刊森田庄太郎版（大東急記念文庫蔵本）
好色一代女…貞享三年刊岡田三郎右衛門版（東洋文庫〈岩崎文庫〉蔵本）
本朝二十不孝…貞享三年刊万屋清兵衛・岡田三郎右衛門・千種五兵衛相版（国立国会図書館蔵本）
男色大鑑…貞享四年刊深江屋太郎兵衛・山崎屋市兵衛相版（早稲田大学図書館蔵本）

⑦ 今回の調査で取り上げた紅葉以外の明治期の作品の年表を、以下に掲げる。

明治　九年	松村春輔『春雨文庫』（春雨）
明治　十一年	久保田彦作『鳥追阿松海上新話』（阿松）
明治　十二年	岡本起泉『嶋田一郎梅雨日記』（嶋田）

明治　十三年	武田交来『冠松真土夜暴動』（冠松）
明治　十八年	坪内逍遙『当世書生気質』（書生）
明治　二十年	二葉亭四迷『浮雲』
明治二十一年	山田美妙『夏木立』
明治二十二年	須藤南翠『唐松操』
明治二十三年	森鷗外『舞姫』
明治二十四年	森鷗外『文づかひ』・丸岡九華『山吹塚』
明治二十六年	巖谷小波『秋の蝶』・田山花袋『隅田川の秋』（隅田川）
明治二十八年	広津柳浪『変目伝』・泉鏡花『夜行巡査』（夜行）・樋口一葉『にごりえ』（にごり）
明治二十九年	広津柳浪『今戸心中』（今戸）
明治三十一年	徳富蘆花『不如帰』
明治三十二年	永井荷風『薄衣』
明治三十三年	泉鏡花『高野聖』・幸田露伴『太郎坊』・小栗風葉『下士官』・徳富蘆花『灰尽』
明治三十五年	幸田露伴『夜の雪』・永井荷風『地獄の花』（地獄）
明治三十六年	小杉天外『魔風恋風』（魔風）
明治三十八年	夏目漱石『吾輩は猫である』・同『倫敦塔』・同『薤露行』・小栗風葉『青春』
明治三十九年	夏目漱石『坊っちゃん』・同『草枕』
明治　四十年	夏目漱石『虞美人草』・田山花袋『蒲団』

明治四十一年	夏目漱石『三四郎』・泉鏡花『草迷宮』・後藤宙外『独行』
明治四十二年	夏目漱石『それから』・永井荷風『歓楽』・森鷗外『半日』・同『ヰタ・セクスアリス』
明治四十三年	夏目漱石『門』・森鷗外『青年』・同『普請中』
明治四十四年	森鷗外『妄想』・同『雁』・同『かのやうに』
明治四十五年	夏目漱石『彼岸過迄』・同『行人』

※丸括弧内の語は、本論中の表において使用した省略名である。

⑧ 今回調査対象とした紅葉の作品は、『紅葉全集』に掲載されている四十五作品である。その年表は以下の通りである。

明治二十二年	一月『二人比丘尼色懺悔』（懺悔）／四月『南無阿弥陀仏』／五月『風雅娘』
明治二十三年	一月『拈華微笑』／七月『恋の蛻』／九月『此ぬし』／十月『夏痩』『関東五郎』／十二月『新桃花扇』『巴波川』
明治二十四年	一月『新色懺悔』『文ながし』『猿枕』『わかれ蚊帳』／三月『七十二文命の安売』『二人椋助』／八月『二人女房』（二人）／十月『伽羅枕』（伽羅）
明治二十五年	二月『おぼろ舟』『むき玉子』／五月『伽羅物語』『女の顔』『花ぐもり』『紅白毒饅頭』／八月『夏小袖』／十二月『三人妻（前編・後編）』（三前・三後）

明治二十六年	三月『男ごゝろ』（男）／五月『恋の病』／六月『侠黒児』
明治二十七年	一月『袖時雨』／五月『心の闇』『冷熱』／六月『隣の女』（隣）／八月『紫』（紫）
明治二十八年	一月『不言不語』（不言）／七月『鷹料理』『三箇条』
明治二十九年	二月『多情多恨（前編・後編）』（多前・多後）／九月『浮木丸』／十月『青葡萄』
明治　三十年	一月『安知歇貌林』『千箱の玉章』／七月『金色夜叉・前編』（金前）
明治三十一年	六月『八重襷』
明治三十二年	一月『金色夜叉・中編』（金中）
明治三十三年	一月『金色夜叉・後編』（金後）『寒牡丹』
明治三十五年	四月『金色夜叉続篇』（続金）
明治三十六年	一月『金色夜叉新続篇』（新続）／六月『金色夜叉続々篇』（続々）

※各作品の年代は、全集の初めに掲げられた年表に拠った。

※今回詳細な調査の対象としたものは十作品であり（特に、重要と思われる作品と長編のものを選んだ）、その他の作品は用例数を巻末の別表に掲げ、重要と思われる部分に限っては、その都度用例を掲出した。

※詳細な調査対象とした作品は、年表に波線で示しておいた。また丸括弧内の語は、本論中の表において使用した省略名で

ある。

⑨ 都合上、表中の作品名と作家名を以下のように略すことにした。

西鶴―井原西鶴（『好色一代男』『西鶴諸国はなし』『好色五人女』『好色一代女』『本朝二十不孝』『男色大鑑』）

『八犬伝』―『南総里見八犬伝』（滝沢馬琴・文化十一年）

岩波文庫第一巻…表番号1―肇輯巻之一～巻之五
　　　　　　　　表番号2―第二輯巻之一～巻之五
岩波文庫第二巻…表番号3―第三輯巻之一～巻之五
　　　　　　　　表番号4―第四輯巻之一～巻之五
岩波文庫第三巻…表番号5―第五輯巻之一～巻之五
　　　　　　　　表番号6―第六輯巻之一～巻之五下冊
岩波文庫第四巻…表番号7―第七輯巻之一～巻之七
　　　　　　　　表番号8―第八輯上帙巻之一～巻之四下套
岩波文庫第五巻…表番号9―第八輯下帙巻之五～巻之八下套
　　　　　　　　表番号10―第九輯上套巻之一～巻之六
岩波文庫第六巻…表番号11―第九輯中套巻之七～巻之十二下
岩波文庫第七巻…表番号12―第九輯下套巻之十三～巻之十八
　　　　　　　　表番号13―第九輯下套中巻之十九～巻之二十三
岩波文庫第八巻…表番号14―第九輯下帙之下甲号巻之二十四～巻之二十八

表番号15—第九輯下帙之下乙号上套巻之二十九～巻之三十二
岩波文庫第九巻…表番号16—第九輯下帙之下乙号中套巻之三十三～巻之三十五下
表番号17—第九輯下帙下編巻之三十六～巻之四十
表番号18—第九輯下帙下編之中巻之四十一～巻之四十五
岩波文庫第十巻…表番号19—第九輯下帙下編之下巻之四十六～巻之五十三上

※「第九輯下帙下編之下巻之五十三下」は、作者の談話となっており、本文とは直接関係ないものと見て調査対象から外した。

⑩『南総里見八犬伝』については、あまりに膨大な量のため細部まで検討する事が出来なかったので、一輯ごとに使用されている関連の文字を抜き出し、その種類のみを参考とするに止めた。なお、調査の対象は本文のみであり、手紙文や「作者云」の部分は除外した。

Ⅱ　本論

一　親族名称・人称代名詞

この項では、親族名称「ヲット」の用字法について検討を行っていく。

（一）ヲット［夫］

各作家の「ヲット」の用字法

次頁の表から、主に〈夫〉と〈良人〉の二字が使用されていることが分かる。全体的には〈夫〉を使用している作品が多いが、明治二十年代から三十年代にかけての作品においては、両字が併用されているものが多く見られる。そして明治四十年代に至ると、〈夫〉の一表記で統一されている。

〈良人〉は、次頁の表中においては既に『八犬伝』から使用され始めていることから、特に二十年から三十年代の時期に、読本等の江戸文学の用字を作品中に取り入れた作家が多く存在していたことが伺える。二重丸の印は、その作品中で最も多く使用された用字であることを表している。表中では、明治以降の両用字併用の八作品中、須藤南翠『唐松操』（明治二十二年）、徳富蘆花『不如帰』（明治三十一年）、樋口一葉『にごりえ』（明治二十八年）の三作品のみが、〈良人〉の方を多用している。『中日辞典』には、

時代	作品	夫	良	良人	所夫	所天	丈夫	本夫	牡妖	武男
江戸時代	西鶴	○								
	八犬伝	○		◎	○	○	○		○	
明治十年代	春雨	◎		○						
	阿松	○						◎		
	嶋田	◎						○		
明治二十年代	浮雲	○		○						
	夏木立	○								
	唐松操	○		◎		○				
	山吹塚	○								
	秋の蝶			○						
	隅田川	○								
	にごり		○	◎						
	紅葉	○		○	○	○				
明治三十年代	不如帰	○	○	◎						○
	地獄	◎		○						
	魔風	○		○						
	漱石	○		○		○				
明治四十年代	蒲団	○								
	草迷宮	○								
	歓楽	○								
	鷗外	○								

＊鷗外…『半日』『キタ・セクスアリス』『青年』『雁』『阿部一族』『山椒太夫』『高瀬舟』『澁江抽斎』

＊漱石…『吾輩は猫である』『倫敦塔』『薤露行』『虞美人草』『三四郎』『それから』『門』『彼岸過迄』『行人』『こゝろ』『明暗』

【良人】〈旧〉1〈文〉良人。夫。 2一般人民

とあり、〈良人〉の表記は現代中国語では使用されておらず、中国古典で使用されていたもののようである。『大漢和辞典』には実際に、

［孟子、離婁下］良人者、所仰望而終身也。

［集注］良人、夫也。

このように〈良人〉が「をつと。亭主」として使用されている中国古典の例が記されている。また、第二番目の意味では、「美しく善い妻。美室。良妻」という意味で使用されていたり、次には「よい人。善良な人。君子」などとして使用されていることから、[1]中国では「ヲット」以外の意味でも〈良人〉が使用されていたということが分かる。このように〈良人〉には多種の意味があるにも拘らず、明治期の文学作品中で、なぜこの表記が「ヲット」としてのみ使用されたかについては明らかでない。単に先の表からだけで推測するならば、仮にこの〈良人〉を「ヲット」としてのみ用い始めたのが『八犬伝』などの読本の類とすると、明治期の作家が作品中で用いた用字は、直接に中国古典から影響を受けたのではなく、日本の江戸文学の影響を大に受けたのだと言える。

読み方としては、「アナタ・ヒト…『不如帰』／ウチノヒト…『唐松操』／テイシュ…『秋の蝶』『春雨文庫』」、『不如帰』では〈良人宅〉として「ウチ」と訓が付され、『唐松操』では、そのまま「りょうじん」と音読している例が見られた。[2]また、松村春輔『春雨文庫』（明治九年）では〈夫〉を「ウチ」として訓じているものがあり、

▽「成ほど人さんからハ夫（うち／ヲット）が小常に溺つて（下略）」（三二八ぺ・下段二四行目）

というように右側に読み方、左側に意味のルビが振られている例もあった。

二葉亭四迷『浮雲』（明治二十年）では、第一篇では〈良人〉、二・三篇では〈夫〉が使用されている。[3]これは、「副詞（一）シバシ・シバラク」の項でも触れることであるが、『浮雲』では各篇により漢字の使用率が異なっているということと関連しているものと思われる。[4]漢字の表記率が篇を追うごとに減少するということは、つまり漢語的要素が消えるということになるのではないだろうか。そのように考えると、ここでの〈良人〉から〈夫〉への表記の転換は、漢文・漢語からの脱却という意味を持つと言える。このことは後述のように、「動詞（四）タツ」の

項目において見られる「起揚る」から「起上る」への変化なども合わせて考えると、更にそのような傾向が強いということが分かるはずである。

『日本国語大辞典』には、

読本・椿説弓張月—後・二七回「よしやはかなき契なりとも、時を得て、面あたり良人に逢はば（下略）」

五重塔（幸田露伴）二六「わが身は大切の所天をまで憎うてならぬ」

の例が見られる。この〈所天〉については、後の「紅葉の『ヲット』の用字法」で詳しく見ていくことにする。

『八犬伝』の「ヲット」の用字法

輯＼用字	夫	良人	所夫	所天	丈夫	牡妖
1	○	○				
2	○	○				
3	○	○		○	○	
4	○	○				
5	○	○		○		
6	○	○	○	○		
7	○	○		○		○
8	○	○			○	
9	○	○			○	
10		○				
11		○				
12		○				
13		○				
14	○	○				
15		○				
16		○				
17						
18						
19		○				

＊空欄の部分は、用例の見られなかったものである（以下同じ）。

右の表は「オトコ・ツマ」と訓じられているものも「ヲット」の表記であると認め、それらも含めて表にしたものである。第九輯下帙下編巻之三十六～四十五（右表中番号17・18　岩波文庫第九巻）に用例が見られないものの、全巻を通して使用されているのは〈良人〉である。この語については、先に詳しく触れたのでここで再び触れることはしないが、〈良人〉に限らず「ヲット」を表す二字表記については、『八犬伝』が明治期の文学作品に与えた影響は少なからずあるものと思われる。勿論、明治期の作家が漢学を教養の基盤としていたということも大きな原因の一つであろうが、日本で馴染みの無いこれらの表記を、日本の文学作品にふんだんに取り入れた『八犬伝』を始めとする読本の類の存在が、この使用の大きな動因となっていると言えるのではないだろうか。

紅葉の「ヲット」の用字法

作品＼用字	夫	所夫	所天
懺悔	22		
伽羅	3	2	6
二人	31		
三前	9		
三後			
男			
隣			
紫	1		
不言	11	1	
多前	30		
多後	36		
金前	12		
金中	7		
金後	32		
続金	22		
続々			
新読	1		
手紙	1		

今回詳細な調査の対象としていない紅葉の作品の中には、右の表記以外に〈良人・良夫〉の例も見られるが（巻末の別表参照）、特に他作家の作品で多く使用されていたと見られる〈良人〉の表記は、明治二十三年から明治二十五年の作品に見られるのみであるが[5]、紅葉の作品においては、他作家には余り例の見られない〈所天・所夫〉の二表記が特徴的である。

〈所天〉は、『八犬伝』と夏目漱石『倫敦塔』（明治三十八年）、紅葉の作品、須藤南翠『唐松操』（明治二十二年）の作品に見られた用字法であった。漱石は「ヲット」表記三例中一例を、紅葉は『伽羅枕』（明治二十三年）で「ヲット」表記十一例中六例を使用している。また先の表には載せなかったが、〈所天・所夫〉の両語を「アナタ」という読みで、丸岡九華『山吹塚』（明治二十四年）に四例・十二例と、それぞれ用例が見られる。[6]

〈所天〉は、『大漢和辞典』には「ショテン」として、

【所天】 天として尊ぶもの。自分があがめうやまふ人。

①君をいふ。［後漢書梁竦傳］乃敢昧死、自陳所天。［注］臣以君爲天故云所天。

②父をいふ。［晉武帝、答羣臣請易服復膳詔］何必一旦便易此情於所天。

③夫をいふ。［潘岳、寡婦賦序］少喪父母、適人而所天又殞。

［注］善曰、喪服傳曰、父者子之天、夫者婦之天、蔡伯喈女賦曰、當三春之嘉月、將言歸於所天。

というように「ヲット」の意味が記されている。しかし〈所天〉の〈天〉を〈夫〉に変えた〈所夫〉の例は、同辞典には記載されておらず、その他の白話関係の辞書にも〈所夫〉の例は見られないことから、この〈所夫〉は日本独自の造語ではないかと思われる。

〈所〉には、「位・地位・位置」といった意味があるが、[7]〈所天〉は「天に位置する者」ということから「君子」という意味が当てられたのであろう。そのような君子と同じ崇め敬う人物として「父・夫」という意味にも使用されるようになったのではないか。そして明治期の小説において〈所天〉が使用されるに当たり、〈天〉と〈夫〉が似通った字形であったこと、また「ヲット」という意味で使用するには、日本人にとっては〈所天〉とするよりも〈所夫〉とした方が「ヲットという、崇め敬う立場にある者」としても意味が通じ易いといったことから、〈所夫〉という造語を用いたのではないだろうか。ただし、巻末の別表と右の表から明らかなように、今回調査対象とした

紅葉の四十五の作品中、〈所夫〉の表記は僅か五例しか見られない。『むき玉子』（明治二十五年）では、本論で扱った全集本では〈所夫〉の表記が記されているが、初出の明治二十四年一月三十日の「讀賣新聞」中においては〈所天〉と記され、また岩波書店の『紅葉全集』にも〈所天〉の表記が用いられている（二五六ペ・六行目）。また『伽羅枕』（明治二十四年）における〈所夫〉の二例も、明治二十三年八月十日と九月十三日の「讀賣新聞」では〈所天〉と記されており、岩波書店の『紅葉全集』においても同様である（七八ペ・一六行目／一二四ペ・一三行目）。しかし『不言不語』（明治二十八年）は、初出の明治二十八年二月二十七日の「讀賣新聞」では〈所天〉と記されていたが、岩波書店の『紅葉全集』では、〈所夫〉と記されていた（八〇ペ・七行目）[8]。

　これらの相違については、誤植であるか、もしくは初版本の校訂段階で紅葉自身が表記を変更したかのいずれかが考えられるが、『八犬伝』や『山吹塚』中に〈所夫〉の多数の用例が見られることや、『不言不語』については、岩波書店の『不言不語』（明治二十八年）においても〈所夫〉の表記が記されていることなどから、実際に〈所夫〉の表記が存在したことは確かであると言えるであろう。また本書で扱った資料が紅葉の眼を通されていることなどから、一概に誤植であるとは言い切れないため、本論では全集本に従い、紅葉の作品において〈所夫〉の表記が用いられていたということで、論を進めていきたい。

　以上のように、今回の調査対象二十四作家のうち、〈所〜〉を用いていたのが僅か五作家しかいなかったということから、この用法が非常に稀なものであったと言うことができる。また〈所〜〉の表記が、『八犬伝』に見られたことは既に見てきた通りである。『八犬伝』ではどのように使い分けがなされているのかを、今回の調査では明確にすることができなかったが、紅葉の作品についてはその使用数も少ないので、〈所〜〉の表記が併用されている『伽羅枕』（明治二十三年）の例を検討することにする。その際、紅葉の作品では〈所夫〉が使用されていたということを前提として、先の『大漢和辞典』での中国古典の例や、〈所夫〉が日本独自の造語であるという点に留意して検討していきたいと思う。

（a）『伽羅枕』

①これが夫かとおもへば、見るもいまはしき骨と皮男、（三六ペ・八行目）
②夫もなく其外の緣者もなければ、（七三ペ・一行目）
③さりながら運拙くして夫を持てば皆死なれ、（八一ペ・八行目）
④未來にて所夫に合さむ顏なし。（一四九ペ・一〇行目）
⑤佐太夫も今は所夫ある身は色氣を捨ての親類交際。（一三九ペ・三行目）
⑥所天弦左衞門一大事の企圖ありしとの事も、（一四一ペ・三行目）
⑦佐太夫には一生所天を持つまじきやう傳へよ。（一四二ペ・五行目）
⑧一生所天は持たずに竈前にて果まする所存を、（一八九ペ・七行目）
⑨世間女房一代の御苦勞の本尊と、冊く所天の幸助はぼんやり。（二二一ペ・一行目）
⑩老女面色を變へ（中略）行け、行けと、所天を食殺されし嫉妬ばらしに眼を角立て罵れば、（二三一ペ・六行目）
⑪佐太夫笑ひて、誰しも聾の所天は下さらぬに、（二五八ペ・七行目）

①は、主人公が親の年ほど離れた男の元へ見受けをさせられたものであり、②③は、世間一般の意味での「ヲットト」のことを言っている。④は「正式なヲットト」ではあるが、親から認められていない結婚であり、かつ妻である佐太夫自身も心から愛していないという、いわば偽装結婚のようなものであり、仮の夫婦関係が見られる。⑤は

「亡くなったヲット」を指しており、④⑤の〈所夫〉はそれぞれ「架空のヲット」に対して使用されている。⑥〜⑪の〈所天〉は、すべて「正妻から見たヲット」を指し、「尊敬すべきヲット」を意味している。⑥は正妻である女が、今は亡き「ヲット」が生前に親しくしていた遊女・佐太夫に会いに行き話をしている場面であり、⑦はその亡きヲット（弦左衛門）が正妻である女の枕元に立ち、佐太夫に正式な意味での「ヲット」を持たないように忠告をして欲しいと言っている場面である。⑧も、佐太夫が「正式なヲット」は持たないことを宣言している場面であり、⑨⑪は、正式なヲットを持った遊女・佐太夫（＝正妻）から見た「ヲット」を言っている。また⑩も、正妻である老女が遊女・佐太夫に対して怒り狂っている描写であり、ここでの〈所天〉も、正妻から見た「ヲット」のことを指しているのである。以上のことを整理すると、

夫…世間一般のヲット。（但し①は例外か？）
所夫…架空のヲット
所天…正妻→尊敬すべきヲット

というようになる。では、『不言不語』での〈所夫〉は、右の説に当てはめることができるであろうか。

▽如何に我身の不束なればとて、所夫は一人といふほどの心得はあり。（三二〇ぺ・五行目）

ここでの〈所夫〉も「架空のヲット」を指していると言える。この時点で主人公兼作者（仮定）である環自身の中に、意中の男性民之助が存在してはいるが、まだ現実に結婚をしていないということから、意中の男性を想定した上での「架空のヲット」と言えるからである。『伽羅枕』での例を基に考えれば、仮にここに〈夫〉を当てはめた場合、それは「世間一般の広い意味でのヲット」ということになってしまい、環の意中の男性である民之助の存在が強調されなくなってしまうために、このような表記を行ったのではないかと思われる。念のために〈夫〉の例を

挙げると、

▽妻の眼に涙あれば夫の袖も濕れ、夫の胸の痛む時は、妻の心も悩むといふなるに、（一九六ぺ・六行目）

このように、これも環の心中であるが、先の用例とは異なっていることが分かるであろう。この文は、奉公先の夫婦の不仲に対する不審から「世間一般では・普通の夫婦ならば…」ということを思っているのであり、環自身とは何ら関係のない「ヲット」という意味になっている。

この〈所天・所夫〉の使い分けについては、今回詳細な調査の対象として取り上げなかった他の作品でも同様のことが言えるようである。例えば『花ぐもり』（明治二十五年）での〈所天〉九例は、すべて「実際のヲット」に対して使用されているし、『むき玉子』（明治二十五年）での〈所夫〉二例は、「架空のヲット」として使用されている。ただし、明治二十三年の『恋の蛻』における〈所天（ていしゅ）〉は、まだ実際の「ヲット」でない「未定のヲット」に対して使用されており、例外であると言える。(9)

まとめ

「ヲット」の明治期における一般的な用字法は、現在と同様の〈夫〉であったが、『八犬伝』中で多用されていた〈良人・所天・所夫〉の三表記に限っては、明治期に至っても少数ではあるが使用されていた。また紅葉の作品においては、他作家の多くの作品で〈夫〉の次に多用されていた〈良人〉の表記は、明治二十三年から二十五年の間の作品にしか見られなかった。また〈所〜〉という、明治期においては稀と思われる表記法をとっていたが、その例もごく僅かであり、「ヲット」に関しては他作家と同様の一般的な用字法を行っていたということが分かった。また〈所夫〉の表記については、今回使用した資料と、初出である「讀賣新聞」との間に異同が見られたが、〈夫・所天・所夫〉の書き分けについて明確に実証できたことから、紅葉の作品において見られた〈所夫〉の誤植か否かの問題については、誤植であるというよりも、紅葉自身が校訂の段階で表記の変更を行った可能性が強いと言うことができるのではないだろうか。

注（1）〈美しく善い妻。美室。良妻〉
［詩、唐風、綢繆］今夕何夕、見此良人。
［傳］良人、美室也。
〈よい人。善良な人。君子〉
［詩、大雅、桑柔］維此良人、弗求弗迪。

（2）**『不如帰』**
▽「良人（あなた）、御手紙が」（八ペ・九行目）
▽「わたくしが死んだら時々は思ひ出して下さるの？エ？エ？良人（あなた）！」（一六七ペ・一三行目）
▽「ま、良人（あなた）！」「お、浪さん！」（三五八ペ・六行目）
▽「二百五十圓而下の月給の良人（ひと）には嫁ない、なんぞ申しましてね。」（三一二ペ・二行目）
▽まさしく良人宅（うち）に置きたる吾簞笥！（二二八ペ・一二行目）

『唐松操』
▽ヘイ良人（あなた）が御休みに成りませんから‥‥‥（三二八ペ・一二行目）
▽「良人（うちのひと）も何處で手間取てござるのやら（下略）」（五ペ・四行目）
▽「叔父さん宜しけれバ召され良人（うちのひと）が戻らしやんしたら又善い物も來やうけれど（下略）」（六ペ・四行目）
▽余ハ殆ど小千代の良人（りやうじん）たりと思量せり、（一三七ペ・四行目）
▽其の良人（りやうじん）ハ大いに不快を感じたり（中略）其の良人（りやうじん）の嫉妬は（中略）依て良人（りやうじん）ハ大いに慍ほりて、（三〇七ペ・四～七行目）

その他

▽「色戀で逃たのぢやアなし三年以來つれそつた良人（ていしゆ）のお前が（下略）」（『春雨文庫』三一九ぺ・下段六行目）

▽廿年ほど以前良人（ていしゆ）に死別れて後は、與吉といふ子息と只の二人暮らし。（『秋の蝶』三四ぺ・九行目）

（3）**第一篇**

▽お嫁の事に就ちやア些イと良人（うち）でも考へてる事があるんだから、（六五ぺ・四行目）

▽いづれ良人（うち）でお話し申すだらうが、（六五ぺ・七行目）

第二篇

▽夫ともなる文三の鬱々として樂まぬのを、（三六ぺ・三行目）

▽二三分時前までは文三は我女の夫、（一二二ぺ・八行目）

第三篇

▽「立派な官員さん」でも夫に持ツて、（「都の花」第貳拾號より　二八ぺ・下段三行目）

▽まだ妻でない妻、夫でない夫、（「都の花」第貳拾壹號より　二七ぺ・下段二行目）

（4）半沢幹一「二葉亭四迷の漢字―『浮雲』における字法―」（『漢字講座九』昭和六十三年六月　明治書院）

（5）▽幼稚より良人と思ひこみたるお前に添へずば、（『恋の蛻』二四五ぺ・七行目）

▽あるものは良人とゝもに百年も壽よと祈るべし。（『夏痩』三八四ぺ・四行目）

▽亡なられし良人の木主の手前、（『夏痩』四五三ぺ・一三行目）他十五例

▽連添ふ良人の外には、神樣にも、夢にも人に見せまじきものとは、（『むき玉子』四〇三ぺ・一三行目）

▽良人の財を他人に贈りなば、（『伽羅物語』四八六ぺ・一一行目）

（6）**〈所天〉**

▽所天開ても宜しうございますかと、（九三ぺ・一〇行目）

▽所天のなすつて居らしやることが解らんことハございません。（一〇一ぺ・一三行目）

▽所天の御容姿を見れバ何となく鬱いていらツしやいますが、（一〇一ぺ・一二行目）

〈所夫〉

▽男は口籠つてお前と呼び、女ハ耻しそうに所夫といふ、（九二ぺ・七行目）

▽所夫がお裂きなすつた絹を拾わせまして、（一〇三ぺ・三行目）

▽所夫もそれほどまで思つて居らしるのに（中略）私が所夫を思ふて居りますのも、（一〇四ぺ・二／四行目）

▽私だつて所夫がお書なすつた画に、（一〇六ぺ・一二行目）他八例

（7）『大漢和辞典』（大修館書店）より。

（8）新聞の表記については、読売新聞社編集・発行の「明治の讀賣新聞」（明治七年十一月～明治四十五年七月）のCD-ROMにて検索。

（9）『花ぐもり』

▽所天の姿を見る顏の喜ばしげなるが胸に痞へ、（五二八ぺ・六行目）

▽所天は帽子にて合圖しながら（中略）所天には隠妻ありて（中略）夕方にも所天還り來たらば、（五三〇ぺ・六～九行目）

▽其ぞとはや所天にも逢ひたらむ想ひして、（五三二ぺ・三行目）

▽所天の耕造が顏色土の如くなりて、（五三一ぺ・六行目）

▽所天を見るに息も絶え〴〵なる姿して、（五三二ぺ・一三行目）

▽所天は病死して獨身なり（中略）かれの所天か、旦那か。（五三三ぺ・六～七行目）

『むき玉子・前編』

▽所夫を持たば所夫に貞實に、（四〇四ぺ・八行目）

『恋の蛻』

※実際のヲット

▽所天（やど）が知るとほりの出しぎらひなれば、（二〇〇ぺ・七行目）

※例外・未定のヲット
▽好所天（ごていしゅ）を採擇むまでは此地へは歸るまじ。（一九三ぺ・八行目）
▽何年の何日私が御所天（ごていしゅ）を選擇に東京へ行くと申しました。（一九三ぺ・一〇行目）

（二）オトッサン・オッカサン［お父さん・お母さん］

父母に対する呼称はいろいろとあるが、非常に膨大な数であり、すべてを取り上げ検討することは困難であるため、この項では「オトッサン・オッカサン」と読まれているものだけに焦点を当て、特に〈阿〜〉と〈御〜〉の用法について検討していきたいと思う。

（A）オトッサン

各作家の「オトッサン」の用字法

次頁の表から、〈家君〉や〈厳父君〉などの当て字を除いて見れば、〈阿〜〉や〈御〜〉の表記がどの作品にも広く用いられているということが分かる。

『大漢和辞典』に拠ると、〈阿〉には、

人を親しみ呼ぶときに、其の姓・氏・名・字・次第などを冠して用ひる語。

年代	作品＼用字	父様	父親	父御	お爺さん	(お)父上(様)	(お)父(さん・様)	御父(さん・様)	(御)親父(さん)	阿舅	阿父(さん・様)	阿爺(さん・様)	乃舅	乃父	家父
明治十年代	春雨				○				○						
	冠松								○						
	書生					○			○						○
明治二十年代	浮雲														
	夏木立							○			○				
	唐松						○	○			○				
	山吹塚						○								
	秋の蝶					○	○				○				
	にごり						○								
	今戸														
	紅葉	○	○				○	○	○		○	○			○
明治三十年代	不如帰			○		○				○	○	○	○	○	
	薄衣							○							
	太郎坊						○								
	下士官										○				
	灰尽											○			
	夜の雪						○	○							
	地獄						○								
	魔風										○				
明治四十年代	漱石						○		○		○	○			
	蒲団						○	○							
	鷗外							○							

家大人			○	○																		
家君さん											○											
厳君											○											
厳父君			○																			
厳父（さん）			○																			
養父（様）								○										○				

※（ ）内の語ば、今回の調査を進めていく上で表記上重要ではないと認め、同語として一つの項目にまとめた。
※鷗外…『ヰタ・セクスアリス』『雁』『阿部一族』『山椒太夫』『最後の一句』『澁江抽斎』
※漱石…『虞美人草』『三四郎』『それから』

という意味があり、

［陔餘叢考、阿］俗呼小兒名、輒曰阿某、此自古然、如漢武云若得阿嬌當以金屋貯之。

と、古来より子供などに〈阿〉を付けて呼んでいたということが記されている。『中日辞典』にも接頭語として、

親しみを表す。（a）…ちゃん、…さん、同族の同世代間の長幼の順序や姓または幼名の前につける。（b）親族名称の前に付ける。阿爺（お父さん）

とある。一方〈御〉の方は、「そばめ。側仕えの者」など、身分の低い者に対しても使用していたようであるが、それは〈～御〉というように接尾辞として使われる場合であり、接頭語として使用される場合には「天子・諸侯に関することにいう敬語」として、「御宴・御宇」などの例が挙げられている。これは現代中国語においても変わっておらず、日本のようにあらゆる語に尊敬の意味を加える用字としては使用されておらず、封建社会においての皇

帝に関する語の接頭語として用いられるのみである。つまり〈御～〉の用法は、古来中国においては「軽称」として使用されていたものの、現在我々日本人が使用しているような「御～（オメデタイ・オツキアイ等）」の類の敬語的用字法は無いことから、日本独自の用法であるということが言えるのである。

先の表では〈阿～〉は、山田美妙『夏木立』（明治二十一年）から漱石の作品までの、明治二十年代～三十年代にかけて使用されていたということが分かる。四十年代の調査作品が少ないが、三作品ともに〈阿～〉はまったく使用されていない。今回の調査範囲内からは、二十年代から三十年代の間の作品に、用字法の多様性を示すために、中国文学の用字法を反映させる向きがあったと推測できるのではないだろうか。

次に、訓に関係なく『八犬伝』における「父親」の表記を見てみたいと思う。

用字＼訓	ちゝぎみ	かぞ	おやぢ	とゝさま	てゝご
厳君	○				
家尊		○			
家翁			○		
阿翁				○	
阿爺			○		
爹々公					○

右の表を見ると〈父〉の表記がまったく見られず、二字以上の表記しか使用されていないということが分かる。これらの表記の中で、明治期の作品中でも使用されているのは〈厳君・阿～〉の二表記である。特に〈阿～〉は、「母親・兄弟姉妹」などにも広く用いられている表記法である。詳しいことは、次の「母親」に対する表記法を見た後で述べることにする。

（B）オッカサン

各作家の「オッカサン」の用字法

次頁の表と、先の父親の表記とを比べると、表記の種類が少なくなっている。「オトッサン」の所でも述べたように、〈阿～〉は中国古来の用字法であり、日本においては一般的ではない。（A）と（B）の表を併せて見てみると、〈阿～〉を使用している作品では〈御～〉をほとんど使用していない事が分る。このことは先にも述べた通り、〈阿〉を用いている作家には漢語的要素の表記を使用する傾向が強かったことを示し、〈御〉を使用している作家では、世間一般に通用する和語的な表記意識が、僅かながらにも働いていたからだと言えるのではないだろうか。

〈阿～〉の用法

父母に対して使用される表記が多様なものであることは、既に見てきた通りである。その中から特に〈阿～〉の用法に関して、もう少し見ていきたいと思う。先に少し触れたが、この形は父母に限らずいろいろな人物に対して使用されていた用法である。その主な例を挙げると、

時代	作品 ＼ 用字	(おつ)母(か)さん	(お)母(さん・様)	(御)母(さん・様)	(お)母上(様)	阿姑	阿母(さん・様)	姑	母御	母君	母堂	慈堂	慈母(さん)	乃母さん	尊母さん
明治十年代	春雨	○											○		
明治十年代	書生										○		○		
明治二十年代	浮雲												○		
明治二十年代	夏木立						○							○	
明治二十年代	唐松操						○								
明治二十年代	山吹塚		○												
明治二十年代	秋の蝶				○		○								
明治二十年代	変目伝											○			
明治二十年代	にごり		○												
明治二十年代	今戸		○							○					
明治二十年代	紅葉	○	○	○	○		○								○
明治三十年代	不如帰			○	○	○	○	○	○						
明治三十年代	薄衣			○											
明治三十年代	灰尽						○								
明治三十年代	夜の雪			○											
明治三十年代	地獄			○											
明治三十年代	魔風						○								
明治三十年代	漱石		○				○								
明治四十年代	蒲団			○											
明治四十年代	草迷宮			○											
明治四十年代	独行														
明治四十年代	鷗外		○												

母親さん								○													
家母様										○											

※（　）内の語は、今回の調査を進めていく上で表記上重要ではないと認め、同語として一つの項目にまとめた。
※鷗外…『ヰタ・セクスアリス』『雁』『阿部一族』『最後の一句』『澁江抽斎』
※漱石…『吾輩は猫である』『坊っちゃん』『虞美人草』『三四郎』『それから』『門』『彼岸過迄』『こゝろ』
▽阿叟（おぢ）・阿嫂（あねご）…（滝沢馬琴『南総里見八犬伝』文化十一年）
▽阿兄（にいさん・あにき・ぶらざあ）…（坪内逍遙『当世書生気質』明治十八年）
▽阿弟（あてい）・阿諛者（おべつかもの）・阿母（あなた）・阿兄（おあに）イさん…（須藤南翠『唐松操』明治二十二年）
▽阿郎（あなた）…（尾崎紅葉『夏痩』明治二十三年・『二人女房』明治二十四年）
▽阿兄（あにき）…（尾崎紅葉『冷熱』明治二十七年）
▽阿孃様（おぢやうさん）・阿姉様（お（あ）ねえさん）・阿兄様（お（あ）にいさま）・阿婆様（おばアさん）…（小杉天外『魔風恋風』明治三十六年）
▽阿父／阿爺（おやじ）…（夏目漱石『虞美人草』明治四十年）

といった具合である。そしてこの表記は、当然の如く近世中国の白話小説でも使用されていたのであり、『支那小説字彙』には「阿陽（ワレ）（我也）　阿姆（アニヨメ）」、『雅俗漢語訳解』には「阿兄（アケイ）（アニ）　阿爺（アヤ）（オヤヂドノ）　阿家（アカ）　阿翁（アヲウ）」、『小説字林』には「阿爺（アヤ）（ト、サン）」というように記されている。

『大漢和辞典』では、〈阿〉は一番最後の項目に「人を親しみ呼ぶときに、其の姓・氏・名・字・次第などに冠して用ひる語」とされており、その用例は先に挙げた〈阿～〉の表記の例からも分るであろう。『八犬伝』で「トヽサマ」として使用されていた〈阿爺〉は、「①祖父をいふ。②しうと。婦が夫の父をいふ。③父をいふ」とあり、作品中では主に②③として使用されていた。その他〈阿父〉は「①父を親しんでいふ。②をぢを親しんでいふ」、〈阿母〉は「①乳母を親しんでいふ。②母を親しんでいふ」などと記載されているが、小杉天外『魔風恋風』（明治三十六年）の〈阿嬢様〉は、〈阿〉を〈御〉と混同させた特殊な例である。と言うのは、〈阿嬢〉とは『大漢和辞典』に拠れば、「かあさん。嬢は、母の俗語」とされ、

［菅家文草、夢阿満詩］那堪小妹呼名覓、難忍阿嬢滅性憐。

の例が載せられているからである。〈阿嬢〉の表記は、今回調査した作品の中では、徳富蘆花『不如帰』（明治三十一年）に、

▽「阿嬢（かあさん）は如何した？まだ客か？」（六九ぺ・七行目）

として使用されている。この二作品の異なる点は、『不如帰』の場合には〈母〉だけで「オッカサン」と読ませたり、〈乃父〉で「オトッサン」と読ませるなど多種の漢字を用いているが、『魔風恋風』では〈養父様（おとっさん）〉の一例を除いた一三〇例が〈阿～（お～）〉、〈御～（お～）〉は一例、〈お～〉は五例というように各字が、敬称語の「お」として、単独に使用されており、そのほとんどが〈阿〉で占められている。「オジヤウサマ」三十四例中、〈阿嬢様〉は三十例ある。この用法は、紅葉の『夏痩』（明治二十三年）にも見られるのだが[1]、同作品中の「オジヤウサマ」十一例のうち僅か一例のみであり、他作品ではまったく用例が見られないことから、紅葉のこの例に限っては誤字であるという可能性も考えられるであろう。しかし『魔風恋風』の作品においては、その用例数から、この用法が天外独自のものであったと考えられる。つまり〈阿〉は、他の作品においては、古来より使用されてきた〈阿～〉という漢語（阿父・阿兄など）に、訓を与える形で使用されているが、天外は〈阿〉を〈阿＝お〉という単

独で敬称の接頭語「オ」として使用したのではないかというのである。この事は、今後改めてより多くの作品に当たって検討していくべき課題である。

紅葉の「父母」の用字法

①オトッサン

作品＼用字	家父	厳君	父様	父親	お父様	阿父様	阿爺様	御父様	お父さん	御父さん
懺悔										
伽羅										
二人			1	1	2			25		
三前										
三後										
男			1							
隣										
紫	5				1					
不言										
多前		2				1	3	3		
多後								11		
金前								2	1	1
金中						2				
金後						53				
続金						6				
続々										
新続										
手紙										

②オッカサン

作品＼用字	母様	阿母様	家母様	御母様	阿母さん	尊母さん
懺悔						
伽羅						
二人	5	1		49		
三前						
三後						
男	3					
隣						
紫						
不言						
多前	1	16	1	1	7	
多後				1		
金前				1		
金中						
金後					22	
続金					9	1
続々					12	
新続						
手紙						

紅葉の作品では、巻末の別表を併せて見ても、「父母」の表記は『金色夜叉・中編』以降で〈御〉から〈阿〉の表記へと統一されている。「父」の表記に関しては、『多情多恨』で〈阿〉の表記は認められるが、〈御〉の表記の方が多く使用され、次作の『金色夜叉・中編』で、「母」の表記と同じように〈阿〉の表記へと移行していることが分かる。今回調査対象となった語のうち、『金色夜叉・中編』から一字に統一された語は僅かではあるが存在する。しかしこの父母の呼称が一用字に統一されるのは、今回調査対象とした他の語の中でも、比較的遅いと言えるようである。

まとめ

明治期における父母の表記は、各作品により異なっており、揺れがあったものと思われる。各作品ごとに〈阿〜・御〜〉のどちらかを使用しており、両用法を併用していたものはあまり例がなかった事から、〈阿〜・御〜〉のどちらを使用していたかにより、各作家の漢字表記に対する意識の一端を伺うことができた。また小杉天外『魔風恋風』（明治三十六年）においては、他作品には見られない、敬称としての接頭語〈阿〉の単独使用法というものが見られたことは、注目に値するものである。

紅葉の作品において、『多情多恨・前編』から多種表記が使用されていることからすると、この時期が〈阿〜〉か〈御〜〉かのいずれに与するか模索した時期であったと言え、結果的に〈阿〉に統一されていったのは『金色夜叉・中編』からという比較的遅い時期であったことから、〈阿〜・御〜〉の表記法に関しては特に、古い漢語的表記と新しい用字法との間で、紅葉が苦悩したことを示すものであったと言えるであろう。

注(1)我阿嬢様（おぢやうさま）に紛れなし。（四一四ぺ・一〇行目）

(三) オレ［俺］

この項では、自称の代名詞「オレ」について検討を行っていく。

各作家の「オレ」の用字法

明治全期を通して見ると、〈己・乃公〉の二表記が多いということが次頁の表から分る。しかし実際には、各作品ごとに偏りがあるようである。二種以上の表記を示している作品では、例えば幸田露伴『太郎坊』（明治三十三年）

年代	作品 ＼ 用字	俺	我	己	余	吾	予	乃公	私	妾
明治十年代	春雨			○						
	阿松			○						
	嶋田		○						○	
	書生				○			○		
明治二十年代	浮雲		○					○		
	木立			○				○		
	唐松操	○		◎	○		○			
	山吹塚			○						
	秋の蝶							○		
	変目伝							○		
	夜行	○	○	○		○				
	にごり		○							
	今戸							○		
	紅葉	○	○					○	○	○
明治三十年代	不如帰							○		
	薄衣	○								
	高野聖			○						
	太郎坊			○				◎		
	下士官	○								
	灰尽					○				
	夜の雪							○		
	魔風			◎				○		
	漱石	○		○						
明治四十年代	草迷宮			○						
	独行			○						
	鷗外			○						

＊表中には「オイラ・ワシ」などの読みをするものは示していない。

＊鷗外…『半日』『ヰタ・セクスアリス』『青年』『普請中』『雁』『かのやうに』『阿部一族』『山椒太夫』『高瀬舟』『澁江抽斎』

＊漱石…『吾輩は猫である』『坊っちゃん』『虞美人草』『三四郎』『それから』『門』『彼岸過迄』『行人』『こゝろ』『明暗』

では〈己〉六例、〈乃公〉七例と、〈乃公〉の表記が多いが、「オレ」という語を使用しているのは同一人物であり、その使い分けが定かではない。永井荷風『薄衣』（明治三十二年）では、〈俺〉三例、〈乃公〉六例（「オレ」四例、「オイラ」二例）と、やはり〈乃公〉の表記が多い。また小杉天外『魔風恋風』（明治三十六年）では、〈乃公〉四例、〈己〉九例というように、〈己〉の使用が多いといった具合である。

右の表では、いずれも「オレ」の訓を付されたもののみを取りあげたが、例えば松村春輔『春雨文庫』（明治九年）では「此身（おら）ア、僕（わし）、自己（おいら）、己（わし）」、徳富蘆花『不如帰』（明治三十三年）では「乃公（わし）、自己（われ）、己（われ）」というように、「オレ」という読みではないが、「オレ」と同語と言えるものが何作品かに多々見られた。また、一見すると各作家が異なる用字法を行っているように見えるが、明治四十年代の作品では〈己〉の一用字に統一されている。今回は僅か三作家の作品のみに止まってしまったが、これは今後、他作家の多数の作品を新に検討していかなければならないであろう。

右の表に近世の作品を載せなかったのは、西鶴の作品ではすべて仮名表記であり、『八犬伝』では語の使用自体が見られず、「俺（われ）、俺們（われら）」の表記が所々に見られるだけであったためである。このような使い方をする明治期の作品は、須藤南翠『唐松操』（明治二十二年）の「俺（わし）十例、俺（われ）一例、俺們（わしら七例」や、泉鏡花『草迷宮』（明治四十一年）の「俺（わし）」二例などが挙げられるが、その数は少ない(1)。

「オレ」の語自体は、『日本国語大辞典』に拠れば、『古今著聞集』（一二五四年）が初出例となっており、

> 自称の「おれ」は、中世以降使用され、特に近世以降多用された。貴賤男女の別なく用いられたが、近世の後半期頃から女性の使用が絶えた。

という説明がなされている。明治期の国語辞書では、

> おれ［己ノ約カ］（一）自称の代名詞、我ニ同ジ、今、多クハ下輩ニ対シテ用ヰル。
> （二）又、対称ニモ用ヰテ、賤シメテイフ。（『言海』明治二十二年）

おれ〔己〕

（一）俚語。自称ノ代名詞＝ワレ＝オラ＝オイラ（今多ク下等人ノ口ニイフ）

（二）又、古代ノ俚語。人ヲイヤシメテ云フトキノ語。（『日本大辞書』明治二十六年）

また『帝国大辞典』（明治二十九年）には〈己〉、『日本新辞林』（明治三十年）には〈己〉が見出し語となっており、通用字として〈予〉と記されていた。(2)

以上のことから、明治期ではほぼ〈己〉が一般的な用字法として認められていたと言える。因にこの〈己〉は、対称として相手を卑罵して「やい、この野郎」という意味としても使用されている。この使用法は明治前期の作品に見られるもので、

▽己れ先刻から聞けバ不届なる所業、（『嶋田一郎梅雨日記』三編上・八ぺ裏・上段一行目）

▽己れ何用あつてあや子に逢たい、（『嶋田一郎梅雨日記』三編下・六ぺ表・下段一〇行目）

▽己れ我目をかすめ二百円を盗みし、（『鳥追阿松海上新話』三編下・四ぺ裏・下段五行目）

▽己れ毒婦め、（『鳥追阿松海上新話』三編下・五ぺ表・上段一二行目）

などの例が見られる。

辞書中には〈乃公〉の表記は見られないが、『大漢和辞典』では「ダイコウ」として「①君主が臣下に対して、驕っていふ自称。汝の君といふ義。②父が子に対する自称」と記載されている。一方近世白話小説関係の辞書や、現代中国語の辞書にはこの表記は一切見られず、〈乃公〉の表記が近世中国では使用されなくなっていたという可能性がある。ただし〈乃〉は、『小説字林』には「乃父（ダイフ）（テ、オヤ）」、『支那小説字彙』には「乃堂（ダイドウ）（母ノコトナリ）」、『雅俗漢語訳解』にも「乃母（ナイタウ）（オフクロ）」として記され、現代中国語でも〈你（なんじ）〉として〈乃〉の用法が残っている。

作品＼用字	おれ	俺	我	乃公
懺悔				
伽羅	1		1	
二人	2	1	20	1
三前				
三後				
男				
隣			1	
紫			1	
不言				
多前		22	1	6
多後	1	12	1	3
金前		1		
金中	1	5		
金後		18		
続金		30		
続々		15		
新読				
手紙				

紅葉の場合は明治三十年代に至っても、明治期後半の一般的通用字であったと思われる〈己〉の使用は見られない。巻末の別表も併せて見てみると、〈我〉は明治二十九年『浮木丸』（九月）と『青葡萄』（十月）まで使用されているが、同年の『多情多恨』（二月）を境に、〈我〉から〈俺〉へと移行していると言える。〈俺〉の表記は現在では通用字として使用されているが、先に見てきた調査によると、明治期においてはあまり多く使用されていない表記であるので、この表記に関しては、他作品とは異なる一般性の余り無い表記を用いていたという事になるであろう。

まとめ

明治期における「オレ」の表記は、父母の〈阿・御〉の表記と同じように、中国的要素の強い〈乃公〉と、日本的要素の強い〈己〉の表記に大きく別れており、明治三十年代前半では〈乃公〉の表記を用いている作品が多く見られた。紅葉の作品においては『金色夜叉』から〈俺〉への統一が見られたが、この表記は明治期においてはあまり一般的な表記ではなかったようである。このことは紅葉の〈俺〉の表記法が、後の時代の用字法の先取りとして示されたものであったと言えるであろう。

注(1)**○須藤南翠『唐松操』**

▽三平〳〵ツて誰だエ俺（われ）を呼んだのハ三一手前か、（九二ぺ・三行目）

▽「俺（わし）でさへ聞て喫驚した程ぢや（下略）」（一ぺ・一四行目）

▽お前様丁度產の氣が萌いてをつて俺（わし）の歸つた顏を見ますと、（三九ぺ・九行目）他八例

▽「俺們（わしら）が様な愚鈍なものにハモー譯が解らぬ（下略）」（一ぺ・七行目）

▽俺們（わしら）夫婦も何お成なされたか御左右を知らずに居りましたが（中略）俺們を尋ねてござツた時は、（四一ぺ・八～九行目）他四例

○泉鏡花『草迷宮』

▽えら俺（わし）が非道なやうで、寐覺が悪い、（六五ぺ・二行目）

▽俺（わし）ら手が利かねえだに、最些とだ辛抱せろ、（五七ぺ・五行目）

(2)おれ（己）〈解説省略〉（『帝国大辞典』明治二十九年）

おれ（己）〈解説省略〉（予）（『日本新辞林』明治三十年）

（四）サイクン［細君］

この項では、明治期に頻繁に使用された、妻に対する呼称「サイクン」について、その用字法である〈細君・妻君〉のどちらが優勢に使用されていたのかを検討していきたいと思う。

各作家の「サイクン」の用字法

	作品＼用字	細君	妻君
明治十年代	春雨		○
	書生	○	○
明治二十年代	浮雲	○	○
	夏木立		○
	唐松操	○	
	今戸		○
	紅葉	○	○
明治三十年代	不如帰	○	
	太郎坊	○	
	魔風		○
	漱石	○	○
明治四十年代	蒲団	○	◎
	独行	○	
	鷗外	○	

*鷗外…『ヰタ・セクスアリス』『青年』『澁江抽斎』
*漱石…『吾輩は猫である』『虞美人草』『三四郎』『それから』『門』『彼岸過迄』『行人』『こゝろ』『明暗』

右の表から、明治前期から後期にかけて〈細君・妻君〉の両字が併用されている作品が多いことが分かる。二葉亭四迷『浮雲』（明治二十年）では、第一篇と第三篇では〈細君〉、第二篇では〈妻君〉というように書き分けられていた。(1) またどの作品においても、自分の妻を単独で「サイ」と称する時には〈妻〉を使用しており、〈細〉が単独で使用されることはない。

明治期の国語辞書には、

さいくん　―細君―（一）他人ニ対シテ己ガ妻ヲ呼ブ語。（二）誤リテ、他人ノ妻ノ敬称。　令閨　（『言海』明治二十二年）

さいくん　〔細君〕〔妻君ト書クノハ誤リ〕漢語。（一）他人ニ対シテワガ妻ヲ呼ブ語。（二）誤ツテ他人ノ妻ノ敬称。　（『日本大辞書』明治二十六年）

とある。『日本大辞書』に「妻君ト書クノハ誤リ」とあるが、その著者山田美妙は、明治二十一年の『夏木立』の中で「妻君（さいくん・わいふ）」の表記のみを用いている点から、作品中と辞書での矛盾が指摘できる。[2] このことは、当時妻のことを「妻（サイ）」とも称しており、同義の「細君（サイクン）」の「サイ」の音に連想して、最初に脳裏に浮かぶ漢字が「妻」であったため、彼の辞典での説明とは異なる用字が、小説中に記されてしまったものと考えられる。

また『明治のことば辞典』に拠ると、明治期の辞書で〈妻君〉と見出し語に掲げているものは、明治二十九年の『日本大辞書』と同年の『和英大辞典』、明治三十七年『和仏大辞典』の三冊のみであり、その他二十七冊の辞書では〈細君〉が見出し語となっていることが明らかになっている。[3] しかし実際には、ほとんどの作品中に〈妻君〉の表記が見受けられていることは、先の表から明らかである。現代中国語辞書『中日辞典』には、〈細君〉は書き言葉として現在も残っている語とされているが、〈妻君〉の表記は見られない。『大漢和辞典』にも、〈妻君〉は「人の妻の称。細君の宛字」とあり用例は載っていないが、恐らく右のような事情で日本で当てられた用字であるために、中国の用例が挙げられなかったのであろう。

次に、実際にいくつかの作品について見ていきたいと思う。

（a）『当世書生気質』

用字＼訓	さいくん	おかみさん
細君	2	1
妻君	2	1

『当世書生気質』では〈細君・妻君〉共に用例数が同じであるが、その使い分けがはっきりとしている。

①「卒業後にフハザア［おとつさん］に話して妻君にしても不可はなからう。」（四一ペ表・一四行目）

②「最も斯申したからツて、妻君と令嬢が。御存命でなからう。と申す訳ではないが。」（六四ペ裏・四行目）

③こは是浮気もの、独断論。作者はヒヤヒヤとはいはぬ積。さりとて細君の味しらねば。」（一一〇ペ裏・三行目）

④「ある英国の紳士が米のワイヲシン州に住居して居た頃。其細君が（下略）」（一六三ペ表・一一行目）

実際の本文では会話引用の括弧は無いが、分りやすいように付しておいた。右の用例から明らかなように、①②の〈妻君〉は、本文中の登場人物がその友人などに対して使用しているものであり、③④の〈細君〉は、③が「地の文での作者の考え・思い」を述べている文であり、④は「譬」を述べている場面であるので、相手の妻に対して使用されているわけではない。いずれも他人の妻に対しての用法であるが、〈妻君〉が「話をしている直接の相手の妻」を指して使用されているのに対し、〈細君〉は「直接に対話をしている者とはまったく無関係な妻」を指す場合に用いられているのである。

語の意味としては、先に『言海』や『日本大辞書』で見たように、〈細君・妻君〉共に「誤って他人の妻の敬称」

として使用されている。〈妻君〉の早い例である松村春輔『春雨文庫』（明治九年）では、僅か一例ではあるが、これもまた、

▽「もつとも夫は肝要のこと然たが横田氏足下の妻君は実に貞節なもの（下略）」（三四八ペ・上段九行目）

として「他人の妻の敬称」という意味で使用している。これは「君」に尊敬の意味を感じ取って、他人の妻の敬称に使えると考えて用いたものであろうが、「サイクン」は明治初期には既に誤用されていたということが分かる。

（b）『浮雲』

▽其頃新に隣家へ引移ツて參ツた官員は家内四人活計で細君もあれば娘もある。（第一篇・三一ペ・二行目）

▽「妻君の妹です………内で見たよりか餘程別嬪に見える。」（第二篇・一七ペ・八行目）

▽細君と妹に英語の下稽古をしてやる、といふ。（第三篇「都の花」第拾九號より　一四ペ・上段一行目）

『浮雲』でも僅かな用例ではあるが、ここに『当世書生気質』との共通点が見られる。〈細君〉は作者の言葉で「地の文」で使用されており、〈妻君〉は、登場人物の本田が、知人に「課長の奥さんの妹」だということを教えている場面なので、「他人の妻」に対して使用されていることが分かる。このような使用法を正確に見ていくためには、他の多くの作品を検討しなければならないが、（a）（b）の明治初期の二作品においては、同じように他人の妻の尊称でありながら、〈細君・妻君〉に対して使い分けがなされていたと言えるであろう。

（c）漱石の作品

『当世書生気質』と『浮雲』には書き分けが見られた「サイクン」であったが、漱石の作品では書き分けがなさ

れていない。例えば、『虞美人草』（明治四十年）では〈妻君〉の表記しかされていないのだが、

①「藤尾さん、是が小野さんの妻君だ」（四二〇ぺ・七行目）

②「まだ妻君ぢやない。」（四二〇ぺ・一〇行目）

③「ないが早晩妻君になる人だ。五年前からの約束ださうだ。」（四二〇ぺ・一〇行目）

このように②の例は、正式に自分の妻となっていないとは言うものの、①③の〈妻君〉と同様の扱いがなされている。大正期の『こゝろ』にも同じことが言え、漱石の作品では特に書き分けがあったとは言えないのである。

紅葉の「サイクン」の用字法

作品＼用字	細君	妻君	御妻君
懺悔			
伽羅			
二人			
三前			
三後			
男			
隣	1		
紫		1	
不言			
多前	10	16	
多後	7	13	
金前	1	2	
金中		2	
金後	2		2
続金		1	
続々		5	
新読			
手紙			

巻末の別表を併せて見ても明らかなように、今回調査した紅葉の作品中で「サイクン」の語が使用されるのは、明治二十三年の『此ぬし』からであり、その時点で既に〈妻君〉の表記を用いている。それ以降、明治三十年代後半に至るまで〈妻君〉の使用が優勢である。紅葉の作品に関しても、『当世書生気質』や『浮雲』に見られたよう

な書き分けがなされていたのかを検討した結果、次のようにまとめることができた。各作品ごとに以下に掲げる。

（A）細君

（a―1）『多情多恨・前編』

自分の妻

①「世間の人はね、能く話をする時自分の細君の事を（嚊）など、言ふよ、」（二四九ぺ・一〇行目）
②「畜生め、昨夜細君から頼まれたな。」（二七八ぺ・一行目）
③「細君には他人行儀なのは面白くない（下略）」（二九一ぺ・一一行目）
④「私が酷く細君に恐入つてゐて、君が常住來るのを細君が陰で可厭な顔でも爲る所から（下略）」（二九七ぺ・二~三行目）

他人の妻

①「細君と云ふものが無ければ、所帯を持つ必要はまあ無いのだ（下略）」（二二三ぺ・五行目）
②「俺は他が（嚊）など、言ふのを聞くと（中略）那様に輕蔑しとる細君なら、有たんが可いのだ。」（二五〇ぺ・二行目）
③「其細君が類さんのやうに歿なりでもすると（下略）」（二五〇ぺ・四行目）
④「俺は細君は朋友だと思つとるのだ、深切な朋友だと。」（二五〇ぺ・七行目）
⑤「猶更細君ぢやないか、其代が容易に…………所か、全く有りはせんよ。」（二五一ぺ・一行目）

（a―2）『多情多恨・後編』

自分の妻

▽「私だつて善いと思へばこそ這様細君にでも添つてゐるのぢやないか。」（三七三ぺ・一〇行目）

他人の妻

①細君は徹頭徹尾の不賛成。（三二三ぺ・五行目）

②細君は又始まつたと云ふ躰で默つて聽いてゐる。（三七三ぺ・一一行目）

③細君も柳之助も笑はされた。（三七四ぺ・五行目）

④此細君に事へられる葉山は滿足であらう。（四三二ぺ・二行目）

⑤無人相の、人形のやうな、面白くもない細君に添つてゐられるであらう、と常に其をば疑つてゐたが、（四三二ぺ・四行目）

⑥葉山が那云ふ細君を持つて居るのが實は不服であつた。（四三二ぺ・一二行目）

（b―1）『金色夜叉・前編』

自分の妻

▽「遲かつたかね。さあ御土產です。還つて之を細君に遣る。」（三七ぺ・七行目）

（b―2）『金色夜叉・後編』

他人の妻

①「俺の社會では富山の細君と來たら評判なもんだ。」（三四七ぺ・一行目）

②「すぢや細君が無いで、此へは安心してお出かな。」（三八四ぺ・四行目）

（B）妻君

（a―1）『多情多恨・前編』

他人の妻

①「妻君の紋は何だつけね。」（七二ぺ・一二行目）

②「妻君が居つちや困る！」（九三ぺ・六行目）

③「妻君の前で今の事を言つちや困るよ。」（九五ぺ・四行目）

④今夜ばかりは不思議に例の可厭でもなく（中略）究竟お種なる虫の好かぬ妻君ではなしに、（二六八ぺ・一一行目）

⑤葉山一人で妻君は見えず、（二七五ぺ・八行目）

⑥「君は妻君が有るぢやないか。妻君を何と思つとるのだ。」（二七七ぺ・八行目）

⑦「妻君何所かへ行つたの。」（二七八ぺ・五行目）

⑧「僕は妻君を如何も爲やせんよ、怪しからん！」（二七九ぺ・一三行目）

⑨「他の妻君を病氣にして置きながら（下略）」（二八一ぺ・八行目）

⑩「君は僕の爲に妻君は風を引いたと言ふぢやないか。」（二八四ぺ・二行目）

⑪「他が妻君を持つと、何と無く其家へ行難くなる奴さね。（中略）別に妻君に對して遠慮も糸瓜も無さゝうなものだけれど（下略）」（二九二ぺ・七行目）

⑫「妻君と云ふものは何處のでも必ず一冊づゝ、親にも見せないと云ふ（下略）」（二九三ぺ・一行目）

⑬「一寸聞くと妻君の爲方が善くないやうに言はれるのは、そこが女子の損（下略）」（二九四ぺ・一二行目）

（a―2）『多情多恨・後編』

自分の妻

▽「僕が出る時妻君がね、今晩は早くお歸んなさいと言つたよ。」（三二七ぺ・一〇行目）

他人の妻

①出掛に妻君は、早く歸るやうに、と心配さうに言つたのを記憶してゐる。（三五六ぺ・一一行目）

②同居する以上は主よりは多く妻君の世話になるものを、（三六五ぺ・四行目）

③まして其人は敬すべき妻君であるからは、（三六五ぺ・八行目）

④「妻君の歿なつたのは去年の秋の末だつたかな。」（三七四ぺ・一〇行目）

⑤「妻君が實に立派になつた。」（四二六ぺ・一三行目）

⑥「近頃は妻君も一家の人のやうに思はれて來た。」（四三六ぺ・五行目）

⑦お種さんは他の妻君でもあれば、那樣失敬なことは到底言はれぬ。（四七九ぺ・三行目）

⑧謂はば妻君の傍に寐るのである。（四七九ぺ・九行目）

⑨葉山は自分を信じてをる、妻君も能く自分を知つてをる、（四七九ぺ・一二行目）

⑩近頃は妻君は實に自分をば弟のやうにして、（四七九ぺ・一三行目）

⑪妻君には能く話すけれども、獨且然ほどには解らぬらしい。（四八〇ぺ・一一行目）

⑫「妻君だつて猶且殘念だね。」（五四一ぺ・四行目）

（b―1）『金色夜叉・前編』

他人の妻

①「次には、君も男児なら、更に一歩を進めて、妻君に爲るやうに十分運動したまへ。」（四〇ぺ・六行目）
②「是非彼の美人を君が妻君にするやうに（下略）」（四〇ぺ・一〇行目）

（b—2）『金色夜叉・後編』

他人の妻

①「間さんは是からお美しい御妻君をお持ち遊ばす大事のお躯で被在るのを（下略）」（三八三ぺ・三行目）
②「それこそ、御妻君が在つしやるのですから（下略）」（三八三ぺ・一三行目）

＊「他人の妻」の中には、作者が登場人物の心中を表している「サイクン」も含まれている。

以上を各作品ごとにまとめると、

◇『多情多恨・前編』…〈細君〉では「自分の妻」と「他人の妻」という両義で混用されていたが、数的には「自分の妻」四例と、「他人の妻」五例というように大差なかった。一方〈妻君〉は「他人の妻」の意でしか用いられていない。

◇『多情多恨・後編』…〈細君〉は七例中「自分の妻」の意で一例見られたが、その他六例は「他人の妻」の意で使用されており、『多情多恨・前編』よりも使い分けがはっきりしている。しかし〈妻君〉の方も、十一例中「自分の妻」の意としては一例しか用いられておらず、〈細君・妻君〉の使用法を総合的に見てみると、『多情多恨・前編』よりも〈細君・妻君〉が同義として混用されていると言える。

◇『金色夜叉・前編』…〈細君〉は「自分の妻」に対して、〈妻君〉は「他人の妻」に対して使用されており、使い分けが明確である。

◇『金色夜叉・後編』…〈細君〉も〈妻君〉も「他人の妻」に対しての意で使用されており、『金色夜叉・前編』とは異なり、再び〈細君・妻君〉が混用されている。

というように、まとめることができる。『多情多恨』も『金色夜叉』も、共に前編では〈細君・妻君〉に書き分けが見られるものの、後編になると書き分けが無くなり、〈細君・妻君〉は混用されてしまっているということが分かる。これは、本来は紅葉自身の意識の中に〈細君・妻君〉の両字の区別があったと思われ、両作品の前編部分にそれが表れていると言える。しかし一方では、どちらかの表記に統一をしようという意識も働いていたために、〈細君・妻君〉の混用が後編部分で表れたのだと考えられるのではないだろうか。

まとめ

明治期においては〈細君・妻君〉の二字が併用されていた。今回調査を試みた前期の作品からは、両字に対して明確に使い分けがなされていたことが明らかになった。漱石の作品については書き分けが見られなかったが、明治後期の作品ということもあり、『当世書生気質』や『浮雲』などとは異なるものと見た方が良いと思われる。

紅葉の作品においては、両字を併用している作品の検討を行っただけであるが、明治期後半の作品である『多情多恨』と『金色夜叉』を検討した結果、「自分の妻・他人の妻」という意味上の混用が見られた。しかし『多情多恨』も『金色夜叉』も前編の方に比較的使い分けが見られ、後編では完全に混用されているということが明らかとなった。

注(1)「(b)『浮雲』」の項目を参照のこと。

（2）――第四「柿山伏」より――

▽妻君（さいくん）は今年廿一二で、根が教育の無い婦人だから、（七四ぺ・一行目）

▽妻君（わいふ）がもしも華族と見えるからには、（七四ぺ・一二行目）

（3）『明治のことば辞典』（昭和六十一年十二月　東京堂出版）

二　名詞

この項では、明治期において名詞「アヒテ」がどのように表記されていたかを検討していく。

（一）アヒテ［相手］

各作家の「アヒテ」の用字法

次頁の表から、明治期においては〈相手〉の表記が主に使用されていたということが分かる。江戸から明治十年代にかけての作品には〈相手〉以外の多種の表記が見られるが、それ以降は、主に〈相手・対手〉の両字が使用されている。また明治四十一年までに見られる〈対手〉の表記を行っている作品の作者たちは、紅葉や逍遙などの影響を受けていたようで[1]、彼らの用字〈対手〉を模倣した可能性が強いように思われる。

明治期の国語辞書には、

あひて　相手　（一）相共ニ事ヲ為ル人。（二）相向ヒテ闘フ人。勝負事ヲスル一方ノ人。　敵手　（『言海』明治二十二年）。

あひて〔相手〕（一）共ニ事ヲスル人。

あひ手	女子	同行	敵婦	敵人	敵手	敵	対	合手	対人	対手	相て	相人	相手	用字／作品	
○													○	西　鶴	江戸時代
					○	○				○				八犬伝	
											○	○	○	春　雨	明治十年代
													○	嶋　田	
													○	冠　松	
			○					○		○			○	書　生	
					○								○	浮　雲	明治二十年代
					○									唐松操	
													○	山吹塚	
○													○	鷗　外	
													○	秋の蝶	
													○	隅田川	
													○	にごり	
													○	今　戸	
	○	○		○	○	○	○	○		○			○	紅　葉	
													○	不如帰	明治三十年代
													○	薄　衣	
										○				下士官	
													○	地　獄	
									○	○				魔　風	
													○	漱　石	
													○	蒲　団	明治四十年代
										○				草迷宮	
										○			○	独　行	
													○	歓　楽	

競争者												○						

※鷗外…『文づかひ』『ヰタ・セクスアリス』『青年』『雁』『かのやうに』『阿部一族』『安井夫人』『高瀬舟』『澁江抽斎』
※漱石…『吾輩は猫である』『坊っちゃん』『草枕』『虞美人草』『三四郎』『それから』『門』『彼岸過迄』『行人』『こゝろ』『明暗』

（二）スベテムカヒ合ツテ勝負ヲ争フムカフノ人。（『日本大辞書』明治二十六年）

とあり、その他の辞書にも〈相手〉が見出し語として挙げられ、[2]明治期においては〈相手〉が通用字として認められていたと言える。しかし、本論の名詞の項「（六）ムカフ」でも触れることであるが、明治期には「ムカフ」という訓に対して〈対〉を当てる作品があるのだが、このことを念頭に『日本大辞書』の「ムカヒ合ッテ」という「アヒテ」の説明を見てみると、「アヒテ」という語に〈対手＝対い合うアヒテ〉という漢字表記が当てられてもおかしくはなかったのではないかと考えられる。現代中国語で〈対手〉が「相手・好敵手」という意味で使用されているように、[3]恐らく、近世白話小説や中国古典文学などで使用されていた表記が日本の小説に取り入れられたものの、先に述べたように〈対手〉は「アヒテ」としては意味が通用するが、〈対〉は「アヒ」と読まないことや、〈相手〉が通用字としてすでに定着していたことなどが原因で、結果的に〈相手〉で収まることになったと考えられるのではないだろうか。

辞書による用例を見ていくと、まず『日本国語大辞典』には〈合手・敵手・下酒〉などの表記例が見られ、[4]作者によって、またその意味や場面状況によっていろいろな表記を行っていたということが分かる。『日本国語大辞典』では「アヒテ」としての初出例が、『古今著聞集』（一二五四年）の〈合手〉である。[5]また同項目の二番目に『太平記』（一三七一年）の〈相手〉が掲載されているのだが、[6]この一二五四年から一三七一年という長い期間に、日本文学作品上でどのような表記法が行われていたのかは、今回の調査では調べる事ができなかったので明確な答えは出せないが、『易林本節用集』には〈合手〉が、それよりも後の『書言字考節用集』には〈相手〉が記されていることなどからも、日本における「アヒテ」の表記が〈合手〉から〈相手〉へと変化したとも考えられる。仮にこの〈合手〉から〈相手〉への変化があったとしたならば、〈合〉と〈相〉は、いずれも訓「アヒ」を有していることから、その置き換えは可能だったはずである。

『八犬伝』の「アヒテ」の用字法

輯＼用字	敵手	対手	敵
1	○		
2			
3	○		
4	○		
5	○		
6	○		
7	○		
8	○		
9	○		
10	○		
11	○	○	
12	○		
13	○		
14	○		○
15			
16	○		
17	○		
18	○		
19			

戦いの場面が多いせいか〈敵手〉の表記ばかりであり、〈対手〉の例は第九輯巻之十二上（右表中番号11・岩波文庫第六巻）に初めて見られるのだが、その用例は、

▽南弥六と出来介は、いよいよ機に乗る勢ひ猛く、対手を択まず殺結ぶ、然しも烈しき大刀風に、（岩波文庫第六巻・二五六ぺ・一二行目）

というように戦闘の場面に用いられており、〈敵手〉が当てられてもおかしくない使用例となっている。〈敵手〉については『俗語訓訳支那小説辞彙』に「敵手（てきしゅ） アイテナリ 敵手碁トハ、アイゴノコト」とあり、また先に挙げた明治期の辞書に

も「勝負事ヲスル一方ノ人」とあったように、争いと関連する表記法であると言える。『八犬伝』中の用例では、
▽多勢を敵手に血戦し、（岩波文庫第一巻・一七五ぺ・一行目）
▽「信乃が敵手に不足なりとも（下略）」（岩波文庫第二巻・八〇ぺ・九行目）
▽十五歳なる童と相撲をとりて、敵手をいたく投たれども、（岩波文庫第二巻・二一八ぺ・一行目）
▽主の仇人を撃たれども、敵手は特に威勢ある、陣代なり属役なり。（岩波文庫第三巻・二五ぺ・一五行目）
▽「敵手に足らぬ雑兵を、幾人撃捕て死するとも（下略）」（岩波文庫第三巻・二一四ぺ・四行目）
▽「縦渠なほ死なずして、今この団坐に入りたりとも、絶て怕る、敵手にあらず。」（岩波文庫第四巻・三八ぺ・二行目）
▽「敵手がちがふぞ、覚期をせよ。」（岩波文庫第五巻・一六五ぺ・一五行目）
▽毛野が敵手に足るよしもなき、縁連はやく腕乱れて、（岩波文庫第五巻・二〇七ぺ・八行目）

など、すべて「敵対している者同士」という意味で使用されている。今回調査対象とした明治期の作品の中で、〈敵手〉という表記を受け継いでいたのは、二葉亭四迷『浮雲』（明治二十年）と須藤南翠『唐松操』（明治二十二年）と紅葉の作品だけであった。この表記を用いた事に関しては、『八犬伝』の影響によるものか、もしくは漢文学の影響によるものかは判断し難いが、小説における表記法をどのように用いるかということを考えた場合、『八犬伝』その他の読本の類が参考にされたと考えてもおかしくはないであろうし、また漢文学を学んだということが、字義を重んじて漢字を使用するきっかけになったとも考えられる。ただし言文一致の作品である『浮雲』に、このような漢文的意識が働いているということは注目に値するのではないだろうか。

作品＼用字	相手	合手	対手	敵手	敵人	同行
懺悔	3					
伽羅	1		13		1	1
二人	1	2	3	3		
三前	2		13			
三後	1		6	1		
男	1	5		4		
隣	5					
紫		2		2		
不言		2		1		
多前		1	3	10		
多後	2	2	4	2		
金前		1				
金中			1	2		
金後				3		
続金			2	1		
続々		1				
新続						
手紙						

※表中の数字は、単独語のみを対象としたものである。

巻末の別表と右の表から、〈対手〉の使用が最も多いということが分かるが、この表記は、先にも述べたように中国的、漢文的な用字法であることから、紅葉の作品と漢文的表記は切り離して考える事はできないということを、改めて感じさせるものである。ただし、「アヒテ」の表記に関しては特に一貫性が見られず、その他の表記が諸作品中に散見していることからも、それぞれの場面に応じた使い分けがなされていたか、もしくは表記を一字に統一する事をせず、対象を適切に表記するためにいかにすべきか、その可能性の追求の一つとして多様な漢字表記を用いたのかのいずれかが考えられる。これらの観点の元に、次に実際にその用例を見ていくが、その際二種以上の表記が併用されている作品のみを取り上げ、数の多い表記については二、三例を挙げるに止め、紅葉の「アヒテ」に対する表記の使い分けを検討していこうと思う。

（a）『伽羅枕』

①末世の武人なりとも殺人庖丁をひねくるほどの手技はあるべきに、敵人は蒲柳女人ならずや、（二二七ぺ・七行目）

②人の女房となりけるものを呼出しては、酒の相手に戯れて垣越の花を樂しむに、（二三六ぺ・一三行目）

③後は馴染なき地に同行なきも寂しく、（二五五ぺ・八行目）

①は「父親」の死への怨みから、息子である「八郎という武人」が「蒲柳女人（かよわきをんな）＝佐太夫」を闇討ちしようとしている場面であり、この文から、武人対女人の敵対する者同士という構図が浮かび上がるのであり、辞書の意味と一致している使用法である。②の〈相手〉は「酒のアヒテ」であり、③は字のごとく同伴者・連れという意味での「アヒテ」である。

（b）『二人女房』

①まづ相手に取つて不足は無い。（八〇四ぺ・五行目）

②「どうだ合手に取つて不足は無からう。」（八一二ぺ・三行目）

③根から合手にならぬ。（八四二ぺ・五行目）

④これから手助にも相談對手にもならうといふ頃に。（六七八ぺ・一二行目）

⑤さほど對手にするが否なら。（七四二ぺ・一一行目）

⑥隠居に見放された母親は。（中略）お銀を對手にして談話を始むれど。（七四三ぺ・一行目）

⑦我娘といふ敵手を獲た日には耐らぬ。（七七五ペ・一〇行目）
⑧とにかく敵手は親といふので澁谷の方でも苦戰で。（七九三ペ・一行目）
⑨橫濱商人といふのは。異人を敵手で格別儲ると。（七九八ペ・一一行目）

先にも述べてきたように、〈合手〉は〈相手〉とイコールの関係であると見て良い。①②は見合の「アヒテ」のことであり、③は妻が夫に心配な心の内を打ち明けたものの、「アヒテ」になってくれないという場面である。これら三つに共通するものは、男対女の「アヒテ」であるということで、（a）『伽羅枕』②の例の〈相手〉も「男対女」であった。⑤⑥の〈対手〉は〈相手〉とほぼ同じではあるが、ここでは「女対女」であるということがポイントとなる。④の場合も、母親が娘に対して思っていることを描写したものであり、やはり「女対女」という構図となる。残りの⑦⑧⑨に関しては、⑦では、姑が息子の嫁をいじめるための仲間（自分の娘）を得た場面であるが、「…を獲た日には耐らぬ」とあるように、作者という第三者からその状況を述べている場面であり、「姑対嫁」という構図を読者に示すために〈敵手〉と表したものと思われる。⑧は姑と息子夫婦との諍いに関する場面で使用されているので、「姑対息子夫婦」という敵対関係を表しており、⑨は商売上の「アヒテ」であるから、敵対する「アヒテ」を表していると言える。

（c―1）『三人妻・前編』
①相手は金氣無き奴なれば、（二七ペ・四行目）
②此女どもを相手に半時ばかり酌交し、（八七ペ・九行目）
③對手は流聲の葛城様、（一八ペ・九行目）

④取るに足らざる伪藝者を對手にして、（三九ペ・一一行目）
⑤旦那は奥にて艶婦を對手に數々の娯樂、（一〇八ペ・一一行目）
⑥夫の酒の對手して、（一一一ペ・四行目）
⑦對手の誰かは知らねど、（一一八ペ・一一行目）
⑧後の出世の端緒ともなるべき高家の對手をこそ願へ、（一二〇ペ・三行目）
⑨一人々々對手にして試みけるに、（一三二ペ・二行目）
⑩對手は葛城様の外はあらざるやうに想はるれど、（一三七ペ・一〇行目）
⑪友無き徒然を慰めかねたる身に好き對手なれば、（一五〇ペ・五行目）
⑫第一私のやうなものはお才さまの對手にならぬ意氣地無し、（一五〇ペ・一二行目）
⑬對手を見込みて懸直するなどの悪巧のあるべしとも想はれず。（一六一ペ・六行目）
⑭誰を對手になされても藝を賣るに二つはござりませぬ。（一六三ペ・九行目）
⑮此席にては機嫌好く對手するが馬場への義理なれば、（一七一ペ・一一行目）

『三人妻・前編』では、〈相手〉の二例以外はすべて〈対手〉が用いられているが、例えば②の〈相手〉は、④や⑤と同じように宴席での「アヒテ」として使用されているなど、そこには特に書き分けというものは見られない。

（c―2）『**三人妻・後編**』

①手近なる附人の長澤を相手にせむにも、（二一一ペ・一〇行目）
②我と刺違へて死ぬほどの覺悟なるべし。狂人の敵手になるは大人氣無し、（二三一ペ・三行目）

③何と言はれても然る無法ものは對手にせぬが善し。（二三二ぺ・二行目）
④二三人對手にしても思はしからぬより、（二四六ぺ・二行目）
⑤自身は菊住の對手に出で、、（二四八ぺ・二行目）
⑥食物は戸棚にある中のみの對手なれば、（二五六ぺ・一〇行目）
⑦對手は菊住に紛れなし。（二七一ぺ・六行目）
⑧對手は舊時の菊住なる事、（二七五ぺ・一二行目）

ここでは①の〈相手〉は単なる「アヒテ」であり、③④の〈対手〉も〈相手〉と同じような扱いがなされているようである。その他の⑤⑥⑦⑧については、すべて「恋愛関係」としての意味で使用されている。②の〈敵手〉は「我と刺違へて死ぬほどの覚悟なるべし」とあるように、敵対関係を表す表記となっている。

（d）『男ごゝろ』
①老女を相手に通夜して、（四九六ぺ・一〇行目）
②合手無しに瀬兵衞は腹立てども、（四四五ぺ・九行目）
③我婿にして家名に箔の附くほどの合手を穿鑿せしに、（四四九ぺ・五行目）
④然れば歴々の合手は望めども、（四五三ぺ・五行目）
⑤乳母の下りける後は（中略）用にも足らぬを合手にして、（四八六ぺ・一行目）
⑥文之助が機嫌好く合手になりてゐれば、（五一六ぺ・六行目）
⑦文之助はむしやくしや肚に据ゑかねても、敵手は親なれば是非無かりき。（五五〇ぺ・一一行目）

⑧勿論お京が品評と、文之助は勃然したれど、佛蘭西語らしくて通ぜざれば、敵手にも出來ず、（五六九ペ・三行目）
⑨特に敵手欲しき汽車の中に、（五七〇ペ・一行目）
⑩病人を敵手に談話もならず、（五七一ペ・七行目）

〈相手〉と〈合手〉は同じものとして考えて良いということは先に述べた通りであるので、〈敵手〉について見てみると、今までの作品と同様に、敵対関係を表す「アヒテ」として明確に用いられている。⑦では腹に据えかねていることを一言言ってやりたい気持ちがあるにも拘らず、「アヒテ」が親なので何も言うことができないでいるという息子（＝文之助）の心中が書かれていることから、ここでの文之助と親との関係は良いものとは言えない。⑧は自分の妻が噂されて嫌な気分になったということから、文之助からフランス人に対する敵対心を表すために、〈敵手〉が用いられたと言える。⑨では「話アヒテ」という意味で使用されているものの、本当の愛が無いままに結婚をした文之助とお京との関係を、〈敵手〉という形で書き表したものと思われ、⑩は対象とする「アヒテ」が病人であり、主語となる人物にとって「アヒテ」にもならない、つまり両者の間には良い関係が成立し得ていないと言えるので〈敵手〉と表記されたのであろう。

（e）『紫』
①旦那を敵手では談話が郤含まぬので、（八四五ペ・一行目）
②「可恐く虐られちやった。あれを敵手に爲やうと謂ふのだから（下略）」（八四八ペ・九行目）
③それならば始から合手にせぬが可いのであるが（中略）顏さへ見れば、何の此のと煩く話をしかけたがる。

（七九一ぺ・八行目）

④寧ろ或時は好むで合手にもなる。（七九六ぺ・九行目）

①は姨様の心中が書かれた文であり、「談話が郤含（はず）まぬ」とあるように、話好きの姨様にとってはあまり相性の合わない人物ということで、対象人物の旦那に対して〈敵手〉の表記がなされたものと思われる。②は、話好きの姨様の「話アヒテ」となることを嫌がっている夫婦の会話である。つまりここでは、夫婦にとってあまり好ましくない人物である姨様を、〈敵手〉として表記の上からも表現していると言える。③は「アヒテにせぬが可い」と、やはり相性の悪い人間同士を書き表しているようにも思われるが、①②の〈敵手〉と異なるのは、この文が登場人物の心中などとは関係ない、作者からの意見であるということである。このことから、ここでは〈敵手〉という表記ではなく、〈合手〉の表記がなされたのであろう。最後の④については、〈敵手〉が対象とする人物に対してあまり良く思っていない場合に使用されていたのに対し、ここでは「好むで合手にもなる」とあるように、「アヒテ」に好意を抱いている心境であることから、〈合手〉という表記がなされたのであろう。

（f）『不言不語』

①合手にとて頼みたる其方をば、（二一七ぺ・二行目）

②乳母には物など食べさせ、お増を合手に置きて、（三〇四ぺ・一一行目）

③語ふ友の全くあらぬ侘しさには、弱り果てたる折からの好敵手とて、以來は入魂ならむことを望まれ、（二九五ぺ・一行目）

この作品では、〈合手〉と〈敵手〉の二表記における書き分けがなされているとは言い難い。①は奉公先の奥様が、主人公・環を一番頼りにしていると言っている場面であり、②は「話アヒテ」として〈合手〉が使用されている。③の〈敵手〉は今まで見てきたような敵対関係とは少し異なり、〈相手・合手〉などとほぼ同じように使用されているように思われる。

（g-1）『多情多恨・前編』

①愁ひ合手になつてゐたら、（二九ぺ・二行目）
②お種は苦笑をしたばかりで、更に對手にならぬ。（六四ぺ・一〇行目）
③なほも對手になる氣か、（二一〇ぺ・一一行目）
④自分を對手に爲るでもなく、（二六五ぺ・一一行目）
⑤「到底君の敵手は出來ん（下略）」（中略）「敵手が無くちや旨くないね。（中略）君が敵手をしてくれなければもう御暇だ。」（四五ぺ・九／一二／一三行目）
⑥「元を敵手に所帶を持つてゐた所が（下略）」（八六ぺ・二行目）
⑦「畢竟老者を敵手に、上と下とで一人法師だからさ。」（八六ぺ・八行目）
⑧ステツキを敵手に蹣蹱と歩いて行く。（一一七ぺ・二行目）
⑨お類も御坊様は敵手にせずに、（一二三ぺ・四行目）
⑩寒いのに母親が効々しく先に立つて、お島を敵手に食事から、衣類から、（一四一ぺ・七行目）
⑪「幾許怨が有つても、死んだものを敵手にするのは卑怯だ。」（二五三ぺ・六行目）
⑫切めて話でも無くては彌敵手をしてゐられぬので、（二七三ぺ・五行目）

この作品では、今まで明確に用いられていた〈敵手〉の表記が不明瞭なものとなっていることが分かる。⑦⑧⑨⑩がそれに当たり、特に⑧⑩は「相棒」といった意味での〈敵手〉と理解することができる。また〈対手〉に関しても、③では主人公・柳之助が車に跳ねられ、買ったばかりの花が台無しになってしまったという場面なので、被害者の柳之助と加害者の車夫とは当然敵対関係にあると言え、〈敵手〉の方がふさわしいと言える。このように『多情多恨・前編』では、〈敵手〉と〈対手〉との明確な使い分けが見られなくなってきているのである。

（g-2）『多情多恨・後編』

①お一人で御寂しからうと（中略）合手を爲なければ濟まぬのでもなかつた。（三一七ぺ・四行目）
②「私のやうなもの、合手にはなつて下さいませんとさ。」（三四八ぺ・一一行目）
③教場に居ると大勢を相手にして、（三八九ぺ・一三行目）
④夫の顔を見れば、お種はなか〱茶にして相手に爲れぬよりも辛い。（五三四ぺ・四行目）
⑤彼の胸にはお類が生きてゐて、始終それを對手に餘念は無かつたのである。（四二八ぺ・一一行目）
⑥心細いのはお種の身の上、せめては保を對手に幾分か慰められても、（四三五ぺ・七行目）
⑦柳之助も對手が無くて寂しければ、お種は猶更である。（四三七ぺ・三行目）
⑧お種も客と云ふのでなければ、用の間を缺いて對手を爲るではなし、（四三九ぺ・六行目）
⑨敵手欲さうに火鉢の傍を離れぬのである。（五〇五ぺ・七行目）
⑩「老人が敵手になるものか。」（五三七ぺ・六行目）

ここでもやはり、〈敵手〉が二つの意味で使用されている。⑨が単に話の「アヒテ」の意味で使用されているのに対し、⑩の台詞は、友人の妻との間に誤解を受けた主人公・柳之助が、誤解をして立腹している友人の父親に対して、説得を試みようとしたことに対する友人の言葉であり、柳之助対友人の父親という対立関係を〈敵手〉により表している。〈対手・相手〉に関しては、特に書き分けは見られない。

（h―1）『金色夜叉・中編』

①「對手が君であつたのが運の盡きざる所なのだ（下略）」（二五五ぺ・五行目）

②「本當に旦那の身を思つて心配を爲るのですよ、敵手が悪いからねえ。」（一八三ぺ・一一行目）

③「恨があらば尋常に敵手にならう。」（二九九ぺ・三行目）

右の三例は書き分けがなされている。①は風早と蒲田が、友人宅に押しかけてきた高利貸と談判をしようとしたところ、その高利貸が学生時代の友人・間貫一であることが分かったことに対して言った台詞であり、ここでは憎らしい高利貸に対してではなく、旧友として接していることから〈対手〉が使用されたものと思われる。②は、夫が巷で悪評判の女性と浮気をしているのではないかと妻が心配している場面である。言うまでもなく、妻にとってその女性は好ましくない人物であるので、〈敵手〉の表記がなされているのである。③は、夜道で貫一が見知らぬ人物に襲われている場面であることから、〈敵手〉を「アヒテ」として用いたのであろう。

（h―2）『金色夜叉・続編』

①其方に踽ける酔客の膁の邊を一衝撞てたりければ（中略）此の麁忽に氣を奪れて立ちたりしが面倒なる敵手

と見たりけん、（四六〇ぺ・八行目）

②「然云ふ者を對手に遊ばすと（下略）」（五九三ぺ・一一行目）

③「俺も鳴澤に居て宮を對手に勉強して居つた時分は（下略）」（六三五ぺ・九行目）

①の〈敵手〉は、車が荒尾にぶつかってしまったが、荒尾はその時酔っており、面倒なことになりそうだと思った車夫が、そのまま何も言わずに立ち去ってしまおうとした場面に使用されている。ここでは被害者の荒尾が、加害者である車夫にとっては不都合となる人物であることから、〈敵手〉が当てられたのであろう。②は恋人という意味での「アヒテ」である。③は、現在の宮と貫一の関係を言っているものであれば、恐らく〈敵手〉が当てられたのであろうが、ここでは幸せだった頃の自分（＝貫一）から見た、愛する宮に対する「アヒテ」であるから、〈敵手〉の表記はされなかったものと思われる。

まとめ

明治期の通用字としては、現在と同じように〈相手〉であったと思われるが、実際の諸作品には〈相手〉以外の表記をしているものも多々見られた。紅葉の作品に関しての調査結果は、以下の通りである。

相手・合手・対手…『二人女房』では、〈相手・合手〉と〈対手〉とに男女の別での書き分けが見られたが、それ以降は、特に用いられ方に異なる点は見られなかった。

敵手…主として「敵対する人物関係」を表す場合、「対象人物に対して好意を持っていない」場合に使用されている。しかし、明確に書き分けがなされていない作品もあり、それは岡保生氏の言う用字意識の改革にあたる『三人妻』『多情多恨』に見られるのである。[7] これはこの時期に、紅葉が文体の面からだけではなく、表記の面からも試行錯誤していたということを表していると言えるのではないだろうか。

注（1）『下士官』…小栗風葉。『明治文学全集』（筑摩書房）の解説から、明治二十四年に「尾崎紅葉の『むき玉子』を愛読し、紅葉に入門したいと考」え、その後「紅葉の指導を受け」ながら明治二十七年には「紅葉との合作『片ゑくぼ』」を読売新聞に連載するなど、紅葉の影響を大きく受けていたことが分かる。

『摩風恋風』…小杉天外。紅葉門下ではないが、明治二十四年に「鷗外、紅葉を訪れるが、受入れられず、この年の末、漸く斎藤緑雨に認められ（下略）」（『明治文学全集』筑摩書房）とあることから、少なからず鷗外や紅葉の作品から何らかの影響を受けたものと思われる。

『独行』…後藤宙外。明治二十四年、東京専門学校文学科に在学中「坪内逍遙の指導を受け」たということから（『明治文学全集』筑摩書房）、逍遙の影響を受けた可能性があると言える。

※小栗風葉について、田山花袋の「美文作法」では次のように書かれている。

紅葉山人の系統を正しく続いだのは、小栗風葉であらう。其の艶麗なるところ似たり、其字句の豊富なるところ似たり、其描写の美を目的としたるところ似たり、ことに句法の排列に於て最もよく似て居るが、しかも其思想は紅葉山人の理想化なるに引かへて大に事実化に近よつて居るところがある。短いものでは『涼炎』『五反歩』長いものでは『青春』など最も傑出して居るものであらう。美文を学ぶ人は紅葉鏡花と共に、此作者の文を読むが好い。

このことからも、小栗風葉がいかに紅葉の影響を受けていたのかが分かり、用字法の面でも紅葉の影響を多分に受けていたであろうことが分かるが、そのことについては本論中で、各項目においてその都度実証していきたいと思う。

（2）あひて（相手）①事を共にする人をいふ。②すべて、むかひ合ひて勝負を争ふ対手をもいふ。（『帝国大辞典』明治二十九年）

あひて（相手）事を共にする人。（『日本新辞林』明治三十年）

（3）【対手】1、相手　2、好敵手　よい相手（『中日辞典』小学館）

（4）②対抗して勝負を争う人。競争者。

※古今著聞集―一〇・三六六「競馬十番ありけるに、（略）久清合手をきらひて辞し申けれども」

※怪談牡丹灯籠三遊亭円朝九「敵手（あひて）の大勢の時は慌てると怪我をする」

③ある物に取り合わせる、もう一つの物。

※滑稽本・浮世風呂―二・上「薄したぢで吸物じゃさかい、酒の下酒（あひて）になどせうものなら、いっかう能（ゑい）じゃ」

（5）（注4）②の例を参照のこと。

（6）※太平記―一一・安鎮国家法事「此両人兼ては其役に随ふべき由を領状申たりけるが、其期に臨んで千葉は三浦が相手に成らん事を嫌ひ」

（7）岡保生氏は「紅葉用字法」（『尾崎紅葉―その基礎的研究―』昭和五十八年　日本図書センター）の中で、副詞を調査検討した上で『二人女房』『三人妻』『多情多恨』の時期に、紅葉の用字に対する意識が変化していると結論づけている。

（二）アタリ［辺］

この項では場所、特に地域・周辺という意味での、場所の範囲を示す二字漢字表記の「アタリ」に関して検討を行っていく。

各作家の「アタリ」の用字法

九十二頁の表から、明治期においては一字表記では〈辺〉が、二字表記では〈四辺〉が主に使用されていたことが分かる。しかし、ほぼ明治全期に亘って〈四辺〉の方が多く使用されている。ただしここでは、「そこらへん」

といった婉曲で曖昧な「アタリ」として使用されている用例は省いており、確実に、ある範囲を示している「アタリ」のみを取りあげていることを、予め断っておきたい。

近世期については、西鶴の作品には二字表記の「アタリ」が一切見られないのに対し、『八犬伝』においては八種類もの表記がなされている。その中で明治期にまで受け継がれているのは、〈四辺・四方・四下〉の三表記である。これらの二字表記は『易林本節用集』や『書言字考節用集』には見られず、明治期の国語辞書にも同義語としてすらその例は見られない。[1] しかし諸作品を見る限りでは、これらの表記は、明治期の小説中において大分一般化していたということが分かる。例えば坪内逍遙『当世書生気質』（明治十八年）では、身体の部分を表す「アタリ」に関しては〈辺〉が、

▽金時計の鍵を。胸の邊に。散々と計り見せたるハ。（二ぺ表・九行目）

の一例のみ用いられていたが、今回調査対象の語とした「地域・周辺の意味での場所」に関する一字表記の「アタリ」としてはまったく用いられておらず、山田美妙『夏木立』（明治二十二年）においても、二字表記が四例あるのみであり、一字表記の用例は見られない。

〈四～〉の形は、その場の隅々を指し示しており、『大漢和辞典』には以下のように記されている。

【四囲】①四人で囲繞するほどの大きさ。四抱もある程の大きさ。②四方からかこむ。③四周。周囲。

【四下】①馬の四蹄。②四方に垂れる。四方に下がる。

【四面】①四方。周囲。②四つの面。

次頁の表には載せていないが、〈四方〉を「シハウ」という読みで使用していたのが、久保田彦作『鳥追阿松海上新話』（明治十一年）、岡本起泉『嶋田一郎梅雨日記』（明治十二年）、武田交来『冠松真土夜暴動』（明治十三年）、徳富蘆花『不如帰』（明治三十一年）、〈四辺〉を「シヘン」としているのが広津柳浪『変目伝』（明治二十九年）、徳

時代	用字／作品	辺	四辺	四方	四囲	四面	四隣	四下	四顧	匹下	傍	所	近傍	近辺	近所
江戸時代	西　鶴	○													
	八犬伝	○	○	○			○	○		○				○	
明治十年代	春　雨		○												
	阿　松										◎		○		
	嶋　田		○												
	冠　松		○												
	書　生							○							○
明治二十年代	浮　雲		○												
	夏木立		○	○											
	唐松操		◎	○											
	山吹塚	○	○												
	秋の蝶					○			○						
	隅田川	○													
	変目伝		○												
	紅　葉		○	○	○	○		○				○			○
明治三十年代	不如帰	○	◎												
	薄　衣	○	○												
	高野聖	○	◎												
	下士官		○												
	地　獄		○												
	魔　風		○	○											
	漱　石		○	○	○		○								
明治四十年代	蒲　団		○												
	草迷宮	○	◎												
	独　行			○	○			○							
	歓　楽	○	○												
	鷗　外	○													

近隣	比屋	宅辺	遊女	前後
	○	○		
○				
				○
			○	

※鷗外…『ヰタ・セクスアリス』『青年』『雁』

※漱石…『吾輩は猫である』『三四郎』『それから』『門』『彼岸過迄』『行人』『こゝろ』『明暗』

富蘆花『不如帰』、〈四隣〉を「シリン」としているのが丸岡九華『山吹塚』（明治二十四年）、広津柳浪『変目伝』、尾崎紅葉『紅白毒饅頭』（明治二十五年）・同『青葡萄』（明治二十九年）の以上であり、[2]それらを合わせれば、明治期の「アタリ」の表記に〈四～〉の形が比較的多く使用されていたということが言えるであろう。

『当世書生気質』での〈近所・近隣〉や、紅葉の〈遊女〉については、その場所をより明確なものにしようと当てられた熟字である。『当世書生気質』の例を挙げると、

▽程なく他界の人となりしが、さるべき親類もあらざるゆゑ。近所（あたり）の人の周旋にて。葬式だけはすましたれど。（三三ぺ裏・三行目）

▽お芳をも。余計な厄介物なりとて。出入ごとに口ぎたなく。罵り叱つて虐使すれど。（中略）其あはれさを近隣（あたり）の人が。さすがに見るに堪へかねけん。（三一ぺ表・一一行目）

このように、字のごとく「近所・近隣」を表す場面で各字が使用されているのである。紅葉については後述するの

で、ここではまだ触れないでおく。

『八犬伝』の「アタリ」の用字法

次頁の表から、『八犬伝』では〈四下〉が一貫して用いられており、所々で他の表記が用いられていることが分かる。ここでは、明治期にまで使用された〈四辺〉と〈四下〉が混用されている巻について、どのような使い分けがなされているのかを見ていきたいと思うが、〈四辺〉の用例が少ないので〈四隣〉も共に検討していく。

次頁表中番号1・6では、

（a）四辺

①定包はなほしらずして、勢猛く罵りつゝ、と見れば四辺に人をらず、いふがひなければ、（岩波文庫第一巻・八八ぺ・一行目）

②現幽谷の険阻なる、この四辺には鹿もかよはず、（岩波文庫第三巻・三八三ぺ・四行目）

（b）四下

①威風凜然四下を払て、馬上ゆたけく麾うち揮り、（岩波文庫第一巻・八五ぺ・一六行目）

②勇士の大刀風、四下を払ふて、（岩波文庫第三巻・二一八ぺ・六行目）

といった例が挙げられる。始めにも述べたように、今回の調査では各巻に一例ずつしか関係の語を抜き出していないので、比較検討を行うことは適切ではないかもしれないが、明治期の用法と比較する上で何らかの参考になると思うので、敢えて比較を行う。

輯＼用字	辺	四辺	四下	四隣	四方	匹下	厥辺	近辺	宅辺	比屋
1		○	○							
2										
3			○	○						
4			○	○			○	○		
5			○					○		
6		○	○	○						
7	○		○	○					○	
8			○	○						○
9			○	○						
10			○	○						
11			○		○					
12			○							
13			○							
14			○							
15			○							
16			○							
17			○							
18			○			○				
19			○							

先の用例からは、はっきりとその用法の別が表れていることが分かる。（a）では（b）に比べると広い範囲での「アタリ」を指しており、現在の語に直せば「周辺」に当たるのに対し、（b）は（a）よりも狭い範囲の意味での「アタリ」を表している。この二例の場面はいずれも戦いの場面であり、その中の主体となっている人物の様子・動作が「アタリ」に影響を及ぼしているという意味で、〈四辺〉よりも意味・状況ともに範囲が狭まっていると言えるのである。それは〈四〉の後に続く〈下・辺〉という語構成からも、雰囲気として読者に伝わるはずである。また、〈四下〉については、後藤宙外『独行』（明治四十一年）にも一例見られ、

▽甚く石油の臭気がする。顔を撫でると手まで臭い。不審で溜らないから周章四下（あたり）を見廻して原因を求めた。すると枕辺の豆灯が飛んでも無い所へ飛んでゐる。（三四七ぺ・下段一六行目）

やはり「ごく狭い範囲でのアタリ」として使用されている。しかし紅葉の作品における〈四下〉は、

①火鉢の傍へ坐つたが、四下（あたり）の様子が何と無く變つて、常には取散してあるべきものが片附いてゐるのも心寂しい。（『多情多恨・後編』四六一ぺ・五行目）

②忙々しく四下を眴せど、はや宮の影は在らず。（『金色夜叉・続編』六二六ぺ・一〇行目）

①は部屋の中という限られた狭い範囲であるが、②は家の中や庭なども含めていると思われる描写であり、狭い範囲とは言い難い。ただし『八犬伝』の〈四辺〉と比べると、「家」という限られた場所での「アタリ」であるということから、「狭い範囲」であるとも言えるかもしれない。

表中番号3では、

（c）四下

①額に手を当、沈吟じたる、頭を擡て四下を見かへり、（岩波文庫第二巻・六六ぺ・二行目）

②忽地に「云」と声して、身を起しつゝ、四下を見かへり、（岩波文庫第二巻・二〇四ぺ・四行目）

③勇士の大刀風、四下を払ふて、（岩波文庫第三巻・二一八ぺ・六行目）

④只その平坦にして数十間なる、四下を彼此と徜徉す。（岩波文庫第四巻・一三五ぺ・八行目）

⑤衆皆四下に聚ふものから、（岩波文庫第四巻・二六一ぺ・一四行目）

⑥「俺知る四下は盗児も、怕れて徘徊することあらじ（下略）」（岩波文庫第五巻・二二ぺ・八行目）

⑦駭慌て逃んとしつゝ、四下を見かへる程しもあらず、（岩波文庫第五巻・二二一ぺ・二行目）

(d) 四隣

①「湯液も咽喉に下らず、と四隣の人に今聞つ。」(岩波文庫第二巻・四〇ペ・一五行目)
②「且く人にしらすべからず。四隣の人のもし問ば(下略)」(岩波文庫第二巻・三四三ペ・一六行目)
③「村長どのも四隣の人も、いかでか異議に及ぶべき。」(岩波文庫第三巻・三四六ペ・二行目)
④「遠方の人なるべからず。四隣比屋か、尓らずば、家の内かも(下略)」(岩波文庫第四巻・一七四ペ・一六行目)
⑤「是首にて苫を中給はゞ、亦復酷く号叫びて、さぞな四隣を驚さん。」(岩波文庫第四巻・三〇〇ペ・二行目)
⑥夫婦闘諍の最中にて、打つ打れつ、泣つ叫びて、四隣を動す闔宅の搉択。(岩波文庫第五巻・一六七ペ・七行目)
⑦「親胞兄弟に戴せん。然しても余らば、四隣の人に、分与て(下略)」(岩波文庫第五巻・三六四ペ・一四行目)

といった例が挙げられる。(c)では、先に(b)で見た〈四下〉の意味と同時に、(a)の〈四辺〉の意味でも使用されており、〈四辺〉と〈四下〉との使い分けが無くなっているようである。一方(d)は、「近所」という意味でのみ使用されている。〈四隣〉の表記法は、広津柳浪『変目伝』(明治二十八年)にも見られる。

▽入谷村に新築せし三軒立の長屋あり。四隣遠ければにや、移り住む者もなかりしに、(四〇六ペ・一行目)

これは「シリン」とルビが振られているものであるが、『当世書生気質』に見られた〈近隣〉と同様に、「近所」の意味で使用されている。

『八犬伝』における〈四辺〉から〈四下〉への変化の理由までは触れることができないが、この二字が明治期にまで諸作家に見られる用法であることは確かであり、たとえ明治期の作家の用法が漢文の影響によるものであったとしても、このような表記を日本の作品にふんだんに取り入れた『八犬伝』の存在は、やはり後世に大きな影響を与えた一作品であると言えるであろう。

紅葉の「アタリ」の用字法

作品＼用字	辺	境	四辺	四下	四方	四囲	四面	遊女
懺悔			1					
伽羅		1	4		2			1
二人								
三前	1		6				1	
三後	4		4					
男	1		4					
隣	1		2					
紫			1					
不言	7		5		1			
多前	3		6					
多後			2	1				
金前			2					
金中	2		2					
金後	2		4					
続金				1				
続々	4		1					
新続	1							
手紙						1		

まず一字表記のものについては〈辺〉で統一されており、例外として『伽羅枕』（明治二十三年）に〈境〉の用例が見られる。二字表記のものについては〈四辺〉が主として用いられているが、巻末の別表を見ても明らかなように、一字の〈辺〉よりも、熟字である〈四辺〉の方が多く用いられている。しかしこのことについては、「各作家の『アタリ』の用字法」のところでも触れたように、紅葉だけに見られる特殊な用法ではなく、明治期の文学作

品にごく当たり前に見られる現象であることから、紅葉が特殊な表記を用いていたわけではないと言える。

次に作品内での使い分けを検討していくが、ここでは明治期に多く使用されていた〈辺〉と〈四辺〉の両語が、どのように使い分けられていたのかを検討した結果、次のように分類することが出来た。

(a) 四辺

【視覚】

◇『三人妻・前編』

①其四邊の地面は、目の及ぶ限り我垣の内にして、庭に追剝の出でしとも噂されけるなり。(五ぺ・一一行目)

②枕頭に喚ぶ聲に驚されて、何ぞと半眼に四邊を眴せば、(二二ぺ・八行目)

③菊住はふと目覺めて四邊を見れば、(四五ぺ・二行目)

④舊の座敷に復りて四邊の様子を候へば、(一三五ぺ・一三行目)

◇『三人妻・後編』

⑤士女目を皿にして四邊隈無く探せども、(二一六ぺ・七行目)

⑥四邊に人の在らぬを幸ひに、假名にて細く認め、(二三六ぺ・八行目)

⑦紙切に火皿を拭きて外へ捨つれば、男は四邊を眴し、(二三九ぺ・一一行目)

⑧氣の脫けたる顏して四邊を眴し、(二六六ぺ・八行目)

※⑥は、前後に「見る」に関する言葉は書かれていないが、「人の在らぬを幸ひに」と思うのは「見廻す」という視覚的な行為がなされたと解釈できるので、《視覚》の〈四辺〉として扱った。

◇『**隣の女**』

⑨きよろ〳〵と四邊を見廻して、（六九ぺ・七行目）

◇『**男ごゝろ**』

⑩徐に四邊を候ひすまして聲低く、（五四〇ぺ・六行目）

⑪四邊に人無き折の辭には、文之助の身に浸むほどの事もありけるが、（五四三ぺ・九行目）

※⑪は⑥と同様に考えられるので、《視覚》の〈四辺〉として扱った。

◇『**不言不語**』

⑫我は四邊を眴して、（一八七ぺ・一行目）

⑬徐に四邊を眴し給ひ、（二二七ぺ・一〇行目）

⑭奥様も四邊を熟と見定め給ひて、（二三一ぺ・四行目）

◇『**多情多恨・前編**』

⑮枕を擧げて四邊を眴してゐたが、（二三〇ぺ・八行目）

⑯首を擧げて四邊を眴すと、（二五八ぺ・四行目）

【聴覚】

①私語する聲が、四邊の寂寞の爲に、種々の反響を受けて…………。(『隣の女』一七二ぺ・一三行目)
②四邊の鎮るほど物思はるる便となりて、(『男ごゝろ』五五五ぺ・一三行目)
③毎には聞かぬ高聲の甲走り、四邊に響くばかりなり。(『不言不語』二九一ぺ・七行目)
④聲などもいと高くて、四邊にも轟くやうなり。(『不言不語』二九七ぺ・一行目)
⑤森としてゐる四邊の閑寂を、(『多情多恨・前編』一六四ぺ・一一行目)

【嗅覚】

①燻臭き悪氣は四邊に充満ちて、(『金色夜叉・後編』四四〇ぺ・五行目)

以上のように〈四辺〉は、「人間の感覚を伴ったアタリ」として使用されている例が多く見られるのである。勿論、単に「周辺」としての意味で使用されている〈四辺〉もあり、ここに挙げなかった残りの〈四辺〉がそれに当たる。また〈辺〉は、

▽新橋邊に嫌はれぬ男ども、、見識を失して此幕の中へ込入る。(『三人妻・後編』二一六ぺ・一三行目)
▽人家の立續く邊より再び馬車にて歸りぬ。(『三人妻・後編』三一一ぺ・一三行目)
▽又立返つて門口の邊に停る。(『多情多恨・前編』二五八ぺ・一行目)

などのように、用例の大部分が「漠然としたアタリ・そこらへん」として使用されていた。

まとめ

明治期における「アタリ」の表記法は、明治期の国語辞書には見られない二字表記の〈四辺〉が、多くの作品で

多用されていた。紅葉の作品においても同様であり、また〈四辺〉と〈辺〉との書き分けについても以下のようなことが明らかとなった。

四辺…人を中心においた周囲・人の五感で感じられる範囲の「アタリ」として多く使用されていた。
辺　…「そこらへん」といった意味での「アタリ」として多く使用されていた。

本文中では、各作品ごとにおける両字の比較を行わなかったが、『多情多恨・前編』の、

▽四邊の次第に黯くなるにつれて、（二二六ペ・一行目）

という例や、『金色夜叉』の、

▽四邊に往來のあるにあらねば、二人の姿は忽ち彼の目に入りぬ。（中編・二二一ペ・三行目）

▽始めて騰れる焔は炳然として四邊を照せり。（後編・四三五ペ・七行目）

などのように、視覚や聴覚などを伴わない「周辺」としての意味での〈四辺〉が見られることから、恐らくこの二作品に限っては、〈四辺〉の使用法が曖昧なものであったと思われる。

注（1）あたり【辺】（一）其処近く。（『言海』明治二十二年）
あたり（辺）ソノキンジョ＝ソノヘン＝ワタリ＝井マハリ＝ホトリ（『日本大辞書』明治二十六年）
あたり（辺）わたり、ほとり、といふに同じ。（『帝国大辞典』明治二十九年）
あたり（辺）わたり、ほとり（『日本新辞林』明治三十年）

（2）▽かねて四方を見張りし兵隊忍び廻りの丸燈で、（『鳥追阿松海上新話』後編下・六ペ表・下段五行目）
▽幾程もなく四方の賊徒も王化に帰し初めて、（『嶋田一郎梅雨日記』初編中・二ペ裏・下段四行目）
▽銘々四方へ離散して己が自恣に得物をなし、（『嶋田一郎梅雨日記』初編中・七ペ裏・下段一行目）
▽小前の人々ハ思ふ侭に蹂躙四方に分れて乱暴なす、（『冠松真土夜暴動』後編中・二ペ表・上段一二行目）

▽双眼鏡をあげつ、艦の四方を望みしが、（『不如帰』二四一ぺ・一一行目）
▽眼光鋭く四邊に働き、（『変目伝』四〇三ぺ・一三行目）
▽其眼は四邊にきよろ付きぬ。（『変目伝』四一八ぺ・一四行目）
▽他は渾て松島の四邊に水柱を蹴立てつ。（『不如帰』二五三ぺ・一〇行目）
▽五平が名は四隣に聞て、（『山吹塚』七九ぺ・四行目）
▽四隣遠ければにや、移り住む者もなかりしに、（『変目伝』四〇六ぺ・一行目）
▽四隣寂にして庭に鳥の鳴聲、（『紅白毒饅頭』六五一ぺ・一〇行目）
▽折しも四隣の寂なるに、（『青葡萄』六〇八ぺ・四行目）

（三）カタチ［形］

この項では、さまざまな「カタチ」の表記法について検討していく。

各作家の「カタチ」の用字法

次頁の表から、『八犬伝』の次に紅葉の作品での表記が多種に亘っていることが分かる。また、全体的には〈形〉が主に使用されているものの、稀に〈容〉を用いている作品も見られる。表中、「複合」としたものは「カホカタチ・ナリカタチ」などの複合語を使用している作品を指す。その一部を参考までに挙げておく。

▽かほかたち…容貌・容姿（『当世書生気質』）／顔貌風姿（『浮雲』）／顔形（『夏木立』）／顔容（『伽羅枕』『魔風恋風』『草迷宮』）／容貌（『唐松操』『不如帰』『歓楽』）／容姿（『変目伝』）／面貌（『金色夜叉・続々編』）

時代	作品＼用字	形	容	状	態	貌	象	像	兒	体	躰	質	複合
江戸時代	西　鶴	○				○			○				
	八犬伝	○	○	○		○		○		○		○	○
明治十年代	春　雨												○
	阿　松	○											
	嶋　田		○										
	書　生	○											
明治二十年代	唐松操	◎	○										
	鷗　外	○	○			○							
	山吹塚	○											
	変目伝	○											
	紅　葉	○	○	○	○	○	○				○		○
明治三十年代	不如帰	○	○										○
	高野聖	○	○										
	太郎坊	○											
	下士官	○											
	地　獄	○											
	魔　風		○										○
	漱　石	○	○										○
明治四十年代	蒲　団	○	○										
	草迷宮	○											
	独　行	○		○									
	歓　楽	○											

※表中は、単独語・一字表記で使用されている語のみを示したものである。
※鷗外…『舞姫』『文づかひ』『半日』『ヰタ・セクスアリス』『青年』『雁』『かのやうに』『阿部一族』『山椒太夫』『澁江抽斎』

※漱石…『吾輩は猫である』『倫敦塔』『薤露行』『草枕』『虞美人草』『三四郎』『それから』『門』『彼岸過迄』『行人』『こゝろ』『明暗』

▽かみかたち…結髪風姿（『浮雲』）
▽なりかたち…容体（『当世書生気質』）
▽みめかたち…容貌（『春雨文庫』）
▽すがたかたち…姿貌（『不如帰』）

『類聚名義抄』には、「カタチ」として「像・儀・體・姿・相・皃・貌・質・形・状・象・範」が挙げられており、『八犬伝』の用字法がこれにほぼ一致している。『易林本節用集』には「容・貌・形・像・状」が、『書言字考節用集』には「形・像・容・態・貌」とあり、字数は減っているが、ほぼ同じ表記がなされている。明治期の国語辞書では、

かたち（形＝貌＝容）ち（一）知覚ニヨリテ覚リ得ベキ、物ノ外部ノ見エ。＝ナリ。（二）スガタ。＝フリアヒ。（三）カホツキ。＝容貌。（『日本大辞書』明治二十六年）

かたち（形）①知覚によりて感じ得べき、物体のなりすがた。（貌、容、像）②すがた、容貌。（『日本新辞林』明治三十年）

とあり、その他の辞書にも〈形〉が見出し語とされ、明治期の通用字が〈形〉であったことが分かる。ただし、『日本新辞林』に〈貌・容・像〉が同義語として記載されている[(1)]ことなどからすると、それらがまだ「カタチ」を表す表記として認識されていたと言えるのではないだろうか。

相貌	形貌	形局	形質	形体	状形	形状	質	体	像	貌	状	容	形	用字／輯
	○			○		○			○	○			○	1
						○		○		○		○	○	2
												○		3
										○			○	4
									○	○	○		○	5
				○		○				○	○		○	6
				○						○				7
	○					○							○	8
○	○	○			○					○			○	9
	○			○	○	○				○			○	10
									○	○			○	11
	○			○		○				○			○	12
	○									○				13
	○			○		○	○		○	○			○	14
						○			○	○			○	15
	○									○			○	16
													○	17
										○			○	18
			○	○						○			○	19

形相	形像	肢体	身体	形形	影像
		○			
○					
			○	○	
	○				
					○

熟字も含めて表を作成したため少し見づらくなってしまったが、『八犬伝』における「カタチ」の様相を右の表から伺うことができると思う。一字表記に関しては〈形・貌〉が主流となっており、明治期の作品に多く見られた〈容〉は、第二輯・三輯（岩波文庫第一・二巻）にしか見られず、それ以降はまったく使用されていない。

①匠作は、猶姿を変、容を窶して、（岩波文庫第一巻・二五九ぺ・一二行目）

②蓁六嗟嘆しつ、腋下なる冷汗を、推拭て容を更め、（岩波文庫第二巻・一六一ぺ・一四行目）

この用例だけでは、どのように使用されているのかを明確にすることは出来ないが、①は姿を変え、②は居住まいを正したという場面で使用されていることから、はっきりとした使い分けがあったとは言い難い。木村秀次氏の論文に、『雨月物語』（安永五年）の中の「カタチ」を調査したものがあるが、[2]『雨月物語』では、〈容〉は「現実の人間にかかわるもの、特に顔かたち、器量に中心があると考えられる」ようである。[3]『八犬伝』では①がそれに一致するが、②はまったく別の用法である。明治期の〈容〉はどのようになっているのかを調査した結果、次のように分類することができた。その一部を次に掲げる。

【居住まいを正す】

①忽ちはツと気を取直ほして儼然と容を改めて、(二葉亭四迷『浮雲』二篇・一四三ペ・一二行目)

②『貴方は一体何の証拠で嘘なンて失礼なことを仰有る?』と僕も容を正して睨み返した。(後藤宙外『独行』三四九ペ・下段一八行目)

③文句を云はずに伏罪する事の便宜を悟つた彼は、忽ち容ちを改ためた。(夏目漱石『明暗』四四五ペ・一五行目)

④少し容をあらためて。(森鷗外『舞姫』四三八ペ・一行目)

⑤抽齋は暫く黙して一座の光景を視てゐたが、遂に容を改めて主客の非禮を責めた。(森鷗外『澁江抽斎』三一七ペ・八行目)

⑥貞固は暫く黙していたが、容を改めてかう云つた。(森鷗外『澁江抽斎』四一九ペ・八行目)

⑦家に歸るとすぐに、折簡して抽齋を請じた。そして容を改めて云つた。(森鷗外『澁江抽斎』三四四ペ・一五行目)

⑧お琴嬢ハ幾度となく涙を拭ひて肅然として容を正し、(須藤南翠『唐松操』二三〇ペ・一二行目)

⑨涙の吾知らず催し來れる夫人は屹度容をあらため、(徳富蘆花『不如帰』二一〇ペ・七行目)

【容姿・容貌】

⑩「此の方は姿も窶れ容も細って(下略)」(泉鏡花『高野聖』四二九ペ・九行目)

⑪女は感情をあらわすのにきわめて単純で、怒った容とか笑った容とか、(田山花袋『蒲団』一五ペ・一二~一三行目)

⑫寛齋は生れて姿貌があつたが、痘を病んで容を毀られた。(森鷗外『澁江抽斎』四六九ペ・一五行目)

漱石と鷗外の作品は大正五年のものであるが、明治期の作家の作品として取りあげた。右の用例のうち、⑪は「様子」という意味合いが強いが、その後に続く文中に「その感情を表すことができなかったが」とあることから、外見を表しているものとして「容姿・容貌」の項目に含めた。また居住まいを正す意味での「カタチ」も「容姿・容貌」の類ではあるが、「カタチを改める」という一連の語として認められるため、別に分類した。用例が少ないため、更に多くの作品を見た上で結論を出さねばならないが、今回の調査の限りでは『雨月物語』で見られた「現実の人間にかかわる器量・容貌」という例が減少し、明治期の文学作品内では、居住まいを正す意味での「カタチを改める」という一連の語として使用されることが多くなっていったと考えられるのではないだろうか。

次に二字表記に関しては、『八犬伝』では〈形状・形体・形貌〉の三表記が主に使用されている。明治期ではこの中で〈形状〉が三例、漱石の作品中に見られる。

①腹のなかに小さな皺が無數に出來て、其皺が絶えず、相互の位地と形状とを變へて、(『それから』三九〇ぺ・一三行目)

②然し此際だから氣を付けて烟りの形状を眺めてゐた。(『三四郎』二八〇ぺ・一行目)

③自然石の形状亂れたるを幅一間に行儀よく並べて、(『虞美人草』八〇ぺ・五行目)

このように〈形状〉に関しては、その熟語の通りの意味を表している熟字表記であり、それは『八犬伝』や『雨月物語』、その他の明治期に見られる熟字表記に関しても同様のことが言えるのである。この他にも「カホカタチ」として、〈相貌・容貌〉などの複合語表記もあるが、ここではそのことにまで触れることはしない。

用字＼作品	形	容	状	態	貌	象	容姿	容貌	外形	容儀	姿勢
懺悔	2	1					1				
伽羅	3	1						1	1		
二人	1		3	1							
三前	2	1		3	1	1		1			
三後		1		2				1			
男	4	1								1	
隣	5	2	1	2				1		1	
紫			1								
不言	1	4			1						
多前	2	2	5	4							
多後	3	1	3	3							
金前	2	3	2								
金中	3	4	1		2						1
金後	7	3		1	1					1	
続金	3	4									
続々	1		1	2							
新続											
手紙											

※表中の数字は、単独の「カタチ」のみの調査結果を表したものである。

まずは用例の少ない熟字であるが、この熟字表記の使用は〈姿勢・容儀〉が『金色夜叉』に各一例現れるものの、『隣の女』（明治二十七年）以降無くなっている。また、今回の詳細な調査の対象とした作品以外では、『夏痩』（明治二十三年）に〈形状〉が一例と、『おぼろ舟』（明治二十五年）に〈容貌・威儀〉各一例、『むき玉子』（明治二十五年）に〈姿勢〉が一例として見られるが[4]、これらを含めて見てみても、やはり明治二十七年以降は二字表記が見られなくなっており、全体的にもその使用度は少ない。それは恐らく、一字表記での使い分けが十分に可能であったからであろう。一字表記に関しては、明治三十年代の『金色夜叉』まで多種表記が用いられていたということが、表中の数字から明らかである。

次に実際の用例を見ていくが、二字表記のものは熟字であり、また現在でも使用されている語であることから調査の対象から外し、一作品中、一字表記の漢字で二種以上の表記がなされている「形・容・態・状・貌・象」の各表記についてのみ検討を行い、文脈からそれぞれの表記がいかなる意味で用いられているのかを考察し、その表記がどの意味に偏っているのかを見ていきたいと思う。ただし漢字の意味付けが文脈に依存しているため非常に微妙であり、明確に分類するまでに至らないことを恐れるが、この事は今後の研究により、その意味付け・分類に変更もあり得るであろうことを予め断っておく。

（a）『二人女房』

【形】

①人間は極良いけれど職人がどうも。と一向進まぬ形で。（八〇〇ぺ・四行目）

【状】

②無論滿座の客は現になつて。衆心一人を逐うて移るといふ狀で。（六四九ぺ・一三行目）

③母親は入つて來たは來たれど。變つた樣子に氣を奪れて。ちと足が進みかねるといふ狀。（七四一ぺ・一二行目）

④お姫様が花道に出たやうな狀で。（七六八ぺ・三行目）

【態】

⑤姑の心が變に曲り出して。餘程持餘しの態。（七七三ぺ・六行目）

①②③⑤は「状態」を表している。しかし、三表記はそれぞれ微妙にその「状態」が異なっていると言える。①は母親の気持ちを表す「カタチ」であり、ここでは気乗りがしていない母親の状態が、娘・お鉄にも伝わってきているという場面である。②③は動作態を表す「カタチ」であり、⑤はまさに「状態」を表しており、「態度」と言う方が良いかもしれない。このように、三表記は「気持ち・動作態・態度」としてそれぞれに使い分けられていることが分かる。④の〈状〉は、外見上の容姿を表す「カタチ」として使用されている。

（b―1）『三人妻・前編』

【態】

①今までさるお屋舗に御奉公申せしと見ゆる態あり。（七五ぺ・一行目）

②年は取りてもしやんと來いの巖疊造、渡守の頓兵衞を生で見るやうな態ありて、（一五二ぺ・六行目）

③左も右も彼の了簡を聽きて（中略）と骨折りさうな口氣、これで半分は成就した態。（一八〇ぺ・一行目）

【形】

④萃めたる艶婦にいづれ可厭なる形は無く、（八〇ぺ・九行目）

⑤人の女房の其家に功ある事、金錢財寶の形こそ無けれ、（一一三ぺ・八行目）

【容・貌・象】

⑥姿の醜く、容の淺ましくなれるが爲なり。（一一二ぺ・一一行目）

⑦久米平内といふ士我貌を石に刻み、（六一ぺ・一二行目）

⑧小石川に前有といふ翁神通の上手と聞きて（中略）却て我に親みを求むる象なり。（二〇八ぺ・三行目）

〈態〉は、①②が「〜のような身のこなしがある」といった意味で用いられており、その「態度・そぶり」を表す「カタチ」であり、③は物事がうまくいったという「状態」を表しているが、今までに見てきた〈態〉とは異なり、人間の動作に対して使用されていない例外的な使用法である。④の〈形〉は「容姿・容貌」という意味であるが、外見だけから見た「カタチ」であり、（a）『二人女房』の④の〈状〉と同じである。⑤は「金銀財宝」という物体の「カタチ」であり、⑥の〈容〉は「容姿」を、⑦の〈貌〉もやはり「容貌」といった意味であり、⑧は、易占・八卦の表した「カタチ」である。以上のことから、この作品では明確な書き分けがなされていないということが分かる。

（b―2）『三人妻・後編』

【態】

①御前が深川へのみ凝られて、自然外をば疎まるゝ態のあるゆゑなれば、（二八一ぺ・七行目）

②三晩續けの徹夜に憊れたる顔の色蒼く（中略）躓きて僵れなば、處嫌はず其儘に正體無かるべき態にて出で來れり。（三七一ぺ・六行目）

【容】

③花見る衆を見るに、いづれか容の可厭なるは無し。今日の爲に衣裳を新に調へたるも多く、（二一三ぺ・七行目）

①②の〈態〉は、共に「態度・様子」を表しているが、①では受身の態度であり、「有様・様子」としての意味が強く、②の〈態〉は、本人が実際に「正体無かるべき」状態に陥ってしまっていることから、「状態・態度」としての意味が強い。③は後に「衣裳を新に調へ」とあるように、身なりを整えた容姿を表す「カタチ」として使用されている。

（c）『男ごゝろ』

【形】

①お京は身一個に所帯の世話を預り、結髪も白鬟の形を厭はず、（四八六ぺ・三行目）

②陰性は母より享けたれど（中略）話聲の高き、足蹈の暴かなる、渾て形に見ゆる様は舊時にも變らねど、（四九〇ぺ・一一行目）

③形は死せりし戀なれども、心は未だ呼吸を絽たずして、（五五六ぺ・一三行目）

④自ら立ちて隈無く室内を捜せども、形も影もあらざりけり。（五七二ぺ・二行目）

【容】

⑤坐居崩して囀りける女生も、ぴりゝと慄きて遽に容を正し、（五二五ぺ・三行目）

①は「鬟の形」であるから、外形・物の「カタチ」を表しており、②の〈形〉は、「態度・様子」を表している。①②が有形のものであるのに対して、③④は無形の「カタチ」であると言える。③は「恋」という目に見えない「カタチ」であり、④は「スガタ」という意味での「カタチ」であるが、探している側には実際に目に見えていな

いのであるから、無形の「カタチ」と言える。

（d）『隣の女』

【形】

①假名でいふ浮氣な色事、むづかしく謂へば皮想の愛（中略）其形は淡として水の如く、（一二一ぺ・八行目）

②いくら見たからとて、形の無いもの、見えやう理が無いのに、（四九ぺ・一二行目）

③讓は肅然と形を正して、（一六二ぺ・八行目）

④其は指環では無い、假に指環の形を成したる小夜の心、（一七〇ぺ・九行目）

⑤二人は何處へ行つたのか、影も形も無い。（一七二ぺ・五行目）

【態】

⑥話せぬ奴の粕壁讓を（中略）さほどの藝があらうとは夢にも想ひ懸けぬ。さほどの藝どころか、尺八といふものは（中略）立ちながら啣へてゐる物と、粕（中略）は想つてゐるだらうぐらゐに輕蔑してゐる態であるから、（一四ぺ・一二行目）

⑦今日に限つて稍悖々して、塲打のしたやうな態である。（四七ぺ・一二行目）

【容】

⑧悪女必ずしも深情では無いけれど、概して容の美しくないものは、（一四二ぺ・八行目）

⑨小夜も容を正して、（一六五ぺ・六行目）

【狀】

⑩人情本の口書では無いが、男と女が合奏をしてゐる狀は、自から靄然と和合の相を表はしてゐる、（七三ぺ

・二行目）

まず③の〈形〉であるが、「カタチを正す」の形では、〈容〉が通常使用されているということは先に見た通りであり、ここでは今までに例の無い用法として使用されていると言える。その他の①②④⑤に関しては、（c）の『男ごゝろ』での〈形〉と同様の共通点が見られる。①は「愛」という無形の「カタチ」であり、②⑤は「形の無いもの」「影も形も無い」とあり、その「カタチ」に関しては先に述べた通りである。そして④は、物の「カタチ」であると共に「小夜の心が仮に成したカタチ」とあることから、無形の「カタチ」と言うことができるであろう。その他は、⑥は軽蔑した態度、⑦がドキドキとした状態を表しており、今まで見てきた〈態〉の用法と何ら変わりはない。⑧の〈容〉は、容姿・容貌としての「カタチ」であり、⑨は漱石や鷗外に見られた「居住まいを正す」という意味での〈容〉の使用法である。また⑩の〈状〉は、その有様・状態を表す「カタチ」として使用されている。

（e）『不言不語』

【容】

①何事か心に思惱める色の自から容に露るゝが爲す業なめり。（一九〇ペ・七行目）

②奥様は氣遣はしげに見給ひつゝ、容を改めて待ちたまへり。（二一四ペ・一〇行目）

③民之助様も容を正したまひて、（二八一ペ・三行目）

④御兒は負はれて啼入りたりしが（中略）飽かずも愛づる可憐き容の、今日は衰へて、（三二一ペ・一一行目）

【貌・形】

⑤我若奥様の御身にてあらば、之が爲には貌も羸るべし、心も亂るべし。（一九六ペ・一一行目）

⑥旦那様は此一日遂に影をも形をも見せ給はざりき。（二〇六ぺ・一行目）

①④の〈容〉は「姿・様子」という意味での「カタチ」であり、②③は「居住まいを正す」として使用されている。⑤の〈貌〉は、「心」という内面に対立する「外形・姿」であり、⑥の〈形〉は「影も形もない」として使用される「カタチ」であり、このことについては先に（c）『男ごゝろ』で述べた通りである。

（f―1）『多情多恨・前編』

【狀】

①葉山も麥酒の下地に二合未滿も入れたから、大分酩酊の狀で、（四六ぺ・六行目）
②燈影の微昏い所に赤い花の此方を向いた狀は、（四九ぺ・一二行目）
③お種の手前少く極の悪い狀で、柳之助は連に頭を棹る。（八一ぺ・四行目）
④鷲見は桃瀨（中略）の別家と云ふ狀で、會計上の關係こそ無かつたが、（一二三ぺ・一二行目）
⑤姻家の兩親と懇談數刻に渉つて、左やら右やら例の件は落着した狀。（三一三ぺ・七行目）

【態】

⑥柳之助は目を閉ぢて、壁に靠れて、少しは醉つたやうな、多くは物を思ふやうな態で、（一〇ぺ・三行目）
⑦お島の方では（中略）自分も亦多少面白づくで、彼此世話をして見たい氣味の無きにしもあらざる態で、（一五一ぺ・五行目）
⑧婢に案内をさせると、可恐可驚と云ふ態で入つて來たが、（二七五ぺ・七行目）
⑨那樣評判でも立つと、來て差支の無い人までが自と來なくなる態。（二九四ぺ・一〇行目）

【形】

⑩如何に其軀は葬られて、其形は滅したに疑ひは無いが、（二一ぺ・三行目）

⑪安火を入れた夜着は人の膝を立てたやうな形をしてゐるが、（二五五ぺ・五行目）

【容】

⑫此（想ふだけ）の容を葉山は默つて見てゐたが、（六六ぺ・一一行目）

⑬或一個の女子に對する心地で、其顔なら容なら様子なら、思はず識らず目を留めて視た。（二六八ぺ・一二行目）

まず①〜⑤の〈状〉は、すべて「状態」の意味として使用されているものである。〈態〉では、⑥⑨が〈状〉と同じように「状態」を表しており、⑦⑧は「態度・様子」を示している。〈形〉は⑩が「骸」、つまり人間の姿形のことを表しており、『雨月物語』とやや似ているものがある。『雨月物語』での〈形〉は、「死した人間の霊が生前の姿を現すという限定された場面で用いられている」ようである。[5] ⑪は「物の形」を表しており、〈容〉では⑫が、主人公・柳之助の「態度・様子」を表し、⑬が、外見上の容姿・容貌を表す「カタチ」である。

（f―2）『多情多恨・後編』

【状】

①何と無く間の悪い状で、柳之助は葉山の後ろに立ちながら、（三二八ぺ・一〇行目）

②傍には保が大人しく遊むでゐたが（中略）何爲に來たらうと云ふ様子で眄と打目戍った。其の状は、（三五六ぺ・三行目）

③其様子は、客でもなく、朋友でもなく、嫂が主の弟の世話をする狀で、（四三六ぺ・一〇行目）

【形】

④唯筆を用ゐて形に現す術を知らぬ。（四〇三ぺ・二行目）

⑤朦朧として枕頭に佇むお類の姿は（中略）せめては餘所ながら形なりとも顯したもの、、（四八四ぺ・九行目）

⑥其時は淺ましく思つた死顔さへ、影も形も消えた今では見ることも克はぬ。（四八七ぺ・九行目）

【態】

⑦お種は襖を啓けたまゝ内を見込むだ其態は繪にでも畫いたやうで、（四二三ぺ・七行目）

⑧柳之助が目禮をして、悄々スツテキを曳いて行つた態が、執念く目に附いて、（四三〇ぺ・七行目）

⑨葉山は悠然と銀煙管を九十度に啣へて、もう此方の物さと云ふ態。（五四三ぺ・一二行目）

【容】

⑩お種は一點の亂した所も無く、屹と容を正して、（四一三ぺ・三行目）

ここでの〈狀〉は、今まで見てきた用例とは少々異なり、②③は「狀態」というよりも、その様子を表していると言え、④～⑥の〈形〉は、先の『雨月物語』と同じく、すべて「死者」に関する〈形〉となっている。⑦～⑨の〈態〉は「態度・有様」、⑩では「カタチを正す」という、今まで見てきた〈容〉と同様の表記法である。

（g-1）『金色夜叉・前編』

【容】

①大様に面を擧げて座中を眴したる容は、實に光を發つらんやうに四邊を拂ひて見えぬ。（一〇ぺ・一〇行目）
②尚彼は色を以て富貴を得たる人たちの若干を見たりしに、其容の己に如かざるものゝ多きを見出せり。（三二ぺ・六行目）
③齢は尚ほ六十に遠けれど、頭は夥しき白髪にて（中略）容は痩せたれど未だ老の衰も見えず、（五四ぺ・六行目）

【状】

④羽織の紐は、手長猿の月を捉へんとする状して搖曳と垂れり。（一八ぺ・一行目）
⑤人の窺ふと知らねば、彼は口も訴ふるばかりに心の苦悶を其状に顯して憚らざるなり。（四五ぺ・七行目）

【形】

⑥彼等は儚くも夏果てし孑孑の形を斂めて、今將何處に如何にして在るかを疑はざらんとするも難からずや。（二ぺ・一三行目）
⑦其手に形好く葉卷を持たせて、（一五ぺ・四行目）

①~③の〈容〉は、「容姿・容貌」として使用されており、明治期の他作品でも見られた用法である。④は「紐」という「物の状態」を、⑤は心の内がその「態度・様子」に「カタチ」となって表れているのであり、⑥は『多情多恨』でも見られたような「死」と関連のある「カタチ」であり、これも『雨月物語』の〈形〉と一致する。⑦は、④の〈状〉と同じように「物（手）のカタチ」を表していると言える。

（g-2）『金色夜叉・中編』

【容】

①全く然にあらざるにもあらざらん氣色にて貫一の容さへ可愼げに默して控へたるは、（一四二ぺ・一一行目）

②此の麗しき容をば見返り勝に静緒は壁側に寄りて二三段づゝ先立ちけるが、（一九〇ぺ・一二行目）

③髮際の少しく打亂れたると、立てる容こそ風にも堪ふまじく繊弱なれど、（一九三ぺ・九行目）

④彼は少しく座を動ぎて容を改めたり。（二四九ぺ・二行目）

【形】

⑤鼻高く、眼爽に、形の淸に揚れるは、（一六六ぺ・五行目）

⑥（双眼鏡の）形は一握の中に隱るゝばかりなれど、（一九五ぺ・一行目）

⑦其の中なる兵營と、其の隣なる町の片割とは、懶く寐覺めたるやうに覺束なき形を顯しぬ。（二九七ぺ・二行目）

【貌】

⑧吾を失へる顏は間拔けて、常は顧らるゝ貌ありながら、（一九四ぺ・一行目）

⑨彼は貴婦人の貌に耽りて、（一九四ぺ・一二行目）

【狀】

⑩「燈籠へ倚掛つて頰杖でも拄いて、空を眺めて居る狀なども可いよ。」（二一八ぺ・一〇行目）

〈容〉は、①～③が「容姿」を表しており、④は「居住まいを正す」意で使用されている。⑤⑥⑦の〈形〉は、すべて「物の形」を示しているが、⑤は「目鼻立ち」を表す「カタチ」なので、「容貌」としても捉えることができる。⑧⑨は「容貌」であり、特にここでは「美しさ」を伴った容貌である。⑩は、これから写真を撮ろうとしている場面であり、ここでの「カタチ」は「ポーズ＝姿形」を表しているものと言える。

【形】

（g―3）『金色夜叉・後編』

①全然影も形もお見せなさらん。（三四六ペ・七行目）

②狂女は（中略）同じき處に同じき形して蹲れり。（四二八ペ・七行目）

③縮緬の被風着たる人の形の黄昏るる門の薄寒きに踞ひて、（四二九ペ・七行目）

④塀際に添ひて人の形動くと見えしが、仍暗くて了然ならず。（四三五ペ・八行目）

⑤彼の了然ならざりし形は此時明に耀かされぬ。（四三六ペ・二行目）

⑥獨り無事の形を留めたるは、主が居間に備へ付けたりし金庫のみ。（四三八ペ・八行目）

⑦鰐淵が家居は全く形を失へるなり。（四四〇ペ・八行目）

【容】

⑧唯繼は彼の言ふ花の姿、溫き玉の容を一向に愛で悅ぶ餘に、（三三七ペ・一行目）

⑨然るは、彼が昔のまゝの容なるを、今も其の獨守りぬ。（三五〇ペ・二行目）

⑩顏は皺みたれど膚清く、切髪の容などなか〳〵由ありげにて、（四一一ペ・五行目）

【態・貌】

⑪滿枝は仍ほ覺めざりし先の可懷しげに差寄りたる態を改めずして、（三七三ペ・九行目）

⑫彼は素より滿枝の爲人を惡みて、其貌の美しきを見ず、（三七一ペ・九行目）

①は（c）の『男ごゝろ』でも述べたように、「影も形も無い」という「無形のカタチ」を表す一連の語である。⑥⑦は「有形の物のカタチ」を表している。②〜⑤の〈形〉は、何者か知れない人の「カタチ」、つまり人は人でも得体の知れない者として、やはりここでも『雨月物語』と同じような〈形〉で使用されているように思われるが、単に「人のカタチ」として見ても良いであろう。〈容〉については、⑧⑨が「容姿」を表し、⑩は今までに例の見られない「物の形・外形」として使用されている。⑪の〈態〉は「態度」であり、⑫の〈貌〉は、「美しい容貌」を表している。

（g—4）『金色夜叉・続編』

【容】

①華美を好まず、強請事せず、而も其等の人々より才も容も立勝りて在りながら、（四八七ぺ・八行目）

②彼は苦しげに容を斂め、聲をも出さで居たり。（五〇七ぺ・一行目）

③宮は些も弛めざるのみか、其容をだに改めんと爲ず。（五六八ぺ・二行目）

④宮は何人の何の爲に入來れるとも知らず、先づ愕きつゝも彼を迎へて容を改めぬ。（五七五ぺ・六行目）

【形】

⑤其人は齢三十六七と見えて、形痩せたりとにはあらねど、（四五八ぺ・一行目）

⑥這は是白日の夢か、空華の形か、（四六四ぺ・一〇行目）

⑦一生又相見じと誓へる其人の顔の（中略）誰ゆゑ今の別に艶なるも、仍形のみは變らずして、實に彼の宮にして宮ならぬ宮と、吾は如何にして此に逢へる！（五六五ぺ・七行目）

①の〈容〉は「容姿」を表しているが、その他の②③④の〈容〉は、「居住まいを正す」の意での「カタチ」として使用されている。一方〈形〉は、⑤が「姿形」を、⑥では「空華＝架空のもの」の「カタチ」を示している。⑦の〈形〉は、昔とは違う想い人・宮に対する、主人公・貫一からの思いを描写したものであるが、ここでの〈形〉は、「昔の心」が既に失われてしまっているという設定であり、貫一からすれば、今の宮は別人と同じである。つまり、外見上は昔も今も宮という人物であることに違いはないが、「中身が変わってしまった女＝昔の宮は死んでしまった」という思いがあるのであるから、（f―1）『多情多恨・前編』の⑩と、（f―2）『多情多恨・後編』の④～⑥の〈形〉の例の「死者」とは異なる、精神的な生死という意味での「死者」として使用されているものと思われる。

（g―5）『金色夜叉・続々編』

【態】

①自ら見識越ならぬは明なるに、何が故に人目を避るが如き態を作すならん。（六五四ぺ・二行目）

②彼既に病客ならず、又我が識る人ならずと爲ば、何を以つて人を懼るゝ態を作すならん。（六五九ぺ・一一行目）

【形・狀】

③彼の不用意の間に速寫機の如き力を以てして、其の映じ來りし形を總て脫さず捉へ得たりしなり。（六六一ぺ・三行目）

④寛に百人を立たしむべき大磐石（中略）鱗も添はず、毛も生ひざれど、狀可恐しげに蹲りて、（六四六ぺ・一三行目）

まず〈態〉であるが、①②共に態度を表す「カタチ」として使用されており、今までの使用法と変わりはない。③は「一瞬の間に捉えた人のカタチ」を指しており、今まで見てきた〈形〉とは微妙に異なっているとも思われるが、「容姿」というよりも、『雨月物語』や『多情多恨』などに見られた〈形〉とほぼ同じような扱いがなされているようにも思われる。④は、「物（石）の状態」を表している「カタチ」である。

まとめ

「カタチ」は明治期においては、諸作品から表記の揺れは見られず、ほぼ〈形〉で統一されていたと言える。しかし紅葉の作品では、明治三十年代の『金色夜叉』に至るまで多種の表記がなされており、〈形〉に統一することはなかった。右に検討した「カタチ」の用字法をまとめると、次頁のような表になる。

〈形〉（三十四例）は、第一義として具体的な物体・人体を指示し、次に姿勢・容姿を、そして状態の順となり、〈容〉（二十六例）は姿勢・容姿が中心で、次に容貌を意味している。〈状〉（十六例）は状態を意味し、次に姿勢・有様の意味となっている。〈態〉（十八例）は、態度が主で、他に状態を意味するに過ぎない。〈貌〉（五例）は容貌が中心で、他に容姿の例が一例あるに過ぎない。〈象〉は、架空のイメージを指示している。

現代では、日本語一語に一漢字を与えるという姿勢が根底にあるが、紅葉にはそれが無く、〈形〉を主用しながらも、場面に応じて漢字を微妙に使い分けていこうとする態度に、近代日本語の過渡期における試行錯誤の意義、または大げさに言えば、過渡期であるが故の、紅葉の用字に対する身を削るような格闘の表れが浮き彫りとなっているように思われる。また紅葉以降の作家達は紅葉とは異なり、〈形〉・〈容〉に収斂させて用い、特に〈形〉が現代に受け継がれているのだと言える。

形	人体（9）・物体（8）・姿勢（5）・容姿（4）・状態（3）・動物（1）・態度（1）・容貌（1）・架空の姿（1）・愛（1）
容	姿勢（10）・容姿（7）・容貌（7）・顔（1）・態度（1）
状	状態（8）・姿勢（3）・有様／様子（2）・容姿（1）・容貌（1）・物体（1）
態	態度（16）・状態（2）
貌	容貌（4）・容姿（1）
象	架空のイメージ（1）

注（1）かたち―形‖―（一）形ノ現ハレテアルトコロ。物ノ外ノ見。形。

（二）スガタ。ナリフリ。　容貌‖（『言海』明治二十二年）

かたち（形、貌、容）①知覚によりて感じ得べき、物の表面をいふ。

②すがた、又は、容貌をいふ。

③容貌をいふ。（『帝国大辞典』明治二十九年）

（2）（5）木村秀次「『雨月物語』の用字―「かたち」の場合を通して―」（『日本語学』平成二年七月）

（3）〈容〉の用例として、以下の三例が挙げられている。

▽勝四郎が妻宮木なるものは。人の目とむるばかりの容に。心ばへも愚ならずありけり。（「浅茅が宿」四六・3）

▽年は廿に足らぬ女の。顔容髪のかゝりいと艶ひやかに。遠山ずりの色よき衣着て。（「蛇性の婬」一一六・12）

▽かの童児が容の秀麗なるをふかく愛させたまふて。年来の事どもゝいつとなく怠りがちに見え玉ふ。（「青頭巾」一五九・8）

（4）▽教育本性を鑄て百種の形状（かたち）をなすべし。（『夏痩』三六七ぺ・四行目）

▽母親は威儀（かたち）を正して、（『おぼろ舟』二九〇ぺ・三行目）
▽人は容貌（かたち）にて心の善悪の知る、ものなり。（『おぼろ舟』二九四ぺ・一一行目）
▽其身も汗になりてやうやく姿勢（かたち）を装へぬ。（『むき玉子・前編』四一六ぺ・一一行目）

（四）キズ［傷］

「キズ」には「負傷・不名誉・欠陥」などの意味があるが、すべてを含めて総合的な「キズ」の用字法というものを検討していく。

各作家の「キズ」の用字法

次頁の表は、単独で使用されている語のみを調査したものである。近世から明治期にかけて、ほとんど全ての作品に〈疵〉が使用されていることが分かる。

『類聚名義抄』には、「キス」として「傷・玼・痕・創」が、「キズ」には「瘡・疵」が挙げられ、また『易林本節用集』では「疵・瘡・金創・瘢・瑕」が、『書言字考節用集』では「疵（キス）　被創（キズヲカフムル）　瘢痕（キズアト）」が、それぞれ記載されている。表中の「キズ」は単独使用のもののみであるが、その他の語も含めて見てみると、例えば樋口一葉『にごりえ』（明治二十八年）には「かすり疵・突疵」、泉鏡花『高野聖』（明治三十三年）には「疵口（きずぐち）・鉄砲疵」という用例が見られ、[1]〈疵〉が複合語としても使用されていることが分かる。その他、表中では〈疵〉のみに印を付けただけであるが、永井荷風『地獄の花』（明治三十五年）では、「瑕付く」という複合語の〈瑕〉の例が見られた。[2]また明治期の国語辞書にも、

時代	作品＼用字	傷	疵	瑕	創	瘢	痍	玷	瘕	瘡	玼	熟字
江戸時代	西鶴		○									
	八犬伝	○	○		○		○			○	○	○
明治十年代	春雨		○									
	阿松		○									
	嶋田	○	○									
	冠松	○	○									
明治二十年代	浮雲		○									○
	唐松操		○									
	秋の蝶		○							○		
	変目伝		○									
	にごり		○									
	今戸		○									
	紅葉	○	○	○	○	○	○	○	○			○
明治三十年代	不如帰	○	○									
	高野聖		○									
	太郎坊											○
	下士官		○									
	地獄		○									
	魔風	○		○								
	漱石	○	○		○					○		○
明治四十年代	独行	○	○									
	鷗外		○		○			○				

※鷗外…『半日』『青年』『雁』『阿部一族』『安井夫人』『山椒太夫』『高瀬舟』『澁江抽斎』

※漱石…『吾輩は猫である』『倫敦塔』『薤露行』『坊っちゃん』『虞美人草』『三四郎』『それから』『門』『彼岸過迄』『こゝろ』『明暗』

きず｜疵｜（二）物ノ毀レ裂ケナドシタル処。ワレメ。サケメ。「玉ノ―」瑕
　（三）人ノ容貌、性質、行状等ニ批難スベキ所。瑕　（『言海』明治二十二年）

きず（疵）①斬られなどしたるが為め皮肉をやぶりたる処、外来の刺衝によりて、身体に生ずる欠損（傷）
　②人物の品行、気性、容貌などの欠点、（玷、釁、瑕玭、瑕瑾）（『日本新辞林』明治三十年）

とあり、その他の辞書にも、通用字として〈疵〉が記されている。[3] しかし現在我々が使用している〈傷〉が、まったく使用されていなかったというのではなく、単独語としても、また「キズツク・キズツケル・ソコナウ」などの動詞としても使用されていた。[4] ただどちらかと言うと、当時は動詞の「キズツク・イタメル」などには〈傷〉を、名詞の「キズ」にはその他の表記を用いる傾向が強かったように思われる。

次に共通の表記ではないが、熟字ではどのような表記がなされていたのかを、三作品について見てみると、二葉亭四迷『浮雲』（明治二十年）では、

▽疵瑕と言ッては唯大酒飲みで浮気で加之も針を持つ事がキツイ嫌ひといふばかり、（第一篇・二二ぺ・一一行目）

というように「欠点」を表しており、夏目漱石の『虞美人草』（明治四十年）では、

▽只歩くだけなら名譽にならうとも瑕疵とは云はせぬ。（二三三ぺ・一三行目）

やはりここでも「欠点」を表す表記となっている。他に幸田露伴『太郎坊』（明治三十三年）では、

▽「云はゞ戀の創痕の痂が時節到來して脱れたのだ。」（三三一ぺ・四行目）

「昔の恋のキズアト」として〈創痕〉が使用されていた。

『八犬伝』の「キズ」の用字法

用字／輯	疵	瘡	痍	創	玼	傷	動詞の傷	～傷	～痍	～瘡	傷～	痍～	瘡～	金瘡～	削痕	瘡痍
1	○	○					○	○	○							
2	○						○			○			○			
3	○						○			○					○	
4	○	○					○			○		○				
5		○	○		○			○						○		
6	○			○				○								
7	○						○	○	○	○						
8	○						○									
9	○						○				○					
10	○	○	○					○								○
11			○				○	○		○			○			
12	○									○						
13	○					○		○		○						
14	○	○	○				○	○								
15			○					○		○						
16	○															
17	○		○				○			○						
18			○					○		○						
19		○						○								

以上が、複合語なども含めた『八犬伝』中の「キズ」の表記である。表中の「動詞の傷」は、「キズツケル・ソコナウ・ヤブル」なども含めたものであり、単独の〈傷〉と複合語の〈傷〉も合わせて見てみると、〈傷〉は動詞として使用されることが多かったと言える。紅葉も〈傷〉を動詞として多用しており、鷗外も名詞形は例が無いが、動詞形が六例というように、動詞の形で使用されている例が多い。漱石もまた同様である。単独表記の「キズ」に関しては、明治期と同様に〈疵〉が多く、西鶴の作品の〈疵〉のみの表記例からも、近世から明治にかけて〈疵〉が主として使用されていたということが言えるであろう。今回の調査の範囲内において、熟字に関しては明治期の作品との繋がりはまったく見られないので、詳しい説明は省略する。

紅葉の「キズ」の用字法

語の用例自体は非常に少ないが、次頁の表と巻末の別表を併せて見ても、やはり〈疵〉を中心とした表記となっていることが分かる。このことからすると、〈疵〉以外の表記をする際、〈疵〉との何らかの強調・区別がなされていると思われるので、二種以上の表記が見られる作品に限り、実際の用例に基づいて検討を行っていくことにする。

(a)『伽羅枕』

①この疵苦悩の眞最中といへども一夜も賣色を缺さず、（一二一ぺ・二行目）

②腹を突壊れる疵あり。（一五六ぺ・一〇行目）

③幸助紫色になりたる齒痕に唾を塗りて（中略）これしきの傷か何とするものぞ。（二一六ぺ・九行目）

作品＼用字	傷	疵	瑕	創	瘢	痍	玷	瘕	瑕瑾	創痕	負傷	傷部
懺悔		2										
伽羅	1	2										
二人			2				1			1		
三前		2										
三後		2		3								
男		2							1			
隣												
紫												
不言		3						1				
多前												
多後												
金前												
金中	1											
金後		1			1						1	1
続金	1	7				1						
続々	1	1										
新続												
手紙												

この作品からは特に書き分けが見られないが、①は、主人公・佐太夫が楼主に折檻を加えられたその「キズ」を言っており、②は「死骸にあるキズ」のことであるが、いずれも、明らかに外部からはっきりと見える深い「キズ」である。③は、前の文にもあるように「歯痕（はがた）のキズ」を指している。これも①②と同様に外部から加え

られた「キズ」ではあるが、痕に残ることのない、①②よりも浅い「キズ」であると言えるであろう。

（b）『二人女房』

①齒は貝を含めるやうに揃つて。一枚とても瑕のあるはなく。（六五九ペ・四行目）

②「女子と違つて男子は二度目が三度目でも。那樣事は少しも瑕にはならない。」（六八九ペ・一一行目）

③額の左に寄りて。薄けれども三日月狀の創痕あり。（六二九ペ・一〇行目）

④兩夫に見えるといふ事は。兎にも角にも女の身には此上もない玷であるから。（七六四ペ・一一行目）

①の〈瑕〉は、『伽羅枕』で見たような「実際に加えられたキズ」ではなく、欠陥の意味として「キズ」が使用されている。②は「世間的なキズ・不名誉としてのキズ」というような汚点の意味での「キズ」であり、小杉天外『魔風恋風・前編』（明治三十六年）にも同様の例がある。

▽世間にまで擴まツては、我が家の瑕ともなる譯だ。（一七〇ペ・一〇行目）

③の〈創痕〉は、幸田露伴の『太郎坊』にも見られた表記である。『太郎坊』に関しては、先に「各作家の『キズ』の用字法」のところで、〈創痕〉が「キズアト」の意味で使用されていたのを確認したので改めてここでは触れない。④の〈玷〉は、『大漢和辞典』には「かける。あやまつ。きず。欠点。辱める。けがす」などの意味が記されているが、ここでは「兩夫に見える」、つまり離縁をした後に再び夫を持つことは、女の身にとって欠点・汚点となってしまうという意味での「キズ」である。

以上のことから、〈創痕〉は「キズアト」として、〈瑕〉は「欠陥・汚点」、〈玷〉も「欠点・汚点」というように、〈瑕・玷〉の二字はほぼ似通った意味で使用されていると言える。②と④は同じような内容であるが、男は何度妻を娶っても特別差し支えないが、女の方は「此上もないキズ」となってしまうという内容の違いがあり、その意味では〈瑕〉よりも〈玷〉の方が、「キズ」の程度が甚だしいと言えるであろう。

(c)『三人妻・後編』

①もう二十年若くば鬼事して遊ぶべき夜頃、茲に一人婆が疵にて七百金の春の宵、(二一九ぺ・三行目)

②それまでは愁ひ毛を吹いて疵を求むるやうなる事せうより、(三二一ぺ・六行目)

③男の顔を視れば、目に入る小鬢の創(中略)お才は膝を擦寄せ、創の痕を篤と視て(中略)此創こそ菊住が一代の色事の遺物。(二五一ぺ・八／一〇／一二行目)

①の〈疵〉は「欠点」として使用されている。②は諺であるが、ここでの「キズ」はその諺通り、自ら過失を求めるようなことはしない方が良いという意味で使用されている。③の三例の〈創〉は、先の(b)『二人女房』③の例の〈創痕〉と同じように、「キズ」が治って痕に残った「キズアト」という意味で使用されている。

(d)『男ごゝろ』

①瑕瑾は、此姿に伴ふ行儀の半分も覺えず。立ちながら襖明けて、それなりに出て行くことの度々なるを、(五二一ぺ・七行目)

②髪は春山の母が自慢に取上げて、化粧までしてやれば、手足の少し無骨なるを疵にして、(五〇二ぺ・六行目)

③痞癪持を疵にしても、棄てられぬ氣風の好きところあり。(五四三ぺ・五行目)

①の〈瑕瑾〉は、態度の「欠点・短所」という意味であり、②③の〈疵〉も、同じく「欠点・短所」としての「キズ」であるが、文章としては②は容姿・容貌の「キズ」を、③は①と同じく生理上の「キズ」を、それぞれ表している。また①の〈瑕瑾〉は「アラ」という訓で、

▽男よりは瑕瑾（あら）を能見る女の我目にも、現時のお京の娘風には言分無きを、（五三〇ペ・一三行目）

というように、同作品中で同じく「欠点」という意味で使用されている。

（e）『不言不語』

①是此家の奥方にして（中略）其美しき中に春の夜の月の如く曇れる所あり。それは天成の瑕とも見えず、（一九〇ペ・六行目）

②此夕こそ好機會なりしが、有繋に疵有つ足の御側へ寄ることもならざりしに、（二七六ペ・三行目）

③努々渠を疎むずるにはあらねども、臑に疵もつ故ならむかし。臑に疵有つ故なり、と獨合點して頷きたまひ、（三〇七ペ・一一～一二行目）

①は生来の性格上の欠陥を、②③は、本来は「切りキズ」からの転用例であるが、「隠し事がある」ということから、「後ろ暗い事がある」という意味での「キズ」であり、それぞれに使い分けがなされている。

（f―1）『金色夜叉・後編』

①夫婦は（中略）少小の瘢をも遺さゞらんと祈るなりき。（三〇四ペ・四行目）

②「赤樫様と云ふ者のある貴方の軀に疵が付く。」（三八二ぺ・一一行目）

③「何しろ大怪我だからね紫色の痣だの、（中略）蚯蚓腫だの、打切れたり、擦毀したやうな負傷は、お前、體一面なのさ。」（三〇七ぺ・一三行目）

④「失禮します。今日は腰の傷部が又痛みますので。」（三九二ぺ・一一行目）

③④の熟字については、その字のごとくである。①は、主人公・貫一が何者かによって襲われ、その時に受けた「キズ」を言っており、その「キズ」の度合いは③の文脈に示されている通りである。ここでは、言い換えれば「キズアト」を遺さないようにと夫婦が心配しているということである。つまりここでの「キズ」は、「外傷として実際に受けたキズ」ではあるが、その文脈から、痕に残るか残らないかはっきりしない「キズアト」を表しているものと見てよいであろう。②は世間的・名誉に対する「キズ」である。

（f―2）『金色夜叉・続編』

①然しも見えざりし面の傷の可恐きまでに益す血を出すに、（四六六ぺ・一〇行目）

②常に慙ぢ且悔る一事を責められては、癒えざる痍をも割るゝ心地して、（五〇六ぺ・一三行目）

③「間を嫌うた以上は、貴方は富山への賣物じや、他の賣物に疵を附けちや濟まん（下略）」（四七〇ぺ・一行目）

④「然も無かつたら、貴方の顔に此の十倍の疵を附けにや還さんぢやつたのです。」（四七四ぺ・四行目）

⑤（手紙を）憎み怨める怒の餘に投返されて、人目に曝さるゝ事などあらば、徒に身を滅す疵を求めて終りなんをと、（四九九ぺ・四行目）

⑥「實を謂へば、高利貸の罠に罹つたばかりで、自分の軀には生涯の疵を付け（下略）」（五三九ぺ・八行目）

⑦「一旦私の軀に附いた此疵は消えない（下略）」（五四〇ペ・一行目）

⑧「高利貸の奴に瞞されて無實の罪に陥ちたのは（中略）それで雅さんの軀に疵が附いたから（下略）」（五四一ペ・一三行目）

⑨「悔悟したから他の操の疵が愈えて又赦したから、富山の事が無い昔に成るのか。」（五五三ペ・四行目）

①の〈傷〉は車にぶつかった時の「キズ」であり、外傷である。②の〈痍〉は、心に負った「内面的なキズ」のことである。『八犬伝』では、この〈痍〉は外傷としての「キズ」として用いられている。③は、この文の前に「腹の癒ゆるほど打踣して、一生結婚の成らんやう立派な不具にして與れやう」（四六九ペ・一一行目）とあることから、外傷の「キズ」を指していることが分かる。④は、荒尾が車にぶつかって受けた外傷の「十倍のキズ」をつけると言っており、⑤は（c）『三人妻・後編』②と同じ、「毛を吹いてキズを求める」という意味の「キズ」である。⑥⑦⑧は、いずれも「不名誉・世間的なキズ」を指しており、⑨は、操を破ったことにより付いた「キズ」を表しているが、これも宮自身の不名誉という意味での「キズ」であり、貫一にとっては許し難い、一生心に遺る「深いキズ」であると考えられるであろう。

（f―3）『金色夜叉・続々編』

①「貴方の躰に、取つて返しの付かない傷まで附けさせて（下略）」（六七八ペ・一〇行目）

②「然うしては貴様の躰に一生の疵が附く事だから（下略）」（七一五ペ・六行目）

ここでは「傷＝疵」として使用されており、両者とも世間的なことに対する「キズ」を表している。

まとめ

明治期における「キズ」は、〈疵〉が通用字として認められ、紅葉の作品でも〈疵〉が中心の表記となっていた。このことから、現在の「キズ」の常用漢字である〈傷〉は、明治期にはあまり有力ではなかったと言える。

紅葉の使用字義をまとめてみると、〈疵〉は「深いキズ、肉体的・生理的な欠陥、社会的な不信用」の意に用い、〈傷〉は「浅いキズ、一般的な外傷。社会的な不信用」の意に用いており、この二字が基本的な「キズ」の漢字表記であり、他は少数例の漢字である。その少数例の漢字である〈瘢〉は、「痕に残るか残らないかはっきりとしないキズ」に用い、〈瑕〉は「欠陥・汚点」の意に用い、〈玷〉は〈瑕〉よりも程度の甚だしい「欠点・汚点」の意、〈痍〉は「内面的・精神的キズ」、〈創〉は「キズアト」、〈瘕〉は生来の性格上の欠陥に、それぞれ用いられている。〈疵〉は多義に使用されており、『金色夜叉・続々編』では〈疵＝傷〉の用例が見られたものの、その他はそれぞれに使い分けが見られた。

注(1)▽切れたは後袈裟、頬先のかすり疵、頸筋の突疵など色々あれども、(『にごりえ』三六ペ・一三〜一四行目)
▽一寸清心丹でも噛砕いて疵口へつけたら何うだと、(『高野聖』四二ペ・六行目)
▽鐵砲疵のございます猿だの、貴僧、(『高野聖』九七ペ・一一行目)
(2)▽定りなき毀譽の街に立つて瑕付き易い名の爲めに苦しい戰に疲らされるよりは、(六ペ・二行目)
(3)きず〔疵〕(一)外来ノ激動カラ身体ニ出来タ損ジ。(『日本大辞書』明治二十六年)
きず(疵)外来の刺衝によりて、身体に生ずる欠損をいふ。(『帝国大辞典』明治二十九年)
(4)例えば紅葉の作品では、『隣の女』(明治二十七年)には名詞の〈傷〉は見られないが、
▽其心がら如何にも傷(いた)はしくてならぬ。(二六ペ・五行目)

▽自から心を傷（いた）ましむるに遭つて、（一三五ぺ・三行目）
明治二十八年の『不言不語』でも同様に、
▽心傷（いた）ましく、悲しく、果敢なく、（一八六ぺ・三行目）
▽彼方に獨り傷（いたは）しう打沈みておはするを見れば、（一九四ぺ・二行目）
といった例が挙げられる。

（五）ムカシ［昔］

ここでは、名詞「ムカシ」についての検討を行っていく。

各作家の「ムカシ」の用字法

次頁の表から、一字の「ムカシ」については、紅葉と鷗外の作品と田山花袋『蒲団』（明治四十年）が、〈昔〉以外の表記を用いていることが分る。しかしその用例は、鷗外が『青年』（明治四十二年）に〈古〉一例、紅葉も〈旧〉を三例、〈古〉一例、『蒲団』では〈旧〉一例というように、数が少ない。明治期の国語辞書には、

むかし〔昔〕（一）年久シク過ギタル時。過ギニシ方。又、ムカシヘ。（二）十年一期ノ称。或云、十二年。（『言海』明治二十二年）

むかし〔(昔)し〕［むかしへ参考］

むかしへ〔昔方〕遠ク隔タツタ過去ノ時。（『日本大辞書』明治二十六年）

とあり、その他の辞書にも同様の表記がなされていることから[1]、明治期における表記法は、現在と変わらない〈昔〉

時代	作品＼用字	昔	旧	古	旧時	往時	昔日	往昔	在昔	以前	青年	古来	昔歳	昔者	昔在
江戸時代	西鶴	○													
	八犬伝	○					○		○				○	○	○
明治十年代	春雨	○						◎							
	阿松	○													
	嶋田	○													
	書生	○													
明治二十年代	夏木立	○													
	唐松操	○						○						○	
	鷗外	○		○											
	山吹塚	○													
	秋の蝶					○									
	隅田川	○													
	にごり	○													
	今戸	○													
	紅葉	○	○	○	○	○	○	○	○	○	○	○			
明治三十年代	不如帰	◎								○					
	高野聖	○													
	太郎坊	○				◎									
	灰尽	○								○					
	地獄	○													
	魔風	○													
	漱石	○						○							
明治四十年代	蒲団	◎	○												
	草迷宮	○													
	独行	○													
	歓楽	○													

昔年	古昔	昔時	曩時	従前	既往	往古	去年
○	○						
○							
		○					
		○		○	○	○	○
			○				
		○					

※鷗外…『舞姫』『ヰタ・セクスアリス』『青年』『普請中』『妄想』『雁』『かのやうに』『安井夫人』『山椒太夫』『澀江抽斎』
※漱石…『吾輩は猫である』『倫敦塔』『薤露行』『坊っちゃん』『草枕』『虞美人草』『三四郎』『それから』『門』『彼岸過迄』『行人』『こゝろ』『明暗』

であったことが分かる。

二字表記に関しては、『八犬伝』と紅葉の用字法に共通する表記法があるものの、紅葉を含めた各作家それぞれが、大方独自の用字法を行っていたと言える。

『八犬伝』の「ムカシ」の用字法

次頁の表から、『八犬伝』においても、主として〈昔〉が用いられていたということが分かる。二字表記で紅葉

用字／輯	昔	昔歳	昔者	昔年	昔日	昔在	在昔	古昔
1								
2								
3	○							
4		○						
5	○							
6	○							
7	○							
8	○		○					
9	○							
10	○							
11	○			○		○		○
12	○							
13	○						○	
14	○		○				○	○
15	○		○				○	
16	○							
17	○							
18	○				○			
19	○		○	○			○	

と表記の異なる語について、少し検討してみたいと思う。

①昔歳竹馬の友なりし、蜑崎十一郎照文が君命を禀奉り、（岩波文庫第二巻・三一三ぺ・一二行目）

②昔者唐山、東海の孝女の如きも、（岩波文庫第四巻・三五九ぺ・六行目）

③昔者金岡の画きし馬は、（岩波文庫第八巻・一六一ぺ・五行目）

④昔者前漢の蘇武が如きは、（岩波文庫第八巻・三二五ぺ・一二行目）

⑤昔者広常の山荘なりければ、（岩波文庫第十巻・二四一ぺ・四行目）

⑥古昔の義秀・親衡なりとも、（岩波文庫第六巻・一九一ぺ・一四行目）

⑦始唐山人の画きしを、古昔の画工が本にして写ししを、（岩波文庫第八巻・一二四ぺ・一四行目）

⑧昔在無垢三が愆て、光弘主を犯したる、(岩波文庫第六巻・六六ぺ・七行目)
⑨荒磯南弥六は、昔年当国の侠者にて、(岩波文庫第六巻・一三五ぺ・七行目)
⑩「おん身昔年は蜑戸なりければこそ(下略)」(岩波文庫第十巻・二六ぺ・一六行目)

まず①の「ムカシ」は、幼馴染みである蜑崎十一郎照文との関係を指しており、その長い歳月を書き表したものである。②~⑤は、下文に続く人物を指した「ムカシ」であると思われる。『漢字源』によると、
①文の最初に抜き出す場合は、「昔者(むかし)」「疇昔(むかし)」などという。「昔者、斉ノ景公問フ於晏子ニ」[孟子・梁下]
【昔者】(二) むかしの人。むかしかたぎの人。

という説明がある。また⑥~⑩も「人物についてのムカシ」ではあるが、⑨⑩の〈昔年〉は、『八犬伝』中の登場人物に対して使用されている表記である。勿論これらの用例がすべてではないので、より詳しい検討をしなければならないが、ここでは凡その使い分けがなされていたということのみを記すに止めておく。

次に、紅葉と表記法の一致している〈在昔・昔日〉の用例を見ていく。
①在昔八嶋の闘戦に、船八艘を蜚踰たる、源九郎判官も、(岩波文庫第七巻・四〇四ぺ・一二行目)
②在昔将軍阪上田村麻呂の大宿禰は、(岩波文庫第八巻・一一三ぺ・八行目)
③在昔宋の徽宋帝は、書をよくし画を能し、(岩波文庫第八巻・三一四ぺ・五行目)
④在昔上総介広常の、住し所にて館の迹あり。(岩波文庫第十巻・二四一ぺ・六行目)
⑤忘れも得せぬ六稔の昔日、(岩波文庫第九巻・三九二ぺ・七行目)

①〜④は先に見た例と同じように、実際に存在した歴史上の人物を指しており、①〜③は、その人物たちの優れた特徴をも記している。⑤は通常と変わらぬ「ムカシ」ではあるが、前に「忘れも得せぬ」とあるように、六年前の「ムカシ」が文中で強調されており、単なる「ムカシ」ではないことを読者に伝えているものと思われる。では、紅葉はどのように〈在昔・昔日〉を使い分けていたのであろうか。

①いづれも在昔のお客同士、佐太夫も今は所夫ある身は色氣を捨ての親類交際。（『伽羅枕』二三九ペ・二行目）

②願はざる榮耀までさせられ、鴨の鍾愛は昔日に倍せど、（『伽羅枕』一三ペ・六行目）

①は人を指す「ムカシ」であるが、「以前の」といったような、ごく普通の「ムカシ」と取れる。しかし敢えて普通の意味での「ムカシ」と異なる点を指摘するならば、主人公・佐太夫がまだ夫を持っていなかった日々と、夫を持った現在とを繋いでいる「ムカシ」であるということであり、「今現在」と「ムカシ」との区別を明確にする働きをもっているということである。②は『八犬伝』と同様の使い方がなされている。ここでも単なる「ムカシ」とは異なり、鴨の鍾愛が増したということを強調させた「ムカシ」であると考えられる。また『金色夜叉・続編』に、

▽仍も奢らず、樂まず、心は昔日（きのふ）の手代にして、趣は失意の書生の如く、（五〇二ペ・四行目）

というように、「昔日＝きのう」とされている例があることから、ここではそれ程遠くはない、ごく最近の「ムカシ」を表しているとも取ることができ、『二人女房』でも、

▽逢つて見れば昔日（むかし）のお銀ちゃんにあらざる澁谷の奥方は。（七三〇ペ・一行目）

このように、〈昔日〉が「ごく最近のムカシ」として使用されている例があり、〈昔日〉については一貫性のある意味で用いられていたものと思われる。

紅葉の作品での用例が少ないため、正確に比較検討を行うことができなかったが、『八犬伝』との共通点が少なからず認められたと言って良いであろう。いずれにしても『八犬伝』や紅葉の作品において、二字漢字表記の「ム

カシ」に関しては、何らかの強調性を持たせた「ムカシ」であるということが、明らかにできたのではないだろうか。

紅葉の「ムカシ」の用字法

紅葉の一字漢字表記の「ムカシ」については、主として〈昔〉が使用されており、文章として何らかの特徴づけを行う場合に、〈昔〉以外の表記がなされたのではないかということを先に述べたが、もう少し実際の用例を見ていきたいと思う。まず『三人妻・前編』（明治二十五年）では、

▽古の豪傑乃至は今廟堂にあらせらる、顕官方も多くは下賤に生れ、（二〇六ぺ・四行目）

この一例のみであるが、〈古〉は本文中の登場人物ではない、歴史上の「ムカシ」の人物のことを指している。『不言不語』（明治二十八年）では次のようになっている。

【旧】

①いつか御心の端より解初めて、やがては御愛き舊に復りたまふべし。（一九八ぺ・一行目）

②あはれ此御間を舊に復し、睦しう並ばせたまへる御二方の前にて、（一九八ぺ・四行目）

【昔】

③又我昔の悲みと、奥様の今の憂さとは、全く品變りてこそあるべけれど、（二一二ぺ・一行目）

④昔の娘風に當世の愛嬌を持たせ、陰柔なれども寂しからず、（二五五ぺ・七行目）

⑤奥様は彌々迷惑して、顔の事言ひ給ふな、昔の事も言ひ給ふな。（二六〇ぺ・三行目）

⑥君を思へば徒跣と、昔の戀は理せめて律義なりしぞ。（二八五ぺ・一行目）

⑦君を思へば徒跣と聞きしからは、駕籠に乗りては、昔の人に志の劣るやうなれば、（二八五ぺ・七行目）

作品＼用字	昔	古	旧	旧時	往時	昔時	昔日	往昔	在昔	以前	青年	古来
懺悔	4											
伽羅	3				12	1	1	1	1	2	1	
二人				4	1		1					
三前	16	1		6					1			1
三後	12			13								
男	1			10	1							1
隣	1			1	1							
紫	6			1	1							
不言	6		2	1								
多前	4											
多後	2											
金前	1											
金中	6											
金後	8											
続金	8		1									
続々												
新続												
手紙	6											

⑧昔より死ぬべきを思替へて、尼法師ともなりし例数あり。（三三九ぺ・四行目）

以上の例を見ると、〈旧〉は、主人公・環の気持ちが一番強く表されている場面に使用されていることが分かる。

一方の〈昔〉は、④⑥⑦⑧は、ごく一般の過去を言い表す「ムカシ」として使用され、⑤は、環が一番心配している奥様の言葉であり、環の心中とは関係のない「ムカシ」であることから、強調を伴わない〈昔〉が使用されたのであろう。③は、主人公・環自身の過去の悲しみということに対する「ムカシ」であるが、それ以上に、奥様の悲しみの方が数倍も辛いと思っているということから、強調を伴わない〈昔〉の表記がなされたものと思われる。

熟字表記のものについては、右の表から分かるように、『伽羅枕』(明治二十三年)の一作品に集中して使用されており、熟字の使用自体は『不言不語』(明治二十八年)以降見られなくなっている。今回調査した語を全体的に見てみると、『伽羅枕』では熟字の使用率が高いということに気付かれると思うのだが、恐らく「西鶴体」を取り入れた文体であるということと大きく関っているのではないかと考えている。このことは全体像を把握した上で、最終的なまとめのところで詳しく述べたいと思う。また書き分けについては、一字表記に見られたような書き分けは見られなかった。先に〈在昔・昔日〉の二字についても検討を行ったが、その他の「ムカシ」についても強調の意味で使用されているとしか言えず、場面場面によって異なる表記がなされた理由については明らかにすることができなかったが、用字の重複を避けたことが原因の一つとも思われる。

まとめ

明治期における「ムカシ」の表記法は、現在と同じく〈昔〉であり、僅かに他の表記を用いている作品や、熟字を使用している作品も見られた。今回の「カタチ」に関する調査においては、『八犬伝』と明治期の作品との間には特に表記上の関係は見られなかった。また、紅葉の作品の中で〈昔〉以外の表記が用いられたのは、「ムカシ」という語に何らかの「強調」を伴わせようとしたことがその理由の一つであったと思われるが、その他の理由については今後の研究に依りたいと思う。

注（1）むかし（昔）①いにしへなり、遠く去りたる時をいふ。
②十年一期の称にもいへり。
③又、十二年一期の称にもいふ。（『帝国大辞典』明治二十九年）
むかし（昔）①いにしへ、年久しき前、遠く去りたる時。
②十年一期の称。（往古、宿昔）（『日本新辞林』明治三十年）

（六）ムカフ［向］

ここでは名詞「ムカフ」について、その表記法がどのようなものであったのかを検討していきたいと思う。

各作家の「ムカフ」の用字法

次頁の表から、紅葉が多様な用字法を行っていたということが一目瞭然である。このように多様な表記を行った原因としては、「ムカフ」が、漢字により場面状況を視覚的に伝えやすい語であるという点が指摘できる。このことは他の作品についても同じ事が言え、そのために二字表記の「ムカフ」が非常に多彩なものとなっているものと思われる。

〈先方〉の表記を用いている作品がいくつかあるが、これはすべて「人」に対して使用されているものであり、他に「先方（さき）・先方様（さきさま）」の形で相手を表す語として使用されている例も見られる。現在でも、相手を表す語「センポウ」として同じように使用されている。このような、人に対する「ムカフ」としては、他に

前方	反対	対手	対岸	対方	対向	対坐	前向	対面	前面	正面	他	対	向	用字／作品	
													○	春　雨	明治十年代
													○	阿　松	
													○	嶋　田	
													○	書　生	
													○	浮　雲	明治二十年代
				○	○									夏木立	
												○	◎	唐松操	
													○	山吹塚	
													○	変目伝	
													○	夜　行	
					○			○				○		今　戸	
	○		○			○	○	○	○	○	○		○	紅　葉	
													○	不如帰	明治三十年代
													○	高野聖	
													○	地　獄	
		○										○	○	魔　風	
													○	漱　石	
													○	蒲　団	明治四十年代
													○	草迷宮	
								○					○	独　行	
○													○	歓　楽	
													○	鷗　外	

彼方	先方	距離	楼上	後来	彼地	西洋	前途	彼女	貸主	養家
	○									
	○									
	○									
○	○	○	○	○						
	○									
	○									
○					○			○	○	○
	○					○				
							○			

※鷗外…『半日』『ヰタ・セクスアリス』『青年』『普請中』『雁』『かのやうに』『阿部一族』『山椒太夫』
※漱石…『吾輩は猫である』『倫敦塔』『薤露行』『坊っちゃん』『草枕』『虞美人草』『三四郎』『それから』『門』『彼岸過迄』『行人』『こゝろ』『明暗』

「彼女・貸主・対手・養家」の例が小杉天外『魔風恋風』（明治三十六年）中に見られるが、[1] 他の作品にはこのような例は見られない。

〈対～〉の用法については、単独で〈対〉が「ムカフ・ムカヒ」として使用されたりもするが、例えば紅葉の作品で使用されている〈対坐（むかふ）〉を、『魔風恋風』では「対坐（むかひあ）ふ」、後藤宙外『独行』（明治四十一年）では「対坐（さしむか）ひ」として使用する例も見られる。(2)

『八犬伝』の「ムカフ」の用字法

『八犬伝』には、「ムカフ」と読むことのできる用例は「真額鉢巻（ムカフハチマキ）・向（ムカフ）」だけである。しかも「真額鉢巻」は第五輯巻之五（岩波文庫第三巻）に、〈向〉は「向岡（ムカフノオカ）」という地名として使用されているだけである。その他はすべて「ムカフ（動詞）・ムカヒ」などとして使用されている。その例を以下に挙げると、

ムカヒ…前面・向・前向・前岸
ムカフ（動詞）…対・向・逆・朝
対坐（むかひを）る・正面（むかひざま・まむかひ・まむき）・前岸（むかひのきし）・前様（むかひざま）

このように表記の種類としては少なく、熟字よりも一字で単独に使用されているものが多く見られた。熟字では紅葉の「ムカフ」の表記と一致しているものがあるが、訓が異なっている。しかし用例が少ないとは言え、一つの語に数種の漢字が使用されていることから、『八犬伝』においても熟字による視覚的な描法がされていたと言えるであろう。例えば、

▽旧の松原に来にければ、前面なる樹下に、一個の人立在たり。（岩波文庫第三巻・一八ペ・三行目）

この用例では、〈前面〉は「ムカヒ」と訓が付されているが、〈向〉や〈対〉だけでは、その場面の「目」となっている人物から見て、どのような「ムカヒ」に対象となる人物が位置しているかが不明瞭となってしまうが、〈前面〉という表記によって、主語となる「目」から見た「ゼンメン」に対象物があるということが明確に表現できるので

ある。

紅葉の「ムカフ」の用字法

次頁の表から、「ムカフ」と読むことのできる語二十八例中、〈向〉が二例、〈他〉が三例であり、その他はすべて熟字により表記がなされていることが分る。巻末の別表を見ても、動詞では一字表記しか見られないのに対し、名詞「ムカフ」での一字表記は、二十四例中僅か八例のみである。先にも述べたが、これらの表記には、漢字による視覚的描法という役割が与えられている。用例をすべて挙げることはしないが、例えば『二人女房』の中に次のような場面がある。

▽（お銀は）山口の正面。お種の隣に坐る。（六四七ぺ・八行目）
▽見たいと思ふ人の正面には坐るなの格言の通り。（六四八ぺ・九行目）
▽「おや前面から。」と羽田の聲。（八一六ぺ・八行目）

これらはすべて、単に〈向・対〉による「ムカフ」では、場面の状況がどのようなものなのかが明確でないものばかりであり、〈前面・正面〉などの熟字表記が用いられることによって、その場面状況が的確に表現されている。その他、〈先方〉が「人」を表す「ムカフ」として使用されていたように、〈他〉も「人」に対して使用されている。

▽紅梅は此文を送り越せしお才の肚を見透して、手出しせば他の坪に陥る譯なり。（『三人妻・後編』二三〇ぺ・三行目）
▽「ふう、それは不思議。他は氣が着かなんだかい。」（『金色夜叉・中編』（一三五ぺ・一一行目）
▽「他は書替を爲せやうと掛つて居るのだから（下略）」（『金色夜叉・中編』二三〇ぺ・一行目）

〈他〉は以上の三例であるが、すべて「人」に対して使用されている。今回調査対象語とはしなかったが、これは

用字＼作品	向	他	正面	前面	対面	前向	対坐	彼方	先方	距離	楼上	後来
伽羅						1	1					
懺悔												
二人	1		2	1								
三前				1								
三後		1		1								
男												1
隣				2				2	1		1	
紫												
不言												
多前	1			3				1				
多後				1					1	1		
金前				1	1							
金中		2										
金後												
続金												
続々												
新続												
手紙												

〈他〉が「ヒト」という読み方で作品中多く使用されていることから、その理由が明らかである。[3]

〈後来〉の例は、

▽もらふ方では後來（むかふ）何十年の重寶になる品なり。（『男ごゝろ』四四五ペ・一行目）

というように、年月を表す「ムカフ」として使用されている。現在でも「ムコウ何年」など、今後の日数などを表現する場合に「ムカフ」を使用するが、ここではそのような日数を表す「ムカフ」ということを視覚的に明確にするために、〈後来〉を使用したものである。この〈後来〉は、他の作品中に「ノチノチ」という訓で、やはり時間を表す表記として使用されている。[4]

以上、紅葉の作品では「ムカフ」の漢字表記は、一字漢字表記よりも多様な二字漢字表記の方が有力であって、明治期・大正期の作家達と大きな違いを示していると言える。

まとめ

明治期の作品における「ムカフ」の表記法は、二字表記の熟字を用いているものが多く見られた。それは『八犬伝』や紅葉の作品にも同じことが言え、すべての作品に共通して、場面状況を視覚的に表現するために使用されていたということが明らかとなった。

注(1)▽「お前もまた、窃に見舞に行つたとか、彼女でも今日まで知らずに居たとか（下略）」（前編・一四七ペ・九行目）
▽「己を牢に入れて、貸主に何程の徳が有る（下略）」（前編・一五一ペ・一一行目）
▽「何時までも、彼女で欲いて云ふ時に渡して遣れツて（下略）」（中編・七ペ・一〇行目）
▽孰せ返すなら、また彼方から來ない中にね、（後編・六三ペ・一行目）
▽「養家ぢや無論喜んで居やしません（下略）」（後編・一一八ペ・八行目）
▽論より證據の對手の身分、教育、（後編・一三九ペ・一三行目）
▽對手が進んで離縁に成り度いと云ふのだから、（後編・一四〇ペ・五行目）

（2）『魔風恋風』

▽丸芯の洋燈明るく、初野と主婦と對坐つて居る。（前編・五九ペ・四行目）

▽互に澄まぬ顔色して對座つて居る。（中編・二一六ペ・五行目）

▽此の室に對座つてる二人の男、（後編・二一ペ・八行目）

『独行』

▽主人と對坐（さしむか）ひで、粗朶の火にあたりながら語つた。（三五二ペ・下段二六行目）

※紅葉の作品においても、

▽對坐（さしむかひ）に居らむは物羞かしきばかりの美男子なるに、（『むき玉子・前編』三九二ペ・一行目）

▽客間の壁に懸けて其前に蘭谿喜代と對坐（さしむかひ）、（『むき玉子・後編』四七七ペ・七行目）

▽對座（さしむかひ）といふ奴の方が勝手なのでございますから、（『恋の病』八八八ペ・八行目）

▽私と彼とが對座（さしむかひ）になります。（『恋の病』八八九ペ・七行目）

▽對座（さしむかひ）になつて見ますれば、（『恋の病』八八九ペ・九行目）

このように、紅葉の作品中にも「サシムカフ」の例は見られ、その他『夏痩』二例、『恋の蛻』一例、『袖時雨』一例、『紅白毒饅頭』二例などの例も見られる。

（3）▽おのれを捨てゝも他（ひと）の萬事に利からむを望むこそ、（『恋の蛻』二〇九ペ・三行目）

▽其とても今となりて他（ひと）を恨むべきにあらず、（『三人妻・前編』四〇ペ・六行目）

▽他（ひと）の思はくとは格別にて、（『三人妻・前編』八八ペ・六行目）

▽他（ひと）も然う見れば、譲自身も然う念つてゐるから、（『隣の女』一一四ペ・一〇行目）

▽「他（ひと）は如何でも可いから、自分を愼め。」（『八重襷』八六一ペ・五行目）

▽それが他（ひと）を苦むると謂うても、（『金色夜叉・続編』五〇八ペ・八行目）　他多数。

（4）▽後來（のちのち）家内風波の基、必ず遠慮なく、（『夏痩』三七九ペ・三行目）

など。

※一方で、

▽後來（これまで）に幾千度謂はむとしては謂ひかねし、（『男ごゝろ』四四三ペ・八行目）

というように、「これから」ではなく、「今まで」という意味で〈後來〉を使用している例も見られた。

（七）メガネ［眼鏡］

この項では、視力を調整するための「メガネ」の表記に関して検討を行っていく。

各作家の「メガネ」の用字法

「メガネ」に関する表記は、次頁の表の通り〈眼鏡〉が多く、現在もやはりこのように表記する。しかし『八犬伝』と紅葉・鷗外の作品に関しては例外だったようである。紅葉の作品における「メガネ」については後で詳しく見ていくが、「目鏡」八例、「眼鏡」十五例と、数としては〈眼鏡〉の方が多く使用されている。一方鷗外の場合は「目金」五例、「眼鏡」三例、「目金越し」一例というように、〈目金〉の使用例が多い。〈眼鏡〉は、『舞姫』（明治二十三年）と『雁』（明治四十四年）に各一例ずつ、〈目金〉は『ヰタ・セクスアリス』（明治四十二年）と『青年』（明治四十三年）に各一例ずつ、そして『雁』に三例見られ、明治の後期に〈目金〉を使用していることが分かる。[1] この〈目金〉が視力調整のための「メガネ」ではなく、「鑑識眼」の意味で使用されている例が『日本国語大辞典』に、

浮世草子・傾城禁短気‐六・二「太夫心底を見据へて根引にせし上に、宇内と不義の心ざしあらば、我等目金（メガネ）ちがふて陥まったと云物也」

時代	作品＼用字	眼鏡	目鏡	目金	目がね	遠眼鏡	鼻眼鏡	色眼鏡	柄眼鏡
江戸時代	西　鶴				○				
	八犬伝	○	○			○			
明治十年代	書生	○							
明治二十年代	浮　雲	○							
	鷗　外	○		○	○				
	山吹塚	○							
	今　戸	○							
	紅　葉	○	○				○	○	○
明治三十年代	不如帰	○							
	地　獄	○							
	魔　風	○							
明治四十年代	漱　石	○							

※鷗外…『舞姫』『文づかひ』『ヰタ・セクスアリス』『青年』『雁』
※漱石…『吾輩は猫である』『草枕』『虞美人草』『三四郎』『それから』『門』『彼岸過迄』『行人』『こゝろ』『明暗』

とある。なぜこのような表記法がなされたのかについては、本論から外れてしまうため今回の調査では明らかにできなかったが、〈眼鏡〉の偏自体が「目金」であり、その読み方も「メガネ」となることから、漢籍・仏書や抄物に見られる簡略された用字法を用いたと考えられるのではないだろうか。

江戸期の『書言字考節用集』には、「靉靆眼鏡メガネ」とされており、紅葉や鷗外の作品に見られた「メガネ」の表記は見当たらず、明治期の国語辞書でも、

めがね―眼鏡―［眼鑑ノ義カ］老眼、近眼、ナドニ掛ケテ、物ヲ分明ニ見スル具、水晶又ハ硝子ニテ製ス
靉靆鏡　（『言海』明治二十二年）

めがね（眼鏡）眼ニ掛ケテ物ヲ分明ニ見ル具。＝靉靆鏡　（『日本大辞書』明治二十六年）

とされ、その他の辞書にも〈眼鏡〉が見出し語として挙げられており、この表記が通用字として認められていたということが分かる(2)。

先に「鑑識眼」という意味での「メガネ」の例を挙げたが、小杉天外『魔風恋風・中編』（明治三十六年）では、この意味で、

▽「なアに、大丈夫さ。殿様のお眼鏡で御養子に成つた東吾様だ（下略）」（中略）「ふゝん、其の御前のお鑑識（めがね）だから、猶ほ怪しいツてんだよ。」（三五ぺ・四～六行目）

というように、同じ「鑑識眼」という意味でも、前後の文脈で異なる表記を用いている例が見られた。

紅葉の「メガネ」の用字法

次頁の表を見ると、総合的にも各作品においても〈眼鏡〉の使用例が多いが、なぜ〈目鏡〉の表記を用いたのであろうか。この表記法は、『日本国語大辞典』には「望遠鏡・双眼鏡」の意味で、『浮世床』（一八一三年）の用例が記されている。

滑稽本・浮世床―初・中「『ナントどうぢゃ。おまへも見なされ目鏡（メガネ）は、紅毛の十里見』、〈略〉『それは通町へ立て居て、いろいろな目鏡（メガネ）を見せた人だ』」

作品＼用字	目鏡	眼鏡	お眼鏡	鼻目鏡	鼻眼鏡
懺悔					
伽羅	1		1		
二人	2	1			
三前					
三後					
男					1
隣					
紫		1			
不言					
多前		9	1		
多後		2			
金前	3				
金中		3			
金後	1			1	
続金					
続々					
新続					
手紙					

また『八犬伝』にも、僅かではあるがその用例を見つけることが出来た。

①「そを情由ありと宣ふは、おん目鏡の曇れるならん。」（岩波文庫第二巻・六六ぺ・四行目）

②「某漫に茶店なる、遠目鏡をもて直下せしに（下略）」（岩波文庫第三巻・一三七ぺ・八行目）

③「和殿に遠目鏡もて見られしは（下略）」（岩波文庫第三巻・一三九ぺ・一行目）

①は「鑑識眼」の意味で使用されており、②③は「双眼鏡」として使用されている。「メガネ」には、その他にも「眼鏡・遠眼鏡・千里眼（とほめがね）」の例が見られたが、やはり〈眼鏡〉の使用例が一番多い。僅かの用例ではあるが、近世の作品に少なからず〈目鏡〉が使用されていたことが分かり、また意味としては「双眼鏡」として多く使用されていたということが推測できる。

『大漢和辞典』や白話小説関係の辞書には〈目鏡〉の表記は見られないが、現代中国語の辞書を見てみると、

〈目鏡〉は「接眼鏡」、つまり「望遠鏡・双眼鏡」として使用されており、〈眼鏡〉は日本と同様に視力を調整するための「メガネ」や、「鑑識眼」といった意味で使用されている。[3] そうすると〈目鏡〉の表記は、中国においても比較的使用され始めたのが遅かったのか、それともその表記自体が日本の文学作品内に取り入れられたのが遅かったのかのいずれかが考えられるが、明確な答を出すためには、今後より多くの作品に当たり検討してみなければならない。今回の調査だけから見れば、『浮世床』や『八犬伝』の発行された化政期の文学、つまり読本や滑稽本などの江戸文学作品から使用され始めた表記であると言えるであろう。

紅葉の作品中での〈目鏡〉と〈眼鏡〉との使い分けについてまとめた結果は次に示すが、用例が少ないため、今回詳細な調査の対象とはしなかった作品も含めて検討した。

【目鏡】

①鑑識眼

▽漸く時様を此の人はと見立し、目鏡の曇らざるを心に矜りて、（『伽羅枕』一八七ペ・一〇行目）

▽子として親の目鏡で持てといふ夫に好悪をするのは勿體ない事で、（『夏小袖』七三七ペ・五行目）

②金持ちのメガネ

▽濃からぬ口髭を生して、小からぬ鼻に金縁の目鏡を挾み、（『金色夜叉・前編』一〇ペ・八行目）

▽目鏡の下より下界を見遍すらんやうに目配して居たり。（『金色夜叉・前編』一五ペ・五行目）

▽への字に結べる薄唇と、尤異き金縁の目鏡とは彼が尊大の風に尠からざる光彩を添ふるや疑無し。（『金色

夜叉・前編』八二ぺ・八行目）
▽高き鼻に鼈甲縁の目鏡を挿みて、稜ある眼色は見る物毎に恨あるが如し。（『金色夜叉・後編』三〇五ぺ・一二行目）
▽高帽子いかめしき髭男が火箸に兩手を重ね、目鏡の下より番頭を覗きて、（『猿枕』五四〇ぺ・七行目）

③老人のメガネ
▽六十五六の剪髪の女隱居が。洋銀縁の目鏡の上から。まづ座敷を透して。やがて目鏡を取つて。（『二人女房』六五七ぺ・七～八行目）
▽此老女が目鏡を懸て、とツくりと下見せし上の七人、（『おぼろ舟』二七四ぺ・七行目）
▽頑固さうなる老夫の目鏡懸にて入來るもあり。（『むき玉子・後編』四三六ぺ・一〇行目）
▽其方は五十六とやらで、見合の時目鏡を掛けてゐなかつたのが、（『夏小袖』七六〇ぺ・一行目）
▽目鏡の下より眉を顰めながら老女を視て、（『此ぬし』二八三ぺ・三行目）
▽尊師も目鏡を懸けて、縚妙々々。（『紅白毒饅頭・後編』六六六ぺ・三行目）

④その他
▽修飾せずとも例の目鏡を掛けて、今一應たしかに見よといへば、（『わかれ蚊帳』五五八ぺ・三～五行目）
▽「然うとも。目で見るものなら、目鏡もある、顯微鏡もある（下略）」（『八重襷』七六八ぺ・二行目）

〈目鏡〉については右のように分けることができた。①の二例は鑑識眼という意味での「メガネ」である。②の

『金色夜叉』の四例は、富山唯継という金持ちの男性のメガネを指している。③の『此ぬし』の老人の「メガネ」は、「メガネ」を掛けている人物は二十四、五歳の青年であるが、見ている対象が「老女」となっていたため、老人の「メガネ」の類に含めた。④の『わかれ蚊帳』ではごく普通の「メガネ」を指しており、『八重襷』の「メガネ」も一般の「メガネ」を指してはいるが、「肚の中まで見据えるようなメガネ」について語っていることから、普通の「メガネ」とは少し趣の異なる「メガネ」であると考えても良いであろう。

【眼鏡】

①老女のメガネ

▽黄金の太縁の眼鏡の下に、小粒の眼陋げに鋭き光を射て、（『紅白毒饅頭・前編』五六四ペ・五行目）
▽眼鏡の下より聴衆を悠々と見渡して、（『紅白毒饅頭・前編』五六六ペ・一〇行目）
▽金縁の眼鏡越しに、誰も懼る、睨みを與れて、（『紅白毒饅頭・後編』六八九ペ・八行目）

②若い人物のメガネ

▽右の硝子に裂の入つた眼鏡を懸けた書生が取次に出て。（『二人女房』七二五ペ・一一行目）
▽焦茶の山高帽子に金縁の眼鏡、（『紫』九〇四ペ・七行目）
▽自分が檢疫醫を理想したのは（中略）漫に役所的の、金縁の眼鏡を掛けた、（『青葡萄』六七七ペ・一二行目）
▽振向く拍子に炳然と眼鏡が嚴しく光る。（『多情多恨・前編』一四七ペ・八行目）
▽嗟　島田に眼鏡！（『多情多恨・前編』一四七ペ・一〇行目）

▽彼は金縁の眼鏡を掛けて、薄色縮緬の羽織を着て、（『多情多恨・前編』一六三ペ・九行目）
▽若し是で眼鏡さへ無かつたら、と顔を見る度氣にしてはゐたが。（『多情多恨・前編』一六四ペ・一行目）
▽お島は顔の熱氣で翳る目を襦袢の袖で二つ三つ塗つて、後は眼鏡を拭き〳〵、（『多情多恨・前編』一九五ペ・一三行目）
▽お島は眼鏡を破して了つたのである。（『多情多恨・前編』二〇八ペ・三行目）
▽其途で破れた眼鏡を拾つたが、（『多情多恨・前編』二〇八ペ・五行目）
▽「まあ、お眼鏡まで這麼に爲すつて。」眼鏡と涙とは其實何等の關係も無いのである。（『多情多恨・前編』二〇八ペ・一一〜一二行目）
▽右の手で眼鏡の端を抑へながら（中略）他の答を聞くまでは、眼鏡に手を觸れては始に見た點を變へずに視るのである。（『多情多恨・後編』三九六ペ・一一〜一二行目）

③双眼鏡

▽矢庭に眼鏡を引手繰る。（『八重襷』九一六ペ・一二行目）
▽「何でも此の位の眼鏡は西洋にも多度御座いませんやうで（下略）」（『金色夜叉・中編』一九五ペ・一〇行目）
▽「見えたら直に其の眼鏡を耳に推付けて見ろ（下略）」（『金色夜叉・中編』一九六ペ・七行目）
▽「日本は氣候が違ふから、空氣の具合が眼鏡の度に合はない（下略）」（『金色夜叉・中編』一九八ペ・三行目）

〈眼鏡〉の方は大方「若者のメガネ・双眼鏡」の二種類に分けることができ、若者の「メガネ」は、〈目鏡〉が老人の「メガネ」に対して使用されていたのとは対照的に、〈眼鏡〉の表記で使用されていることが分かる。ただし、①の『紅白毒饅頭』における〈眼鏡〉は異例であると言え、この作品に限っては、〈目鏡〉と〈眼鏡〉とが混用されていたものと思われる。また〈目鏡〉の②の『金色夜叉』の例は、二十五、六の若者に対して使用されているが、〈眼鏡〉の若者と異なる点は、特に金持ちではない、ごく一般の若者の「メガネ」に対して〈眼鏡〉が使用されているということである。〈目鏡〉の②の『猿枕』に関しては、本文中では「メガネ」をかけている対象人物の詳しい記述はされていないが、その人物に対する記述として「傲慢らしき高笑（五四〇ペ・八行目）・我廿六までは臆病にて（五四四ペ・八行目）・金さん世界は色さね（五四五ペ・二行目）」とあることから、質屋に来店しているとはいうものの、傲慢な態度を取れる余裕があり、二十六歳以上の人物であり、名前が「金さん」とされているようなことから[4]、特に金に困っている人物ではないように思われ、やはり〈眼鏡〉の使用対象とは異なる人物に、〈目鏡〉が用いられていると言える。

以上のように、紅葉の作品においては、〈目鏡〉と〈眼鏡〉の書き分けがなされていたということが明らかとなった。

まとめ

明治期においては、「メガネ」の語に対して〈眼鏡・目鏡・目金〉が使用されていたことが分かった。しかし〈眼鏡〉以外の表記の使用は、一部の作家に見られるのみであり、必ずしも一般的な表記とは言えなかったようである。今回の調査から、〈目鏡〉については、江戸文学作品において初めて取り入れられた表記であったと推測され、意味の上でも、現代中国語辞典に見られた「接眼鏡」として使用されていたことなどから、江戸文学においては、近世中国文学の要素をそのまま取り入れた様子が伺われた。『八犬伝』に一例見られた「鑑識眼」の意味で使用された〈目鏡〉は、このあたりから徐々に「接眼鏡」の意味以外での〈目鏡〉の表記が崩れていったことを意味しているように思われる。そして、時代の下った明治期の紅葉が使用した〈目鏡〉は、「望遠鏡・接眼鏡」の意味で使用されることはなく、『八犬伝』で使用していた「鑑識眼」として、また「金持ちや老人のメガネ」として使用されており、そこには近世の中国文学的要素は、見られなくなっていたようである。

注(1)『雁』の「メガネ」

▽父親は池の端に越して來てから（中略）書間はいつも眼鏡を掛けて貸本を讀んでゐる。（五八〇ペ・三行目）

▽掛けてゐた目金を脱して、可哀い娘の顔を見る日は、爺いさんのためには祭日である。娘が來れば、きつと目金を脱す。目金で見た方が好く見える筈だが、どうしても目金越しでは隔てがあるやうで氣が濟まぬのである。（五八一ペ・三〜四行目）

以上のように、『雁』の中では父親に対しては〈眼鏡〉を、老人に対しては〈目鏡〉を使用し、一応の書き分けが見られるが、

▽「分かるもんか。」目金の男は一言で排斥した。（『青年』三〇八ペ・三行目）

▽性欲の目金を掛けて見れば、（『ヰタ・セクスアリス』八八ペ・一四行目）

というように、他の作品を合わせて総合的に見ると、表記の対象となるものは特に決まっていないように思われる。

(2)めがね（眼鏡）①眼に掛けて物を分明に見る具なり。靉靆鏡ともいふ。（『帝国大辞典』明治二十九年）

めがね（眼鏡）①眼に掛けて物を分明に見る具。（『日本新辞林』明治三十年）

(3)『中日辞典』（小学館）

(4)「金さん」という名前について、例えば『二人女房』において、美人で器量良しの姉には「お銀」、美人でもなくあまり器量良しとも言えず、結婚相手が見つかるか否かで親を悩ませてしまうような妹を「お鉄」というように、作品中では姉と妹の性格や外見が対照的に描かれていると共に、その名前においても「銀」と「鉄」というように、名前の点で二人の姉妹を対照的に描写している。このような手法は、江戸文学にもよく見られるものであり、この『猿枕』における一時的な登場人物である

「金さん」という名前も、そのような名付け方をされていると考え、金欲のある人物、金にはさほど困っていないが質屋で傲慢な態度を取れるほどの人物であるということで、金持ちの「メガネ」の類に分類した。

三　動詞

（一）アケル［開］・付　ヒラク

この項では、戸の開閉に関する「アケル（アク）・ヒラク」についての検討を行っていく。

各作家の「アケル」の用字法

排	啓	明	開	用字／作品	
		○		西鶴	江戸時代
			○	八犬伝	
		○		春雨	明治十年代
			○	阿松	
		○		嶋田	
			○	書生	
			○	浮雲	明治二十年代
		○	○	夏木立	
			○	唐松操	
		○	○	鷗外	
			○	山吹塚	
		○	○	隅田川	
			○	変目伝	
		○		にごり	
		○	◎	今戸	
○	○	○	○	紅葉	
		○	○	不如帰	明治三十年代
		○	○	薄衣	
			○	高野聖	
	○			下士官	
		○	◎	夜の雪	
		◎	○	地獄	
		◎	○	魔風	
		○	○	漱石	
		◎	○	蒲団	明治四十年代
		○	◎	草迷宮	
		○		歓楽	

※鷗外…『舞姫』『半日』『ヰタ・セクスアリス』『青年』『普請中』『妄想』『雁』『かのやうに』『阿部一族』『山椒太夫』『最後の一句』『澁江抽斎』

※漱石…『吾輩は猫である』『倫敦塔』『薤露行』『坊っちゃん』『草枕』『虞美人草』『三四郎』『それから』『門』『彼岸過迄』『行人』『こゝろ』『明暗』

前頁の表から、山田美妙『夏木立』（明治二十一年）以降から、〈開・明〉の併用が行われ始めたということが推測できる。〈開・明〉の表記法は、明治期においては一般的な用法であったようであり、当時の国語辞書には、

あく　―明―（一）自ラ開ク。「戸ガ―」口ガ―」　開　（『言海』明治二十二年）

あく　他動、下二〔明く＝（開く）〕（三）手ヲ下シテ開ク。―「戸前ヲあく」

　　　自動、四段〔明く＝開く〕（三）手ヲ下サズニ自然ニ開ク。―「戸前があく」（『日本大辞書』明治二十六年）

として〈明〉が第一に掲げられており、その他の辞書でも同様である。[1]

天沼寧氏の論文「背の明いた服」[2]では、「戸を開け放す」について触れられており、様々な辞書を検討した調査結果が、以下の通りにまとめられている。

（戸を）「あけはなし」の場合は、明治の中ごろから、両者を併記するものがあるのに対し、「あける」の場合は、昭和三十年ごろまでのものは、すべて「明」だけであったのが、三十一年ごろに「明・開」を併記するものがあらわれ、その後も、傾向としては、「明」だけのものが多い。が、昭和四十九年ごろから、「開」だけのものや、併記するにしても、「開・明」の順にしたものが（辞書に）散見するようになってきた。

「アケル」に関しては、先の表を見て分かる通り、文学作品上では、明治初期から〈開・明〉共に使用されてお

り、明治二十年代に入ってから、両字を併用するものが見え始め、天沼氏の検討した辞書上での調査結果と、実際の作品上での調査結果とでは、違いが生じていることは明らかである。一方「アケハナス」に関しては、紅葉の作品では、

▽開放す…『二人女房』(明治二十四年)・『青葡萄』(明治二十九年)・『金色夜叉・続々編』(明治三十六年)

▽明放す…『伽羅枕』(明治二十四年)・『花ぐもり』(明治二十五年)・『隣の女』(明治二十七年)・『不言不語』(明治二十八年)

▽啓放す…『不言不語』(明治二十八年)

というように[3]、同一作品内において〈開・明〉を併用している例は見られない。その他には、

▽彼方の吉里の室の障子が明放してあつた。(『今戸心中』一三六ぺ・七行目)

▽上の間の唐紙は明放しにして、(『今戸心中』一三六ぺ・一〇行目)

▽玄關の片側の入口が(中略)明け放されて居るのを見るや、(『地獄の花』一三九ぺ・九行目)

▽東南二方の窓は六つとも朗かに明け放ちたり。(『不如帰』五五ぺ・七行目)

▽其の後に明放した障子を通して、(『魔風恋風・前編』九一ぺ・六行目)

▽室の中は、塗骨の大障子を明放して、(『魔風恋風・後編』一五五ぺ・一二行目)

などの用例が見られる。また漱石の作品においても、

▽彼の部屋の前まで來ると、障子を五六寸明け放した儘、(『彼岸過迄』二七ぺ・一三行目)

▽其所の窓を潔く明け放した彼は、(『彼岸過迄』一三九ぺ・九行目)

とあるが、鷗外の作品には「アケル」の用例は、

▽又靜になりて戸は再び明きぬ。(『舞姫』四三二ぺ・七行目)

▽彼は凍れる窓を明け、（『舞姫』四三八ぺ・七行目）

このように見られるが、「アケハナス」に関しては〈明〉を使用しているものは無く、

▽障子は開け放してあつても、蒸し暑くて風がない。（『阿部一族』三三〇ぺ・八行目）

▽丁度一方が開け放されて、三方が壁で塞がれてゐる間の、その開け放された戸口を背にして立つてゐて、

（『雁』五六〇ぺ・八〜九行目）

というように、〈開〉の用例が見られるのみである。その他の〈開放す〉の用例は、

▽其翌日よりは五平障子開放つて彩色にとりかゝるに、（『山吹塚』一〇八ぺ・一行目）

▽鬱陶し相に其邊の障子を開け放したが、（『魔風恋風・後編』八ぺ・九行目）

などが挙げられるが、その用例は〈明放す〉に比べると少なく、同一作品内で〈開放す・明放す〉の両表記を併用していたものは、小杉天外『魔風恋風・後編』（明治三十六年）だけであった。また須藤南翠『唐松操』（明治二十二年）では、表中には〈開〉のみに印を付けたが、戸の開閉にではなく、蓋の開閉に〈明〉を使用しており[4]、その他の作品にも、戸の開閉に限らず様々な開閉表現が見られた[5]。

以上のように、明治期における「戸をアケル」の表記としては、〈開・明〉の両表記が用いられていたということが明らかとなった。

西鶴の「アケル」の用字法

①一度も戸を、たゝかせず明て、（『好色一代男』用語索引番号・二五六番）

②くづれ次第の、柴の戸を明て、（『西鶴諸国はなし』用語索引番号・一八四番）

③門の戸を明れば、（『本朝十二不孝』用語索引番号・三八一番）

これらは西鶴の作品の用例の一部であり、その他には「葛篭（つゞら）・樽の口」を「アケル」際にも〈明〉を使用しているが、いずれにしても、西鶴の作品では「アケル」には〈明〉しか使用していない。

『八犬伝』の「アケル」の用字法

輯＼用字	開
1	○
2	
3	○
4	○
5	○
6	○
7	
8	○
9	
10	○
11	
12	
13	
14	
15	
16	
17	
18	
19	

右の表を見ると分かるように、「アケル（戸の開閉）」については、『八犬伝』では〈開〉の一字のみを使用しており、〈明〉のみを用いていた西鶴の作品とは異なっていることが分かる。

紅葉の「アケル」の用字法

作品＼用字	開	啓	明	排
懺悔	3		1	
伽羅				
二人	4	3		
三前	5	4		
三後	7			
男	6		1	
隣	9			
紫	2	8		
不言	3	8		2
多前		21		
多後		9		
金前		2		
金中		1		
金後		7		
続金		2		
続々				
新続				
手紙				

※上の表は、動詞（複合語も含む）で使用される戸の開閉の表記の数値である。

巻末の別表と前頁の表から、紅葉の用字法が〈開・明〉から〈啓〉へと移行していることが分かる。その移行時期は、用字法改革で苦悶していた時期に当たると言われる、明治二十九年の作品（『多情多恨』『浮木丸』『青葡萄』）に見られ、[6]それ以降は、〈開〉は明治三十一年の『八重襷』に一例見られるだけであり、その他の作品では〈開〉はまったく使用されていない。このことから、紅葉が意図的に、「アケル（戸の開閉）」としては一般性の無い〈啓〉を、戸の開閉に使用していたことが分かる。ただし『多情多恨』では、

▽起たうとすると、主は弗と目を開いて、（前編・一〇ぺ・六行目）
▽臺所も靜に犇き、闇の木戸の開閉（あけたて）も聞えて、（前編・一三二ぺ・七行目）
▽「は、あ。」と葉山は口を開いたま、考へてゐる。（前編・一七八ぺ・六行目）
▽舞臺の幕が開いたやうに、今更異しくも目を惹れる。（後編・三七八ぺ・一三行目）
▽老人が旰然と目を開いて、（後編・五二五ぺ・二行目）

というように、目や幕が「アイタ」という場合に〈開〉は使用され、また戸の「アケタテ」という複合語として一例だけ「アケル」の表記で使用されていた。『多情多恨』以降の作品では、

『浮木丸』（明治二十九年九月）…「引開ける」一例・「推開ける」二例
「引啓ける」一例
『青葡萄』（明治二十九年十月）…「開ける」六例・「開放す」三例・「開放（アケハナシ）」一例
「啓ける」九例
『千箱の玉章』（明治三十年一月）…「引啓ける」一例
『八重襷』（明治三十一年六月）…「開ける」一例
「啓ける」四例・「引啓ける」一例

「放ける」一例

『寒牡丹』（明治三十三年）…　「啓ける」六例・「推啓ける」一例

というように、明治二十九年の二作品では、複合語を含めると〈開〉の表記が多いが、単独語に限って見ると〈啓〉の表記が多いことが分かる。

以上のことから、戸の開閉の「アケル」の表記については、やはり『多情多恨』以降、〈啓〉へと統一していったことが明らかである。

〈排〉は、「各作家の『アケル』の用字法」の表からすると、紅葉の作品にのみ見られる表記法であるが、須藤南翠『唐松操』（明治二十二年）と、徳富蘆花『不如帰』（明治三十一年）では、「ヒラク」として、

▽最と面白く半窓を排（ひら）いて庭の前面を見渡せバ、（『唐松操』一六六ぺ・八行目）

▽其の快濶なる高声と丶もに戸を排（ひら）きて、（『唐松操』二四二ぺ・七行目）

▽今は堪へ兼ねたる様に四の手齊しく扉を排（おしひら）きて、（『不如帰』五七ぺ・四行目）

の例が見られた。

それでは、紅葉の作品中では実際にどのような使い分けがなされているのか、単独語のみについて、始めに数字の近似している明治二十五年『二人女房』と、明治二十六年『三人妻』の例を見ていくことにする。

【啓】

(a)『二人女房』

①「あら御母様！」とお鐵が格子を啓けて待つと。（七五三ぺ・一行目）

②婢に手傳はせて襖を啓けると。（七九〇ぺ・一二行目）

（b）『三人妻・前編』

③金太郎は目授に應へて、前を庭なる障子を細目に啓くれば、（三六ぺ・一二行目）

④菊住は（中略）下駄を突懸け、格子を啓くる音に、奥より母親驅來れば、（四五ぺ・五行目）

⑤轟は、徐に立上りて戶を啓れば、（一九四ぺ・四行目）

⑥女房は竊と昇りて雨戶一枚啓くれば、（二〇一ぺ・四行目）

①は母親を出迎えた娘・お鉄が、格子戸を「アケ」ている場面であり、②は、主語に当たる人物・お銀が、婢の手を介しながらも「自ら襖をアケ」ている場面である。③は、金太郎が「自らの手で障子をアケ」、④は、密かに家を抜け出して行こうとする菊住が戸を「アケ」た音に、母親が気付いて駆け出てきたのであり、⑤も、轟が「自ら戸をアケ」ている。このように〈啓〉は、主語にあたる人物が「自ら手を介して戸をアケル」という場面に使用されていたと言える。

【開】

（a）『二人女房』

①がら〳〵と車の音の。門口に止りたるに。三人齊しく振向けば。格子戶開きて。（六三八ぺ・一一行目）

②「鐵や。」と母親に呼れて。振向くと障子を開けられた。（八一九ぺ・四行目）

（b）『三人妻・前編』

③お角は少時と呼鈴を鳴せば、先に酌に出たりし少女の一人が、徐かに紙門を開けて入口に手を支へぬ。（九五ペ・八行目）

④（餘五郎は）手を執りて門外に出づれば、御者は車の戸を開けて控へたり。（一〇八ペ・四行目）

⑤蚊帳に涼しさの入るまで開けたる窓に靠れつゝ、（一一九ペ・五行目）

⑥轟はいざと餘五郎を昇口まで案内して（中略）身を入れらるゝほど襖の端を開けたり。（一九五ペ・四行目）

ここでは、主語である人物が「自ら戸をアケ」ているのは、⑥だけである。それぞれ細かく見ていくと、①は文を見て分かるように、主語にあたる三人が、実際に格子戸を「アケ」てはいない。②の場面では、実際に障子を「アケ」ているのは母親であるが、「開けられた」とあるように、これは娘のお鉄の側から描写されたものである。つまりここでの主語は娘であるお鉄と考えられ、〈啓〉で見たような「アケ方」とはニュアンスが異なっている。③は、ここで紙門を「アケ」たのは少女であるが、少女を呼んだのはお角であり、ここでの目、つまり主語は、お角であると見ることができる。④は、戸を「アケ」たのは、御者である。しかし、これも①や②と同じように、余五郎の目から見た場面であり、主語は余五郎と考えてよいであろう。⑤は、窓は「既にアイていた」のであり、たとえここでの主語にあたる人物が窓を「アケ」たのであったとしても、この文章中ではそのような描写は一切示されていない。また④⑤⑥に共通する点が、完了・存続の助動詞「たり」の存在である。特に、④と⑤には多少の時間差が見られる。

次に〈開〉と〈啓〉との間に差の生じてきたと思われる、明治二十七年『紫』と明治二十八年『不言不語』での用例を見ていくことにする。

【啓】

(a)『紫』

①水口の障子が啓いて、下駄の音がすると、火鉢に靠れてゐる女房は夫の顏を一寸見て、（七九二ぺ・五行目）
②（姨さんは）隣の煙草屋の裏口を徐に啓けながら、（七九五ぺ・三行目）
③半時も經つて、裏口が竊と啓いたと思ふと、（八三五ぺ・一一行目）
④手があるのに勝手に啓けるがいゝ。御大相な、といふ肚で、女房は脹れてゐる。（八三六ぺ・六行目）
⑤（姨さんは）臺所へ上りは上つたが、居間の障子が啓きもしなければ、（八三七ぺ・二行目）
⑥折から無作法に疊觸の足音がして、襖が啓けば、（八八一ぺ・三行目）
⑦靜馬は裏窓の戸を竊と啓けて、（九一一ぺ・八行目）
⑧靜馬は（中略）がたぴし取急いで、木戸を啓けると、（九一二ぺ・三行目）

(b)『不言不語』

①（環が）戸を啓けぬ先に、未だ啼聲はいたしまするかと御訊ね申せば、（二三〇ぺ・六行目）
②頓て奥様湯殿の戸を啓け給ひて、環未だか。（二四〇ぺ・一〇行目）
③雨の日などは戸も啓けぬまでに有効無く扱ひたりしに、（二五二ぺ・七行目）
④（環は）靜に襖を啓くれば、（二七六ぺ・九行目）
⑤其所の戸一枚啓けて、露を帶びたる風情を見せよ。（二七八ぺ・一行目）
⑥（環は）やう〳〵這寄りて茶棚を啓れば、（三三六ぺ・一三行目）
⑦（環は）御答あるに嬉しく障子を啓れば、（三四〇ぺ・五行目）

⑧（環は）身の置所も無く、窓啓けて其方の空を眺めたりしに、（三四七ペ・七行目）

『紫』の〈啓〉は、①〜⑧のうち①③④⑤が、先に見てきたような「自らの手でアケル」という使い分けとは異なり、〈開〉の用法でみられた「主語である目を通してアケラレた戸」についても使用されている。一方『不言不語』の〈啓〉では、⑤以外はすべて「自らの手でアケル戸」を描写したものである。『不言不語』は、作者と仮定されている環の手記からなっており、すべての文が作者である主人公・環が主語となっているので、特に主語の示されていない①③④⑥⑦⑧は、「環自身の行動による戸の開閉」である。

【開】

（a）『紫』

①「其處は開きますよ。」（八三六ペ・五行目）

②小僧が飛んで來て、奮然障子を開けて突走ると、（八三七ペ・六行目）

（b）『不言不語』

①遽に勝手の戸の開くに驚き、（二八四ペ・四行目）

②御手水の折、書院の戸の一枚開きたるを御覧じて、（二八六ペ・一行目）

③毎になく彼所の戸の開きたり。（二八六ペ・二行目）

〈開〉の方は、各作品とも用例が少ないが、『紫』の②が、『二人女房』の〈開〉の①で見られた直接的な描写に使用されている。一方『不言不語』の〈開〉は、②③が「既にアイていた戸」を言っており、①は「自分で戸をアケた」のではなく、戸の「アイタ」音に、主人公・環が驚いている描写である。

以上二作品を検討した結果、『二人女房』と『三人妻』で直接的表現にしか用いられていなかった〈啓〉が、ここに至って〈開〉での用法をも交えた使い方がなされているということが確認された。つまり明治二十七、八年が、〈開〉から〈啓〉へと使用法を転換し始めた模索の時期だと言えるのではないだろうか。その後の〈啓〉へ統一された作品を一つ一つ見てみると、やはり〈啓〉が「直接的に戸をアケル」表現以外でも使用されていることが明らかである。二、三例を挙げると、

▽（貫一は）襖の僅に啓きたる隙より差覗けば、（『金色夜叉・前編』四五ペ・五行目）

▽お島も出迎に起つたが、格子の啓く音と與に迯込むで來て、（『多情多恨・前編』一二一ペ・五行目）

といった具合である。

まとめ

明治期において、「戸をアケル」に用いられた一般的な漢字は〈開・明〉の二字であり、実際に両字を併用している作品が見られた。また紅葉においては、他作家に見ることのできない〈啓〉の字が多く用いられていた。この字は、現代中国語でも「戸をアケル」という場合に〈開〉と併用されている漢字であり、近代中国語でも使用されていたと考えられる用字法である。(7) 紅葉の使い分けの調査結果は以下の通りである。

○各作品内においての書き分けは、『三人妻・前編』（明治二十六年）までは、その別が明確であったのが、『紫』（明治二十七年）で〈開〉の別が不明確なものとなり、翌年の『不言不語』で、一度は〈開・啓〉の書き分け

が明確なものに戻るものの、その後は〈啓〉一字に統一されていった。

○〈啓〉…使用し始めた当初は、すべて現在形で使用されており、なおかつ「自らの手で戸をアケ」ている。しかし『紫』『不言不語』を境に、〈開〉での用法と混同されながら〈啓〉の一字へと統一されていった。

○〈開〉…時間に関係のない戸の開閉や、誰が開けたのか分からないもの、戸が開いてから時間の経ったものに使用されており、「実際に戸をアケている人物以外の目」からの描写がなされている場面で使用されていたと言える。

※ただし、〈開〉は「アケル」という場合にその使用が無くなったのであり、「ヒラク」という読みでの使用例はある。(8)

付　ヒラク

(a) 西鶴の「ヒラク」の用字法

西鶴の作品では、「ヒラク」は「仮名表記…十二例／開…三例」であり、多くは仮名表記が用いられている。このうち、戸の開閉の表記として使用されているのは、

▽暮方の障子をひらき、（『好色五人女』用語索引番号・八二番）
▽春知せ鳥の囀りに、南枝はじめて障子を開き、（『男色大鑑』用語索引番号・二〇五番）
▽表門をひらき、弐町斗も過る時、（『男色大鑑』用語索引番号・二七二番）
▽扨門をひらけば、（『男色大鑑』用語索引番号・三四九番）

以上の四例であるが、漢字表記がなされているのは僅か一例であった。

(b)『八犬伝』の「ヒラク」の用字法

輯＼用字	開	披	啓
1	○		
2	○		
3			
4	○		
5			
6	○		
7	○		
8	○		
9	○		
10	○	○	
11	○		○
12	○		
13			
14	○		○
15			
16			
17			
18	○		
19	○		

（c）紅葉の「ヒラク」の用字法

作品＼用字	開	排
懺悔		
伽羅	4	
二人		
三前	2	
三後		
男		
隣		
紫		
不言	2	3
多前		
多後		
金前		
金中	2	
金後	3	
続金	2	1
続々		
新続		
手紙		

※表中の数字には、複合語も含まれている。

（a）の西鶴の作品では、「アケル」では〈明〉のみを用いていたのが、「ヒラク」では平仮名を多用しており、〈開〉は僅か一例見られるのみであったが、戸や襖などの開閉という、同じ意味をもつ「アケル」と「ヒラク」とで、使い分けられていることが分かる。

（b）の『八犬伝』では、「アケル」では〈開〉のみの表記だったのに対し、「ヒラク」では〈開・披・啓〉の三種の表記を使用している。〈啓〉については戸の開閉だけでなく、

▽敵の囲を殺啓き、辛く命を免れたれども、（岩波文庫第五巻・三一五ぺ・一四行目）

▽薬籠をうち啓くに、則是別剤ならず、伏姫伝授の神薬なり。（岩波文庫第七巻・四二九ぺ・八行目）

など、〈啓〉はいろいろな用法で使用されている。戸の開閉に関する〈啓〉の用例は、第九輯（右表中番号11・14／岩波文庫第六・八巻）だけに見られ、その数もすべて合わせて二、三例とごく僅かであるのは、〈啓〉という漢字の字義に「知識をヒラク・蒙をヒラク」といった、教え諭す・導くの意味があったからであろう。この理由について

は後述するが、現代の辞書にも同様の意味が付されている。[9]

『八犬伝』において、〈啓〉が戸の開閉で使用されたことは、『大漢和辞典』に、

①ひらく（ハ）あける。あく。［疏］啓、開也。［左氏、襄、二十五］門啓而入。

とあるように、〈啓〉には「戸の開閉」という意味があったからであり、現代中国語においても、〈開〉は第一義として「開ける、開く。ドアを開ける」と記され、一方の〈啓〉にも、やはり第一義として「開ける、開く。門を開ける」の意味が付されており、現在我々が〈啓〉という表記を見て思い浮かべる「啓発」の意味は、第二義として記載されていることから、[10]現代中国語でも、〈開〉と〈啓〉が同じように「戸をアケル」という意味の動詞として併用されていることが分かる。

（c）の紅葉の作品では、「アケル」では〈開・啓・明・排〉の四表記であったものが、「ヒラク」では〈開・排〉の二表記のみとなっている。〈排〉を「ヒラク」として使用する他作家の例は、須藤南翠『唐松操』（明治二十二年）の、

▽最と面白く半窓を排いて庭の前面を見渡せバ、（一六六ペ・八行目）

▽其の快濶なる高聲とゝもに戸を排きて、（二四二ペ・七行目）

という二例だけであった。

次に紅葉の作品における〈啓〉の表記について検討すると、先に「紅葉の『アケル』の用字法」で見たように、〈啓〉は『多情多恨』を始めとした、明治二十九年の三作品以降から「アケル」の主要表記となり、〈開〉はほとんど使用されなくなった。しかし（c）の表を見て分かる通り、〈開〉は「ヒラク」として『金色夜叉』（明治三十六年）まで使用されている。一方の〈啓〉は「アケル」としては用いられているものの、「ヒラク」としては、

▽襖推啓（おしひら）けば、環か、と興覺め顔に見たまひて、（『不言不語』三四三ペ・一一行目）

▽雍かに紙門を押啓（おしひら）きて出來れるを、誰かと見れば滿枝なり。（『金色夜叉・続編』五二三ぺ・六行目）

の複合語の二例で使用されているだけであり、巻末の別表を併せて見ても、今回調査対象とした紅葉の作品四十五作品中、単独語の「ヒラク」としての用例はまったく見られない。

『八犬伝』と紅葉の作品において、〈啓〉が「戸の開閉」の意味で使用されていたことは確かであるが、両者の違いは、「アケル」と「ヒラク」という読み方の違いにある。

〈啓〉という漢字について、古訓（『類聚名義抄』『倭玉篇』）には「ヒラク」のみの訓があり、「アケル」の訓は見られない。もちろん現代漢語辞典を参照しても同様である。つまり『八犬伝』では、〈啓〉を、「ヒラク」という訓で戸の開閉の意味で使用していたのに対し、紅葉の場合には、〈啓〉の訓には無い「アケる」という訓を付した上で、戸の開閉の意味で〈啓〉を使用していたのである。このように紅葉が、本来〈啓〉には無い訓を付さなければならなかった理由として考えられるのは、「啓＝知識をヒラク」という、当時の一般的な理解が根強かったということである。敢えて〈啓〉を「戸の開閉」に関する漢字として用いようとした時、「戸を啓（ひら）く」では読者に受け入れられにくかったことが、大きな原因だったのではないだろうか。紅葉の作品において、「ヒラク」としては「押（推）啓く」の形で、『不言不語』と『金色夜叉・続編』に各一例ずつ見られたが、単独での使用例が見当たらないことを考えると、紅葉が独自の表記法を用いる際に、「読者の一般認識」をも考慮していたと考えられ、「啓…ヒラク＝知識を授ける／アケル＝戸の開閉」という区別が自ずと成り立ったと言えるのではないだろうか。

注（1）あく（明・開）①ひまになる事、即ちすることがなくなることをいふ、「手があく」など。
②中の物の、なくなることをいふ。「烟草を呑み尽くして、函があいた」など。

③手を下さず、自然に開くことをいふ、「戸前があく」など、其外、穴があく、といへば、手おちを生ずる事をいひ、鼻があくといへば失望する事をいひ、口をあくといへば思ひの外なる事をいへり。

（『帝国大辞典』明治二十九年）

あく（明）①ひまになる、することがなくなる「手が―」

②中の物、なくなる。

③手を下さず、自然に開く、（開）　（『日本新辞林』明治三十年）

（2）天沼寧「『背の明いた服』について」（『国文学研究』九四集　昭和六十三年四月）

（3）▽お鐵は獨り茫然。肱懸窓を開放して。（『二人女房』八二七ぺ・一三行目）

▽昨夜から開放の玄關は、定かに人顔の見ゆるほど、明くなつてゐる。（『青葡萄』七〇〇ぺ・一二行目）

▽貫一は彼客の間の障子を開放したるを見て、（『金色夜叉・続々編』六六八ぺ・五行目）

▽明放せし戸棚の中を覗けば、荷物と思はしきもの何一箇見えずして、（『伽羅枕』一七二ぺ・一〇行目）

▽障子明放しても見渡は一面の水誰に愧づべきにあらず。（『花ぐもり』五二〇ぺ・一行目）

▽二階の雨戸は閉めてあるが、樓下は明放して、（『隣の女』九五ぺ・一〇行目）

▽なほ眴しけるに、座敷の簀戸の明放したる隙より、（『不言不語』二九三ぺ・五行目）

▽隣室に燈を入れて椽の戸を啓放ちたるに、（『不言不語』三一一ぺ・一一行目）

（4）▽手をさし伸つ少しく蓋を押明て見ゆる限りを見渡すに、（一九ぺ・八行目）

また、尾崎紅葉『冷熱』（明治二十七年）には、

▽亭主は盆を受取ると、火の無い方の釜の蓋を啓けて、（四五八ぺ・七行目）

というように、〈啓〉を蓋の開閉に用いている。このような、戸の開閉以外に〈啓〉を用いる例は、今回調査した紅葉の他作品中には見らないものであり、この『冷熱』の一例のみであった。

（5）**アケル**

▽「己も用事の暇さへ明バなるたけ早く（下略）」（松村春輔『春雨文庫』三三八ペ・下段一五行目）

▽「庄吉が寐ねするまで母さんハ御本を明て居られないから」（『春雨文庫』三四八ペ・下段七行目）

▽三軒ながら以前の儘の明屋（あきや）なり、（広津柳浪『変目伝』四〇六ペ・六行目）

▽一夜たりとも家を明し事なき悴が、（『変目伝』四〇八ペ・五行目）

▽今月中には此家を明けねばならぬ對談、（尾崎紅葉『恋の蛻』二一九ペ・三行目）

▽隱宅を明渡して本家の二階に逐上げられ、（尾崎紅葉『紅白毒饅頭・前編』五五一ペ・九行目）

▽風呂敷を除けて味噌漉の中なる豆腐を見せ、（小杉天外『魔風戀風・中編』八七ペ・二行目）

▽「何だか穴の明いた風船玉の様に（下略）」（夏目漱石『吾輩は猫である』七四ペ・一二行目）

▽眼を明いて居られぬ位だ。（『吾輩は猫である』六ペ・六行目）

▽赤土のやうな顔に大きな鋭い目を明いて、（田山花袋『蒲団』二二ペ・一一行目）

ヒラク

▽否決心せり問ふて惑ひを啓くにハ及かず、（須藤南翠『唐松操』六六ペ・二行目）

その他

▽夜は紫に曙（あ）けて、九月十七日となりぬ。（泉鏡花『高野聖』二四六ペ・一行目）

紅葉の作品

▽一夜虚（あ）けたるを其とは想はざりしが、（『袖時雨』六八四ペ・三行目）

▽孔の穿（あ）くほど琢次の顔を視める。（『冷熱』三九九ペ・七行目）

▽孔の穿（あ）くほど視凝めて太息を洩しぬ。（『恋の蛻』二一五ペ・四行目）

▽其所を今孔の穿（あ）くほど視たのであるが、（『青葡萄』七二ペ・一三行目）

▽虚（あ）いたる手をお蔦の肩へ懸けて引寄せむとすれど、（『巴波川』一一四ペ・一二行目）

▽此銚子も雫残さず虚（あけ）たれば、（『おぼろ舟』三一〇ペ・一三行目）

▽大病の介抱せらる、人の手の虚（あ）くを待れもせねば、（『三人妻・後編』三四〇ぺ・七行目）

（6）岡保生氏は「紅葉用字考」（『尾崎紅葉―その基礎的研究―』昭和二十八年四月　日本図書センター）の中で、その調査結果から、紅葉の用字に対する意識が変化したのは「『二人女房』『三人妻』の書かれた明治二四・五の交と、『多情多恨』の出た二十九年頃の二期があるといふことが考へられる」と述べている。「啓」に関しては、岡氏の調査結果と一致していると言えるであろう。

（7）次項の「『ヒラク』について」を参照のこと。

（8）（注七）に同じ

（9）『大辞泉』（小学館）

（10）『中日辞典』（小学館）

（二）アツマル［集］

この項では、動詞「アツマル」の表記法について検討を行っていく。

各作家の「アツマル」の用字法

次頁の表から、「アツマル・アツメル」に関しては、現在と同様に〈集〉が主として使用されていたということが分かる。その中で、『八犬伝』と紅葉・漱石の作品においては多様な表記が行われており、他作家に比べ、漢字・用字法に対する意識が非常に強かったと言うことができるであろう。

『類聚名義抄』には「鍾・鳩・蔟・萃・翕・会・彙・同・湊・輳・攢」を始め、多種の漢字が記載されており、表中の漢字も〈蒐・裒〉以外はすべて記載されている。『易林本節用集』では「聚・集・湊」、『書言字考節用集』

時代	作品＼用字	集	聚	鳩	萃	鍾	攅	轃	湊	会	蒐	群	裒
江戸時代	西鶴	○	○										
	八犬伝	○	○	○		○							○
明治十年代	春雨	○										○	
	阿松	○											
	嶋田	○											
	冠松	○											
	書生	○											
明治二十年代	浮雲	○	○										
	夏木立	○											
	鷗外	○	○										
	唐松操	○	○	○									
	山吹塚	○											
	隅田川	○											
	紅葉	○	○	○	○	○	○		○	○	○		
明治三十年代	不如帰	○					○						
	下士官	○											
	灰尽					○	○						
	漱石	○	○	○	○			○			○		
明治四十年代	蒲団	○											
	草迷宮	○											
	独行	○											

※鷗外…『舞姫』『文づかひ』『半日』『ヰタ・セクスアリス』『青年』『雁』『阿部一族』『澁江抽斎』

※漱石…『吾輩は猫である』『薤露行』『坊っちゃん』『草枕』『虞美人草』『三四郎』『それから』『門』『彼岸過迄』『行人』『こゝろ』

『明暗』

には「聚・集・湊・輯・攢・羣・萃」と記されており、『書言字考節用集』中での表記が、右の表とほぼ一致している。明治期の国語辞書には、

あつむ｜集｜　多ク一ツ処ニ寄ス。ツドフル。マトム。（『言海』明治二十二年）

あつム　（集）む　多クヲ一ツニヨセル。＝マトメル。（『日本大辞書』明治二十六年）

とあり、その他の辞書にも、やはり〈集〉と記されているのみであり、同義語としても他表記が載せられていないことから、[1]明治期においては、〈集〉が「アツマル」の通用字であるという認識がなされていたものと思われる。

『八犬伝』の「アツマル」の用字法

輯＼用字	集	聚	鳩	鍾	裒	聚嘯
1	○					
2	○					
3	○	○				
4	○	○				
5	○	○				
6	○		○		○	
7	○	○				
8			○			○
9	○	○		○	○	
10		○			○	
11			○		○	
12					○	
13		○				
14						
15					○	
16	○				○	
17						
18	○					
19	○					

※単独に使用されている語のみを対象とした。

右の表では「アツマル」の語のみを取り上げたが、他に「ツドウ」としての用例もあり、それを含めて考えると、表自体もまた異なってくる。しかしここではそこまでは触れずに、「アツマル（メル）」のみを検討することにした。ただし明治期の作家と共通する表記が〈集・聚・鳩・鍾〉の四表記であるため、他の表記については論及しないことにする。また〈集〉については用例数が多過ぎるため、四表記の中から特に〈聚・鳩・鍾〉の三表記について、鷗外と漱石の作品との比較を中心に見ていきたいと思う。紅葉の作品については後述するため、これに含めない。

（a―1）『八犬伝』の【聚】

①銭を召び、財を聚めて、軍用に充んとするに、（岩波文庫第二巻・一四一ぺ・四行目）
②後れじと習学びつゝ、蛍を聚る夏の夜も、雪を団ぬる冬の日も、（岩波文庫第二巻・二一三ぺ・二行目）
③「俺のみならで犬塚・犬川（中略）も敵に当りて、四零八落になりしより、今なほ全聚らず。」（岩波文庫第五巻・七七ぺ・九行目）
④「その人足らねど（中略）全聚らんこと遠かるべからず。」（岩波文庫第五巻・三二五ぺ・一二行目）
⑤「その時候までに、犬士們一緒に聚りて、八人具足することあらば（下略）」（岩波文庫第五巻・三二五ぺ・一六行目）
⑥そを信ずる者なかりしかば、石を聚て聴衆と倣ししに、（岩波文庫第七巻・二六四ぺ・四行目）

（a―2）明治期の【聚】

⑦この許多の景物目睫の間に聚まりたれば、始めてこゝに來しもの、應接に遑なきも宜なり。（『舞姫』四二

七ぺ・七行目）

⑧注意した糸子の聲に連れて、殘る三人の眼は悉く水と橋とに聚つた。（『虞美人草』一九一ぺ・九行目）

⑨投げ懸けた羽織の裏が、乏しき光線をきら〳〵と聚める。（『虞美人草』二七一ぺ・一〇行目）

⑩何處の何物とも知れない男女が聚まつたり散つたりする爲に、（『彼岸過迄』一〇九ぺ・四行目）

まず『八犬伝』の方では、二種類の〈聚〉に分類することができる。一つ目は①②⑥の「無数のもの」であり、二つ目は③④⑤の「特定の人物」である。この「特定の人物」とは、右の例ではすべて「八犬士がアツマル」ことに対して使用されていることから、「八犬士」のことを指す。勿論これらの例がすべてではないので、簡単に断定することはできないが、各輯の初出のみを取り上げただけで、偶然にもこのような分類ができたということは、例外があったにせよ、何らかの書き分けが行われていた可能性があったと言うことができるのではないだろうか。

一方鷗外と漱石の用例からは、『八犬伝』との表記法に関する共通性は見られない。鷗外の作品では用例が僅か一例のみであるため、他作品との比較ができないので、漱石の例を見てみると、⑧では「三人の目」、⑨では「光」が「アツメル」対象とされている。また⑩では「不特定の無数の男女」を対象としているというように、三つの用例に共通性が見られないのと同時に、「アツメル」の対象としている内容に、『八犬伝』との共通性がまったく見られない。しかし、「アツマル」対象物は特定されていないものの、⑧は「三人の眼」が「アツマッタ」のは「水と橋」というように一つ所に視線は集中しておらず、⑨では対象物である「光」は「羽織の裏」一点に集中するものではなく、その周囲にも光は当たっているはずであり、⑩では「アツマッタ」男女は特定の場所に向かい止まることなく、「聚まったり散ったり」しているというように、三例とも「アツマル」対象物が一点に集中していないという点が共通しているとも考えられ、そういった場合に〈聚〉を使用したのだと言えるかもしれない。

（b―1）『八犬伝』の【鳩】

①是首に三人ン彼首に四人ン、膝をまじえ額を鳩めて、（岩波文庫第三巻・三七〇ぺ・四行目）

②短夜の、更ゆく鐘は聞えねど、听漏さじとて額を鳩めし、（岩波文庫第四巻・四一四ぺ・一三行目）

③「縦城郭に拠りて、千百の、兇党を復鳩るとも（下略）」（岩波文庫第六巻・一二三ぺ・一行目）

（b―2）明治期の【鳩】

④三人は首を鳩めて畫帖を一枚毎に繰つて行つた。（『三四郎』一〇二ぺ・七行目）

ここで例外なのは、『八犬伝』の③である。それ以外は「首・額をアツメル」という形で使用されている。この表記法は、『大辞泉』に、

額を集・める　顔を寄せ合って相談する。集まって相談する。鳩首（きゅうしゅ）する。

鳩首《「鳩」は集める意》人々が寄り集まって、額をつきあわせて相談すること。

とあるように、「鳩のように群がって」といったようなことから使用されたものと思われる。このような例は他に須藤南翠『唐松操』（明治二十九年）にも、

▽基の席に還り來りつ燈火を暗うしてまたもや額を鳩めたり、（三三一ぺ・四行目）

とある。しかし、この「首・額をアツメル」には例外があり、

①傍に人のをらずなれば、三士は再額を聚めて、（『八犬伝』岩波文庫第三巻・三四ぺ・一〇行目）

②純一が座に着くと、何やら首を聚めて話してゐた令嬢も、（『青年』三二三ぺ・九行目）

③三人の者ハ寥々と旅宿へ歸り額を集めて云ひける様、（『冠松真土夜暴動』一ぺ裏・下段九行目）

④此千五百円を償ふ手立にも差支へて何れも額を集めて當惑の折から、（『冠松真土夜暴動』七ぺ裏・上段二行目）

このように〈鳩〉ばかりではなく、〈集・聚〉を使用しているものもある。『八犬伝』については、全体的に比較的一字一義に統一されている語が少ないと思われるので、「額をアツメル」という場合に、〈鳩〉や〈聚〉を使用するというような例が他にも見られるかも知れず、また「首・額」を「アツメル」という意味以外に、（b−1）の③のように「兇党」を「アツメル」意にも用いられ、限定した用法で〈鳩〉が使用されていない。一方明治期に入ると、『八犬伝』とは異なり、〈鳩〉は「首・額」を「アツメル」場合にのみ使用されているものの、〈集・聚〉などの表記も多々見られるようになっている。これは〈鳩〉に「アツメル」という訓を容易に想定し難くなっていたため、通常の「アツメル」の漢字表記である〈集・聚〉を用いざるを得なくなっていったからだと考えられる。

（c）『八犬伝』の【鍾】

この表記については、明治期では紅葉の作品にしか見られないので、ここでは『八犬伝』のみの用例を見、紅葉については、次の「紅葉の『アツマル』の用字法」の項で、他の表記とともに詳しく見ていきたいと思う。

▽「人を相するものは、形によりて心を相す。面部は気の鍾る所、（下略）」（岩波文庫第五巻・一二三ぺ・六行目）

〈鍾〉は、第八輯下帙巻之七（岩波文庫第五巻）に初めて見られた表記であるが、今回の調査では初見のものだけを取り上げているため、ここでも右の一例しか挙げることができない。しかし今までの表記と違う点は、その表しているものが「気という目に見えない力・感情」であるということだけ、ここで強調しておきたいと思う。

作品＼用字	集	聚	鳩	萃	鍾	攢
懺悔						
伽羅	1	1	1	1		
二人	1	1				
三前		4		2		
三後	1	3				
男	2					
隣						
紫		2			1	
不言						
多前	1					
多後						
金前	1	1	1		1	
金中		3				2
金後						1
続金		3				
続々						
新続						
手紙						

※右の表は、単独語のみを検討したものである。

「～アツメル・～コゾル・～タカル」などの用例も含めれば、数的には〈集〉が多いのだが、右の単独使用の「アツマル」に関する調査結果の表を見ると、一作品ごとの中では〈聚〉が多く使用されていることが分かる。次に実際の用例を基に、どのように書き分けがなされているのかを検討していく。

【聚】

①したゝか饑ゑたる狼ども四方より聚りてとりまきけるに、（『伽羅枕』二一三ぺ・九行目）

②「飲むのが二人聚つて。信樣はさぞ迷惑でしたらう。」（『二人女房』八一一ぺ・四行目）
③一年の間に世智賢きものばかり聚めたる二三十人の上席にすわり、（『三人妻・前編』四ぺ・三行目）
④いづれも賣色の臭味無きもの、みを聚めたれば、（『三人妻・前編』八五ぺ・一三行目）
⑤内庭に螢逐ひたる七八人の女ども、何事かと前後を爭ひて此處に聚り、（『三人妻・前編』一〇七ぺ・八行目）
⑥されば一器量あるものは、皆立身の地と全國より聚りて、（『三人妻・前編』一七四ぺ・一〇行目）
⑦人に思はくの好惡はあれど、色好き姿を恁も能うぞ聚めける。（『三人妻・後編』二一六ぺ・四行目）
⑧女の此處に入込むと聞知りたる若紳士輩、餘所ながら憧れたる令孃の跡を慕ひて、聚るのも寡からず。（『三人妻・後編』二一八ぺ・二行目）
⑨紅梅を始として腰元十餘人、髮は一樣に草束にして、二所に聚りて、（『三人妻・後編』三七四ぺ・一二行目）
⑩「それだつて、その試驗には何千人といふほど醫者にならうといふ書生樣が聚るのですし（下略）」（『紫』八〇三ぺ・七行目）
⑪竟に机の下に僵れて、肉塊氷の如く、喚べども起きず、六親眷屬聚りて、（『紫』八七一ぺ・四行目）
⑫富山唯繼の今宵此に來りしは（中略）娘の多く聚れるを機として、嫁選せんとてなり。（『金色夜叉・前編』二三ぺ・二行目）
⑬四箇の頭顱はラムプの周邊に麩に寄る池の鯉の如く犇と聚れり。（『金色夜叉・中編』二七四ぺ・九行目）
⑭さては一生の怨敵退散の賀と各漫に前む膝を聚めて、（『金色夜叉・中編』二七八ぺ・二行目）
⑮「何ぞ非常の目的があつて貨を殖へるやうだがな、譬へば、軍用金を聚めるとか（下略）」（『金色夜叉・中編』二六五ぺ・一三行目）
⑯「富むと云ふのは貪つて聚むるのではない、又貪つて聚めんけりや貨は得られんのではない（下略）」（『金色

夜叉・続編』五一六ぺ・五～六行目）

⑰眼下に幾箇の怪しき大石、夫の鰲背を聚めて丘の如く、（『金色夜叉・続編』六二九ぺ・五行目）

まず一言で言ってしまうと、〈聚〉は主に、主たる登場人物以外の、限定された大勢の登場人物たちが「アツマル」場合に使用される漢字であると言える。右の用例中①・③～⑭までがそれに当り、波線の部分が「一器量のある者たち」や「医者にならうといふ書生様」たちなどというように、限定された特定の人物となっている。ただし②⑬⑭の三例は、大勢の特定の人物ではなく、主要な特定の登場人物を指している。

⑬⑭に関しては、少々分かりづらいと思われるので説明を加える。波線部分の「四箇の頭顱」と「各」は同一人物であり、この四人は、遊佐とその妻と、遊佐の友人の二人のことである。この場面は、遊佐の家に友人二人が遊びに来ている場面である。この①～⑭の「特定の登場人物たち」を表す〈聚〉は、先に『八犬伝』で見られた用法と同様のものである。漱石の作品には見られなかった『八犬伝』との共通性が、紅葉の作品では見られるのである。また⑮～⑰に関しても同じことが言え、⑮⑯の「アツメル」は「金」を指しており、⑰は「大亀の背のような大きな石」を指しており、両方とも「金・石という無生物」を指している。『八犬伝』でも「金・石という無生物」に対して〈聚〉を使用していた。

以上のことから、紅葉の作品においては、『八犬伝』とほぼ同じ用法で〈聚〉が使用されていたということが明らかとなった。

【鳩】

①後には剛らしき武士ども額を鳩め、（『伽羅枕』六一ぺ・五行目）

②薄暗き一間に留守居の老婦の額を鳩めては、寂しげに彼等の昔を語るのみ。(『金色夜叉・前編』二三ぺ・七行目)
③然し兩箇とも次の間に顔(ひたひ)を鳩めて、(『青葡萄』六〇二ぺ・一二行目)

〈鳩〉は、先にも「『八犬伝』の『アツマル』の用字法」で見たように、「額をアツメル」の形で使用されている。このことから、鷗外の『青年』と、『八犬伝』や『冠松真土夜暴動』などに見られた〈聚・集〉を用いる表記法は例外であり、漢字の字義に純粋に則した場合、〈鳩〉を使用するのが適当であったと言える。ただし、これはあくまでも多種の表記を行った作家の場合に言えるのであり、〈集〉のみを用いている作品には当然当てはまらない結論である。なぜなら、たとえ『青年』や『八犬伝』での表記が例外であるとしても、紅葉や漱石の〈鳩〉を使用する表記法自体が、明治期において字義通りに用いられた特殊なケースであったと考えられるからである。

【萃】
①京は女藺の名所、とりわけ祇園島原は其粹を萃め、(『伽羅枕』一ぺ・四行目)
②而も萃めたる艶婦にいづれ可厭なる形は無く、(『三人妻・前編』八〇ぺ・九行目)
③餘五郎杯を差して、他の事より足下こそ、近頃向島に美形を萃められ、(『三人妻・前編』八五ぺ・五行目)

〈萃〉は〈聚〉と同様に、主要登場人物以外の「限定された特定の人物をアツメル」文で使用されているが、①は、祇園島原が女郎の中でも特に粋な者が「アツマル」場所であり、②は女性の中でも特に艶のある者を「アツメ」たのであり、③は、美形の者を「アツメ」たとあることから、〈萃〉は特に「選りすぐった美しい女性たちをアツメ」た場合に使用されているということが、〈聚〉と異なる点であると言える。

【錘】

①人は其得意の點で愛されるよりは、失意の點で憐まれる方が寧ろ能く人の情を錘める。（『紫』八三四ぺ・一一行目）

②彼の美しき目は他に見るべきもの、あらざらんやうに、其の力を貫一の寐顔に錘めて、（『金色夜叉・前編』四二ぺ・六行目）

③秋は偏に此家にのみ哀を錘めて見へたりき。（徳富蘆花『灰尽』四五ぺ・七行目）

この〈錘〉に関しても、『八犬伝』との共通性が見られる。『八犬伝』では「気」という「目に見えない力をアツメル」として、この字を使用していたが、紅葉の場合も①では「人の情」、②では、宮から貫一への「情」が、彼女の「目の力」によって貫一の寝顔に注がれているのであり、①②共に「情＝気をアツメル」際に〈錘〉が使用されているのである。また③の徳富蘆花『灰尽』（明治三十三年）の用例でも、「哀れ」という感情を表しており、〈錘〉の使用法が定まったものであったと言えるであろう。

【攢】

①彼は忽ち眉を攢めて、（『金色夜叉・中編』一四六ぺ・七行目）

②貫一は（中略）其の攢めたる眉と空しく凝せる目とは、（『金色夜叉・中編』二八四ぺ・一二行目）

③枕頭を窺ひつ、危む如く眉を攢めて、（『金色夜叉・後編』四〇五ぺ・九行目）

④日のまぶし氣に眉を攢め、目を閉じて、（徳富蘆花『不如帰』三六六ぺ・一一行目）

⑤眉を攅めて、罪もなき道邊の川柳の枝を打折り〳〵走せ行きしが、（徳富蘆花『灰尽』二一ペ・七行目）

紅葉の作品と共に、徳富蘆花『不如帰』（明治三十一年）・同『灰尽』（明治三十三年）を載せた。用例は少ないが、四例に共通するものは、言うまでもなく「眉をアツメル」として使用されていることである。

まとめ

明治期においては、〈集〉が「アツマル（メル）」の通用字であり、これ以外の表記を使用した作品は、特に用字法への関心が高かったと思われる鷗外・紅葉・漱石の三作家のものであった。『八犬伝』とそれらの作品を比較したときに、『八犬伝』と強い結びつきが見られたのは紅葉の作品だけであり、紅葉の用字法が『八犬伝』などの読本の類の影響を受けたことを裏付けるための一例と言えるであろう。

紅葉の作品における調査結果は以下の通りである。

▽〈聚〉…限定された特定の登場人物たちと無生物に対して使用。その使用法は『八犬伝』と共通するものがあり、無生物に関しても「石・金」と、偶然にも一致していた。

▽〈攅〉…用例は少ないが、「眉をアツメル」の形で使用されている。

▽〈鍾〉…目に見えない力「気・情」などに対して使用されている。

▽〈萃〉…選りすぐった美しい女性たちに対して使用。

▽〈鳩〉…「額をアツメル」の形で使用。

以上、漢字ごとに検討を行ってきたが、各作品の中においても、明確な使い分けがなされていたという結果となった。

注（1）あつむ（集）多くの物を一つ処により来らしむ。又まとむ、などの意なり。（『帝国大辞典』明治二十九年）
あつまる（集）よりまとまる、多くのもの寄りつどふ。
あつむ（集）多くの物を一つ処により来らしむ。又、まとむ。（『日本新辞林』明治三十年）

（三）カマフ・カマハナイ［構］

この項では動詞「カマフ」と、その複合語「カマハナイ」に関する表記法について検討を行っていく。

各作家の「カマフ・カマハナイ」の用字法

	作品＼用字	構	関	管	拘	介意	掛念
江戸時代	八犬伝			○	○		
明治十年代	春雨	○					
	冠松	○					
	書生	○	○	○		○	
明治二十年代	浮雲	○	○				
	夏木立	○					
	唐松操	○					
	山吹塚	○					
	秋の蝶	○					
	変目伝	◎	○				
	にごり	○					
	今戸	○	○				
	紅葉	○	○	○	○		
明治三十年代	不如帰	○					
	薄衣	○					○
	高野聖	○					
	夜の雪	○	◎				
	地獄	○					
	魔風	◎	○				
	青春			○			
	漱石	○	○				
明治四十年代	蒲団	◎	○				
	草迷宮	○					
	独行			○			
	鷗外	○					

※表中の表記は「カマフ・カマハナイ」の両語を含めたものである．
※鷗外…『半日』『ヰタ・セクスアリス』『青年』『普請中』『雁』『かのやうに』『安井夫人』『山椒大夫』『澁江抽斎』
※漱石…『吾輩は猫である』『坊っちゃん』『草枕』『虞美人草』『三四郎』『それから』『門』『彼岸過迄』『行人』『こゝろ』『明暗』

前頁の表から、明治期においては「カマフ・カマハナイ」に対して、〈構・関〉の二字を使用する作品が多かったということが分かる。

『易林本節用集』には「構・架（カマフ）」とあり、『書言字考節用集』では「相構（アヒカマヘテ）」とされており、〈関〉に「カマフ」の訓は見られない。『類聚名義抄』にも〈関〉に「カマフ」の訓は見られないが、明治期の国語辞書では、

かまふ─構─カカハル。タヅサハル。‖関渉　（『言海』明治二十二年）

かまフ〔構フ〕（一）関係スル。手ヲ下ス。＝カカハル。＝干渉スル。（『日本大辞書』明治二十六年）

とあり、その説明書きから〈関〉との関連を伺うことができ、他の国語辞書にも同様のことが記されていることから[1]、〈関〉の訓「カマフ」は、明治に至って行われた訓ではないかと思われる。

表中の表記の中で特に目に付くのが〈管〉であるが、この字は、『八犬伝』と坪内逍遙『当世書生気質』（明治十八年）と紅葉の作品、また紅葉門下の小栗風葉『下士官』（明治三十三年）・同『青春』（明治三十八年）、後藤宙外『独行』（明治四十一年）にも見られる表記である[2]。

この表記に関しては、現代中国語で「かまう」という意味で使用されており、今回調査対象とした中国白話小説関連の辞書の中では、『雅俗漢語訳解』に「管（セワヲヤク○カマフ）」と記されており、『大漢和辞典』などに用例が見られないことなどを合わせて考えると、〈管〉を「かまう」の意味で使用し始めたのは、近世中国の白話小説からであると考えられる。それを日本の小説に取り入れたのが、恐らく滝沢馬琴を始めとした読本小説作家たちであり、それ

らを介して、紅葉も自らの作品に〈管〉を取り入れたのではないだろうか。その他の作家、小栗風葉や後藤宙外に関しては、白話小説や『八犬伝』などによる影響と言うよりも、このような明治期の紅葉などの表記に影響を受けたと思われるので、[3] 明治期の作家としては、紅葉は江戸時代の用字法や白話小説の類の用字法に強く関心を示した、稀な作家であったと言える。

『八犬伝』の「カマフ・カマハナイ」の用字法

『八犬伝』関しては語の用例が少ないため、〈管〉のその他の用法も交えて見ていきたいと思う。

訓＼用字	管	拘	管待
かまはず	○	○	
かかづらふ	○		
かかはる	○		
あづかる（ける）	○		
もてなす			○
もてなし			○

右の表のように、〈管〉は四種の訓により使い分けがなされている。「カマハズ」には〈管・拘〉の二字が用いられているが、〈拘〉は、第九輯下帙下編巻之三十七（岩波文庫第九巻）に初めて見られる表記法であることから、『八犬伝』では主に〈管〉を使用していたということが分かる。次の「紅葉の『カマフ・カマハナイ』の用字法」に掲げた表を見ると明らかなのだが、『八犬伝』と紅葉の作品との違いは、紅葉が〈管〉を「カマフ・カマハズ」としてのみ使用しているのに対し、『八犬伝』ではこの一字に対して多種の訓を付しているということである。つ

まり、紅葉が『八犬伝』と白話小説のどちらに影響を受けたのかに関係なく、『八犬伝』が白話小説における表記法を作品中に取り入れ、それを一語一表記で固定させたのが紅葉の作品である、と言えるのではないだろうか。

〈拘〉の表記については、紅葉の作品にも見られるが、

▽まだ女房は持たず、所帯には拘はず、（『隣の女』明治二十七年・四ペ・八行目）

の一例だけである。

紅葉の「カマフ・カマハナイ」の用字法

作品＼用字	構	管	拘	関
懺悔				
伽羅				
二人	13			
三前	8			
三後	4			1
男	7			
隣	8		1	
紫	2			
不言	1	2		
多前		15		
多後	3	5		
金前		3		
金中				
金後		5		
続金		13		
続々		1		
新続				
手紙				

※この表は「カマフ・カマハナイ・カマイツケズ」など、「カマフ」に関係する語を全て含めたものである。

巻末の別表と右の表は、「カマフ」関係の語をすべて含めたものであるが、「カマフ・カマハナイ」以外の語数は三、四例なので、ほとんどは「カマフ・カマハナイ」と思って良い。

紅葉の作品では、〈管〉は「カマフ・カマハナイ」という訓で使用されているが、一例だけ、

▽「如何にも僕が管（あづか）つてゐた病人には相違ないが（下略）」（『青葡萄』六三九ペ・六行目）

という例が見られた。この訓は『八犬伝』にも見られた使用法であり、この例からも、紅葉が『八犬伝』の類の江戸文学に影響を受けた形跡が見られるのである。いずれにしても別表と右の表から、紅葉が〈管〉を『冷熱』（明治二十七年）から使用し始め、翌年の『不言不語』を境に、〈構〉から〈管〉へと統一していったということは明らかであり、それ以前は〈管〉による表記はまったく行われていないことから、「カマフ・カマハナイ」に関してはこの時期を境に、紅葉が明治期においては例の無い用字法を好んで用い、統一していったということになるのである。一方、この〈管〉は、現代語においても「管理・管轄・管下」など、何かに関わりを持ち、それらを取り締まるといった意味で〈管〉の字義が生かされているのであり、そのように考えると、紅葉が〈管〉を「カマフ」として使用したことは、異例なことではなく、明治期においても、〈管〉は「何かにカカハル」という字義を有しているという一般的な認識があったならば、字義に即している表記という点では、読者に受け入れられ易い表記であったと言えるかもしれない。しかし他作家が使用していないという点では、すでに明治期には〈管〉の訓に「カマフ」が対応するという認識が薄れていて、結局、江戸文学に関心のあった紅葉であったからこそ使うことができた表記であったと考えられる。

まとめ

明治期においては、〈構〉が通用字として認められていたが、実際には〈関〉との併用が行われていた。これに反して、紅葉は『不言不語』以降〈管〉へと統一していったが、この表記法は漢文学には見られないものであり、近世中国白話小説から使用され始めたもののようであることから、紅葉の白話小説との関わりを伺わせる表記法であるということが明らかになった。

注(1)かまふ（構）①関係して、手を出すをいふ、かゝはる、干渉す、などいふにおなじ。
②追放する意にも用ゐる。（『帝国大辞典』明治二十九年）
かまふ（構）①関係して、手を出す、かゝはる、干渉す。
②追放す。（『日本新辞林』明治三十年）
(2)▽「君がいやがるのも管はないで（下略）」（『当世書生気質』第八號・七五ペ裏・三行目）
▽「君は不断常酒も行られんやうぢやが、這麼強いのでも管はんかね。」「管はん。」（『下士官』二〇五ペ・下段一六〜一七行目）
▽「何でも管はん、戦争でも押初めろ！」（『下士官』二一六ペ・一九行目）
▽「私に管はずに、貴方緩くり召上つたら。」（『青春・春之巻』一五三ペ・五行目）
▽「一度最う行つた所だつて管はんでせう、却て思出にもなつて。」（『青春・秋之巻』一二一ペ・八行目）
▽僕は一生大木の下だツて管はん、（『独行』三五五ペ・上段三行目）
など、この他にも多数用例は見られる。
(3)『明治文学全集』（筑摩書房）によると、小栗風葉は紅葉の書を愛読したり、紅葉の弟子となってからは、紅葉と共に合作を行ったりするなどしており、その影響は大きく、また本論で何度か触れることだが、その影響は表記法にまで及んでいることが明らかであることから、風葉独自の表記法をとっているとは言い難い。後藤宙外は、紅葉との直接的な関係は認められないが、評論家として紅葉や山田美妙らの作品に多く触れていることなどから、何らかの影響を受けたのかもしれないが、白話小説関連の書から影響を受けている可能性もある。

（四）タツ［立］

ここでは、人間の「タツ」という動作に使用される用字法について、検討していきたいと思う。

各作家の「タツ」の用字法

時代	作品＼用字	立	起
江戸時代	西鶴	○	
	八犬伝	○	○
明治十年代	春雨	○	
	嶋田	○	
	書生	○	○
明治二十年代	浮雲	○	○
	夏木立	○	○
	鷗外	○	○
	唐松操	◎	○
	山吹塚	○	
	秋の蝶	○	
	隅田川	○	
	変目伝	○	
	にごり	◎	○
	今戸	◎	○
	紅葉	○	○
明治三十年代	不如帰	◎	○
	薄衣	○	
	高野聖	○	
	太郎坊	○	
	夜の雪	○	
	地獄	○	
	魔風	○	○
	漱石	○	○
明治四十年代	蒲団	○	
	草迷宮	◎	○
	独行	○	
	歓落	○	

※鷗外…『舞姫』『文づかひ』『半日』『ヰタ・セクスアリス』『青年』『普請中』『妄想』『雁』『かのやうに』『阿部一族』『安井夫人』『山椒太夫』『最後の一句』『高瀬舟』『澁江抽斎』

※漱石…『吾輩は猫である』『倫敦塔』『薤露行』『坊っちゃん』『草枕』『虞美人草』『三四郎』『それから』『門』『彼岸過迄』『行人』『こゝろ』『明暗』

右の表から、近世から明治にかけての「タツ」の漢字表記として、〈立〉と〈起〉の併用が行われていたことが分かる。各年代の後半から次の年代の前半にかけて使用例が見られ、各年代の半ばの作品には例が見られないが、これは用字法の多様性を求める作家が、年代の変わり目の時期に集中しているためであろう。

『類聚名義抄』には、「タツ」の漢字表記として「作・起・立」などが挙げられ、『易林本節用集』には「立・起・作」、『書言字考節用集』では「立・建・起・作」が「タツ」として記されており、〈立・起〉が「タツ」として認識されていたということが分かる。明治期の国語辞書には、

たつ　立　（二）倒レタルヨリ起ス。　起　竪
　　　　（四）引キオコス。尖ラス。　起　（『言海』明治二十二年）

たツ〔(立つ)〕（一）ナホク。＝マツスグニナル。＝竪ニナル。「人たつ」
　　（三）〔(起)つ〕坐シタノガ起キル。（『日本大辞書』明治二十六年）

とあり、また『日本大辞書』の「下二段のタツ」の項では、「倒レタノヲ引キ起ス」のは「起＝竪」であり、「鋸ノ目ナドヲ尖ラセル」のも「起つ」であるとしている。その他の辞書も同様で、[1]座していた状態から立ち上がる場合には〈起〉である、としている。右の表中〈立〉のみを使用している作品があるが、例えば西鶴の作品では、「タツ」としては〈立〉のみの表記であるが、「起居（たちゐ）」として〈起〉が使用されているというように、[2]単独の「タツ」以外の語も含めてみると、ほとんどの作品が〈立・起〉を併用していると言えるのである。しかしその用法を検討してみると、辞書にあるように「座していた状態からタツ」のではなく、ずっと立ち尽した状態の場面にも〈起〉が使用されている。小杉天外『魔風恋風』（明治三十六年）を例にとってみると、

▽其處に起つてる看護婦に、「ねえ、爾うでせう?」（前編・一二二ぺ・四行目）
▽一寸戸外に出たと云ふ風の姉の初野が起つて居る。（中編・八六ぺ・一三行目）
▽紅い顔の東吾がのツそり起つて居る。（後編・九〇ぺ・一一行目）

このように、ずっと立ち尽していたというような場面で、〈起〉が使用されているのである。凡そ見た限りでは、一番明確に使い分けがなされていたのは、二葉亭四迷『浮雲』（明治二十年）であったことから、[3]両字が併用され

ていく中で、いつの間にか本来の意味を無視した用法で使用されるようになってしまったものと思われる。

以上のことから、明治期においては、「座していた姿勢からタチアガル」という動作に対しては〈起〉が使用されていたが、徐々に〈立〉の表記へと統一されていったものと考えられる。それは恐らく、〈起〉が「オキル」の訓として使用されることが多かったためではないだろうか。

『八犬伝』の「タツ」の用字法

輯＼用字	立	起	去	拉	樹	植	粒	中	達	竦
1	○	○	○							
2	○									
3	○	○		○	○					
4	○	○								
5	○	○				○				
6	○						○			
7	○	○				○				
8	○									
9	○						○			
10	○	○				○	○			
11	○	○				○		○	○	
12	○								○	
13	○	○				○	○		○	
14	○	○							○	○
15	○								○	
16	○	○					○		○	
17	○								○	
18	○	○								
19	○								○	

前頁の表は、人間の動作以外の「タツ」も含めたものである。人間の動作に使用されているのは、〈立・起・去・拉〉の四種である。〈樹・植〉は『類聚名義抄』にも見られる表記であり、『八犬伝』では主に「木・刀・旗など棒状の物をタテル」ことに関して使用され、〈達〉は「後悔・役・用に対するタツ」として用いられている。また〈柆〉は、特に「連柆（つれだつ）・樹柆（こだち）」として使用されることが多かった。このようにそれぞれに使い分けがなされているものの、〈立・起〉の表記に関しては、明治期に見られるような明確な使い分けはなされていないようである。特に〈起〉に関しては、多様な意味で使用されている。

①「お坐をなされ。」と起つ居つ。（岩波文庫第二巻・二三ぺ・一六行目）
②町進は次の日の暁に、鎌倉をうち起て、（岩波文庫第三巻・三九ぺ・一三行目）
③弓に箭を、つがひ［雌雄］なるべし起つ梟と、（岩波文庫第五巻・二〇八ぺ・一五行目）
④他郷へ起立給ひし折、（岩波文庫第四巻・三六一ぺ・一二行目）
⑤朝靄深く起籠て、（岩波文庫第七巻・一一三ぺ・一六行目）
⑥叫びもあへず、血潰起て仆れけり。（岩波文庫第七巻・二六五ぺ・五行目）

このほかにも用例はまだまだあるが、大体「人がタツ・出発する・煙や靄などがタツ」というように使用されていると言える。このように、「人がタツ」以外の様々な意味で〈起〉を用いている明治の作品は、紅葉を始めいくつかの作品に見られたが、その数は少ない。紅葉については後に詳しく見ていくので、ここでは『八犬伝』と同様の〈起〉の用法がなされていたということだけを言うに止めておく。

「タツ」に関連して、『八犬伝』と同じ表記法を用いている作品に『浮雲』が挙げられるため、両者を対比して説明する。第一は「タチ揚る」の表記法である。普通「アガル」の部分には〈上〉が用いられ、他の作品にも〈揚〉を使用する例は見られない。『浮雲』では、各篇により用字法の異なるものが多々見られるのだが、この「タチアガル」に関しても、第一篇では五例中四例が〈起揚〉の表記となっており、第二篇と第三篇の「タチアガル」はすべて〈起上〉というように、〈揚〉から〈上〉への用字法の変化が見られる。[4] この〈揚〉の用例は、『八犬伝』では、

▽「目に物見せん。」と立揚る、（岩波文庫第二巻・三六四ペ・三行目）

▽「快趕留ん。」と立揚るを、須本太郎推禁べて、（岩波文庫第四巻・二七〇ペ・五行目）

と数は少ないものの、第四輯巻之五（岩波文庫第二巻）と第八輯上帙巻之一（岩波文庫第四巻）に見られた。

第二は「タタズム」である。『浮雲』には「鵠立・立在・佇立む」の三表記が見られ、『八犬伝』でも、「タタズム・タダスム」として〈鵠立・立在・去住〉の表記がなされている。中でも〈鵠立〉は、明治期の他作品には見られないものであり、第一・二篇に多く見られるものであることから、[5] まだ漢語的要素から抜けきれていなかった『浮雲』の表記法の一端を、伺い知ることができるのではないだろうか。

〈佇立〉を「タタズム」とする作品は、岡本起泉『嶋田一郎梅雨日記』（明治十二年）・須藤南翠『唐松操』（明治二十二年）、田山花袋『隅田川の秋』（明治二十六年）の三作品であった。[6] その他には、〈鶴立〉を「タタズム」とするものが山田美妙『夏木立』に、〈停立〉を「タタズム」とするものが、坪内逍遙『当世書生気質』（明治十八年）、須藤南翠『唐松操』に、〈亻〉を「タタズム」とするものが徳富蘆花『不如帰』（明治三十一年）、泉鏡花『高野聖』（明治三十三年）・同『草迷宮』（明治四十一年）と紅葉の作品に見られた。[7] また、同じく泉鏡花『草迷宮』（明治四十一年）では、〈立〉が「立（た、ず）む」として用いられ、[8] 同作家の三十年代の作品と四十年代の作品とで、表記が変化しているものもあった。

紅葉の「タツ」の用字法

次頁に掲げた表は、人間の動作の意味で使用されている「タツ」に関してのみの数値を出したものである。しか

起	立	用字／作品
	4	懺悔
2	13	伽羅
1	15	二人
	17	三前
	16	三後
	14	男
	20	隣
1	13	紫
13	23	不言
40	13	多前
26	14	多後
8	11	金前
10	9	金中
6	9	金後
14	13	続金
2	4	続々
1		新続
		手紙

し、他の明治期の作品に見られたような明確な書き分けというものは無く、〈立・起〉が混用されている。

他作品に見られない表記法として、『八犬伝』に見られたものと同じ〈起〉の用法がある。

▽花橘の其ではないが、箪笥を啓けると芬然と起つ麝香の香に、（『多情多恨・前編』二四二ぺ・八行目）

▽吾が羽織の端は火中に落ちて黒煙を起つるなり。（『金色夜叉・続編』五八二ぺ・二行目）

▽ふと思ひ起ちて山中を飛出し、（『三人妻・前編』七七ぺ・一一行目）

香や煙などについては、「オコル」と同義の語として使用されたものと思われる。広津柳浪『今戸心中』（明治二十九年）に、「ゆげが発つ」「煙が発つ」とあるように、〈発〉が「タツ」として使用されている例があるが、[9] これも「発生する」と「タツ」とが同義として扱われたものと見て良いであろう。他には、岡本起泉『嶋田一郎梅雨日記』にも、

▽俄の晴に蒸発つ靄が行方を遮ぎり、（初編中・三ぺ裏・下段二行目）

の例が見られた。

紅葉の作品にはその他に、

▽彼は鐵鞭を植て、舞立つ砂煙の中に、（『金色夜叉・続編』四五九ぺ・三行目）

など、「ムチを植てる」といった例もあり、〈植〉ではないが、
▽其絽間より氷川社の銀杏の梢青鉾を樹てし様に見ふ。（『不如帰』五五ぺ・一一行目）
▽「其様すると妾はお千鶴さんと赤十字の旗でも樹てゝ出かけるわ」（『不如帰』一四三ぺ・一三行目）
▽大方は白旗を樹てける中に、（『灰尽』四五ぺ・七行目）
というように、「青鉾・旗をタテル」のに際して〈樹〉を使用している例が、徳富蘆花『不如帰』（明治三十一年）と、同『灰尽』（明治三十三年）にも見られる。この〈植・樹〉の例は、先に『八犬伝』で見られた表記法と同じ用い方をしているものである。

この他に、紅葉の作品と、紅葉以外の作品中で特殊な「タツ」がいくつか見られたので、以下に掲げておく。

【時間がタツ】

紅葉の作品

▽三年立てば子供も三歳になるに、（『三人妻・後編』二四四ぺ・一三行目）
▽まだ嫁娶ふには早ければ、最一二年立ちましてからと、（『男ごゝろ』五三四ぺ・一行目）
▽もう半月とは立たぬ間に御婚禮ぞや、（『男ごゝろ』五五四ぺ・一二行目）
▽其後二週間も立たぬ内に、（『隣の女』一七九ぺ・一二行目）
▽兢々様子を候ひて霎時立てども、音もせざるに彌よ異しく、（『心の闇』七二四ぺ・三行目）

他の作品

▽暫時立て涙を払ひ阿松ハ守りの紐と〳〵、（久保田彦作『鳥追阿松海上新話』後編下・一ぺ表・上段八行目）

▽十五分も立ちしと思ふ比、（田山花袋『隅田川の秋』七七ぺ・一二行目）
▽何時まで立ちても治らぬ私まで、（田山花袋『隅田川の秋』九八ぺ・一五行目）
▽かくて時刻立つをも忘れ果てつ。（幸田露伴『夜の雪』三八ぺ・五行目）
▽「癒りますとも、三週間も立てば、もう全治退院ですよ……。」（小杉天外『魔風恋風・前篇』岩波文庫・一六ぺ・九行目）
※今回資料とした、明治三十八年二月に春陽堂より発行された『魔風戀風・前編』（第八版）では、
▽「三週間も經てば、もう全治退院になりますから……。」
となっている。
▽千鶴子母子が右の問答をなしつるより廿日ばかり立ちて、（徳富蘆花『不如帰』三三四ぺ・二行目）
▽かくて時刻立つをも忘れ果てつ。（幸田露伴『夜の雪』三八ぺ・五行目）
▽二週間も立つた頃であつたか、（森鷗外『雁』四九八ぺ・六行目）
▽一時立つ。二時立つ。もう午を過ぎた。（森鷗外『阿部一族』三一九ぺ・八行目）
※『阿部一族』は大正二年の作品である。「時間が立つ」という用法が、多くの作家に共通して、大正時代にも使用されたのか、一部の作家の用字法であるのかについては、今後の研究に依る所である。
▽僅か一年過つか過たない内に―、（広津柳浪『今戸心中』二五二ぺ・一三行目）

【鳥がタツ】
紅葉の作品
▽足下から鳥の起つやうな不意に驚き、（『女の顔』五〇九ぺ・三行目）

▽「帰るのだ帰るのだと胯座から鳥の起つやうな騒（下略）」（『八重襷』八九九ぺ・九行目）

他の作品

▽夢を結べる數羽の水禽、驚きて飛起ち行く。（田山花袋『隅田川の秋』一二六ぺ・一〇行目）

▽田甫の白鷺が、一羽起ち二羽起ち三羽立つと、（広津柳浪『今戸心中』一三九ぺ・五行目）

※最後の「タツ」だけが〈立〉と表記されている。

【毛類がタツ】

紅葉の作品

▽憤怒の霽むづる歡喜に胸躍り髪竪ち、（『伽羅枕』一九六ぺ・八行目）

▽始めて近所のものに聞きて身毛を竪て、（『男ごゝろ』四七一ぺ・一行目）

▽今までの逆上も引下げられ、毛髪は彌竪ち、（『心の闇』七七七ぺ・五行目）

▽身毛竪ちて獨此闇に面を向くべき心地もせず、（『不言不語』三四七ぺ・一一行目）

▽拷問の責も如此やと、今憶出して身毛も彌竪つ。（『三箇條』三八四ぺ・七行目）

▽惣毛竪つたやうに柳之助は身顫ひをする。（『多情多恨・前編』一二五ぺ・一〇行目）

▽傍へ寄つたらば然ぞ身毛も竪たうと冷たげに見える。（『多情多恨・後編』三八三ぺ・五行目）

▽逆竪つ身毛は全身に鍼を立てられる想、（『多情多恨・後編』四〇九ぺ・一〇行目）

▽自分は毛孔の竪つばかり嬉しかつた。（『青葡萄』七〇三ぺ・一一行目）

▽「私はもう彼奴が參りますと、惣毛竪つて（下略）」（『金色夜叉・中編』一二三四ぺ・一一行目）

▽髪は逆竪ち蠢きて、（『金色夜叉・後編』三九七ペ・七行目）
▽切髪は亂れ逆竪ちて、（『金色夜叉・後編』四一五ペ・四行目）
▽「悚然と、惣毛竪つて體が竦むのですもの（下略）」（『金色夜叉・後編』四三三ペ・三行目）
▽貫一は身毛も彌竪ちて、（『金色夜叉・続編』六二九ペ・九行目）
▽貫一が髪毛は針の如く竪ちて戰げり。（『金色夜叉・続々編』六四七ペ・一三行目）
※この〈竪〉の用法は、明治期の辞書に記されていたように、倒れていたものが起き上がる意で使用したものと思われる。また、毛類にすべて〈竪〉が使用されているわけではなく、〈立〉も使用されている。

【その他】

紅葉の作品

▽叢から起つ微蟲は紛々と身に集る耐りかねて蹴起きれば、（『冷熱』四七八ペ・二行目）

他の作品

▽颪も穏かで塵も起たず、（『浮雲』第二篇・一ペ・六行目）
▽此様なお婆さんが眉毛を生て島田にしたら、（須藤南翠『唐松操』九六ペ・一行目）
▽墨色に渦まける雲急にむら〳〵と起つよと見る時、（徳富蘆花『不如帰』三〇八ペ・二行目）

まとめ

明治期においては、〈立・起〉が「タツ」として併用されていた。しかし両字が明確に書き分けられている作品は少なく、〈立・起〉の併用が行われていくうちに、同義の「タツ」として扱われていくようになったものと思われる。また大正期の芥川龍之介の作品や、昭和期の太宰治などの作品には、〈起〉が「タツ」として見られないことから、[10]〈起〉が「タツ」として使用されていたのは明治期までであったと言えるであろう。現代の常用漢字では、〈起〉には「オキル・オコル・オコス」の訓が与えられているだけであるが、このように「タツ」が訓として与えられていないということは、明治期以降の趨勢を反映したものと考えられる。

注(1)たつ（立）真直になるをいふ、「立ちても居ても」など。
たつ（起）坐したるもの、起くるをいふ、「起ちあがる」など。（『帝国大辞典』明治二十九年）
たつ（立）真直になる。
たつ（起）坐より起く、たちあがる。（『日本新辞林』明治三十年）
(2)ただし、「たちゐ」の漢字表記五例中、〈起〉の表記は一例のみである。
▽立居もいそがず腹立ず、（『好色一代女』用語索引番号・三〇五番）
▽揚口より下へおりる一時もかゝり、立居不自由さ、（『好色一代女』用語索引番号・四〇三番）
▽立ゐも心にまかせず、（『本朝二十不孝』用語索引番号・二七五番）
▽老の立ゐの手祐鉱の槌をうたせ、（『本朝二十不孝』用語索引番号・二六八番）
▽起居動止も身をひそめしに、（『好色一代女』用語索引番号・二三〇番）
(3)▽文三がまづ起直ツて（中略）両手を杖に起んとして（中略）また起つ。（第一篇・七六ぺ・一〇〜一一行目）
▽文三は起ツたり居たり、（第二篇・八八ぺ・二行目）
▽起ツて見たり、坐ツて見たり。（第三篇―『都の花』第拾八號・二一ぺ・上段六行目）他
(4)「**タチアガル**」

第一篇

▽蹶然と起上る。（五六ペ・八行目）
▽文三は慄然と身震をして起揚り居間へ這入ツて、（七一ペ・二行目）
▽急には起揚られぬ……俄に蹶然と起揚ツて、（七七ペ・一～二行目）
▽「ハアイ……チヨツ五月蝿いこと」ト起揚る、（一三一ペ・一〇行目）

第二篇

▽文三への挨拶で昇は其儘起上ツて、（七ペ・七行目）
▽ト會釋をして起上ツてフト立止まり、（五四ペ・五行目）
▽何歟憶出したやうな面相をして起上ツて、（六〇ペ・六行目）
▽文三が叔母に會釋をして起上らうとすると昇が、（六一ペ・一〇行目）
▽默禮するや否や文三が蹶然起上ツて（六六ペ・五行目）
▽文三は血相を變へて突起上ツた、（七三ペ・一一行目）
▽「コイツメ」ト確に起上る眞似、（九〇ペ・四行目）
▽ト云ひ乍らお勢は起上ツて、（九九ペ・五行目）
▽「イヤ此方の事だ。ドレ」ト起上る、（一一一ペ・七行目）
▽お勢も續いて起上ツて、（一一一ペ・一二行目）
▽お勢がまづ起上ツて坐舗を出て、（一一二ペ・一二行目）
▽顔を皺めながら文三が續いて起上らうとして、（一一三ペ・三行目）
▽叔母に一禮して文三が起上ツて、（一二一ペ・一行目）
▽ト云ツて文三起上ツたがまた立止ツて、（一三二ペ・九行目）
▽言終らぬ内に文三はスックと起上つて、（一四五ペ・一〇行目）

第三篇—『都の花』より—

▽其間にお勢ハこツそり起上ツて、(一八ペ・上段七行目)
▽顔に似合はぬ悪體を吐きながら、起上ツて邪慳に障子を〆切り、(一八ペ・下段一三行目)
▽文三起上りハ起上ツたが、(二一ペ・下段六行目)
▽心附いて起ち上りてハみたが、(二二ペ・下段一六行目)
▽「どれ、」と起ち上ツて、(二七ペ・上段一五行目)
▽良久らくの間、起ちも上がらず、(二七ペ・下段四行目)
▽力無さゝうに起ち上り、(二七ペ・下段七行目)
▽起上ツて部屋へ歸らうとハ思ひながら、(二五ペ・上段九行目)

以上が、『浮雲』中の「タチアガル」の用例であり、「アガル」の部分が、第一篇と二篇・三篇で〈揚〉から〈上〉へと変化している様が伺える。

(5)第一篇

▽ト言ツた儘文三は尙ほ鵠立でモヂ〳〵してゐる。(四三ペ・二行目)

第二篇

▽傍に鵠立でゐた書生體の男が、(一三ペ・八行目)
▽其處に鵠立でゐた洋裝紳士の背に向ツて、(一四ペ・二行目)
▽一向心附かぬ容子で尙ほ彼方を向いて鵠立でゐたが、(一四ペ・四行目)
▽路傍に鵠立で待合はせてゐると、(一六ペ・四行目)
▽何時の間にか靖國神社の華表際に鵠立でゐる、(七一ペ・一一行目)
▽暫らく鵠立でゐて度胸を据えて、(八三ペ・七行目)
▽暫らく立在での談話。(一五ペ・二行目)

▽暫らくの間釘付けに逢ツたやうに立在でゐたが、（六六ぺ・八行目）
▽文三は暫らく立在でゐたが、（八五ぺ・七行目）
▽此方へ背を向けて立在んだ儘で坐舗の裏を窺き込んでゐる、（八九ぺ・三行目）

第三篇

▽此方へ背を向けて椽端に佇立んでゐる。（「都の花」第貳拾壹號より　三四ぺ・下段五行目）

（6）『嶋田一郎梅雨日記』

▽暗き所に佇立で我名を呼ぶ人誰なるか、（四編上・三ぺ表・上段二行目）
▽此時迄所外に佇立みおりし杉村文一を、（四編上・三ぺ裏・上段六行目）

『唐松操』

▽その聲奥にや通じけん佇立むこと半時ばかりにして、（一七ぺ・五行目）
▽忽然として背戸に佇立ハ紛ふべくもあらぬ武平、（七一ぺ・五行目）
▽緑ハ近づくまゝ佇立む人を佶と見るに、（一六七ぺ・四行目）
▽お松ハ（中略）式臺に佇立みて案じたり、（一八五ぺ・一二行目）
▽唯だ楷梯の下に佇立み如何なるかと案ずるのみ、（三一一ぺ・一三行目）

『隅田川の秋』

▽お初は足をとゝめて、佇立みつ。（一一二ぺ・一三行目）
▽戸外に佇立める少女は、この言葉をきゝて、（一一三ぺ・六行目）
▽言葉も出でず、文一茫然と佇立しが、（一二〇ぺ・一四行目）

（7）『夏木立』―第四・柿山伏―

▽霎時は鶴立んで聞いて居たが、（七六ぺ・七行目）

『当世書生気質』

▽容易に判然とハ見分がたく。暫時停立つ、躊躇せしが。（第十二號・一一四ペ表・一一行目）

『唐松操』

▽縁ハ端近に停立て、（一一ペ・三行目）

『不如帰』

▽先刻の水兵、眼早く椽側に彳める紅リボンを見つけて、（六八ペ・七行目）

▽浪子は白き肩掛を打破て、いくと門に彳づみ、（一九六ペ・二行目）

▽五十あまりの婦人の小作りなるが彳みたり。（三一三ペ・三行目）他四例

『高野聖』

▽親仁を下手に控へ、馬に面して彳んだ月下の美女の姿を差覗くが如く、（八九ペ・一二行目）

『灰尽』

▽榎の木の下に無縁地蔵の彳ませ玉ふ邊より横に折れ、（一二ペ・六行目）

『草迷宮』

▽山の方を視めては悄然彳んで居たのだけ幽に覺えて居るんですが、（一三四ペ・八行目）

▽熊の背が、彳んだ婦人の乳のあたりへ、（一四三ペ・三行目）

▽僧は前に彳んだのを差覗くやうに一目見て、（三三四ペ・五行目）

紅葉の作品

▽ぎよつとして彳めば自ら清まさるゝ耳に何處か雨戸引く音、（『女の顔』五〇四ペ・一〇行目）

▽其扉は鐵壁、推すべき氣力なくて少時彳みぬ。（『恋の蛻』一〇四ペ・五行目）

▽民は連りに詫びながら袂埃を撰りて二人彳む所へ、（『恋の蛻』一六九ペ・五行目）

▽多時彳みて四邊を見回せど、（『紅白毒饅頭・前編』六一七ペ・一行目）

▽お勝は閾の外に彳めば、人目に懸かりては拙し、（『紅白毒饅頭・後編』六五一ペ・八行目）

▽白木の部屋を聞かばや、と歸りを待ちて入口に彳めば、（『紅白毒饅頭・後編』六七五ペ・一三行目）

（8）▽薄曇の月に袖を重ねて、木戸口に立んだ姿に見たし、（二九六ペ・九行目）

（9）▽桶には豆腐の煑る言がして盛んに湯氣が發ツて居る。（二四五ペ・五行目）

▽『は、は、、。何だい、僕の藥鑵から蒸氣が發ツてやアしないか。』（二一二ペ・八行目）

▽『あ、、發ツてますよ。口惜いねえ。』（二一二ペ・九行目）

▽行燈は前の障子が開けてあり、丁子を結んで油煙が黒く發ツて居る。（二六四ペ・四行目）

（10）作家用語索引『芥川龍之介』『太宰治』（教育社）

（五）ハナス・ハナシ［話］

この項では動詞「ハナス」とともに、名詞「ハナシ」についても検討を行っていく。なお語が多いため、動詞・名詞共に、単独で使用されているもののみを調査の対象とした。

各作家の「ハナス・ハナシ」の用字法

次頁の表から、「ハナス」の表記には、現在と同じ〈話〉が主に使用されていたということが分かる。しかし名詞の「ハナシ」では、ほとんどの作品で二種以上の表記が用いられ、特に二字表記の漢語として表されているものが多い。これは恐らく、本来口から発せられる話題を表す漢語が多様であって、それらをすべて「ハナス（シ）」で訓読したことと、「ハナシ」の状況・内容などによって、その場面にふさわしい多くの漢語表記があったことにより、これを「ハナス（シ）」と訓読して示したためであろう。

①ハナス

作品 ＼ 用字		話	咄	談	告	噺	談話	対話	歎話
江戸時代	西　鶴		○						
	八犬伝	○							
明治十年代	春　雨	◎	○						
	阿　松	○	○						
	嶋　田		○						
	冠　松		○						○
	書　生	○							
明治二十年代	浮　雲	○	○			○			
	夏木立	○							
	鷗　外	○							
	唐松操	○							
	山吹塚	○							
	秋の蝶	○							
	隅田川	○							
	変目伝	○					○		
	にごり	○							
	今　戸	○					○		
	紅　葉	○		○	○				
明治三十年代	不如帰	○							
	薄　衣	○							
	高野聖	○							
	太郎坊	○		○					
	地　獄	○	○						
	魔　風	○		○				○	
	漱　石	○		○		○	○		
明治四十年代	蒲　団	○							
	草迷宮	○							
	歓　落	○							

※鷗外…『文づかひ』『半日』『ヰタ・セクスアリス』『青年』『普請中』『妄想』『雁』『かのやうに』『阿部一族』『山椒太夫』『最後の一句』『高瀬舟』『澁江抽斎』

※漱石…『吾輩は猫である』『倫敦塔』『薤露行』『坊っちゃん』『草枕』『虞美人草』『三四郎』『それから』『門』『彼岸過迄』『行人』『こゝろ』『明暗』

②ハナシ

作品＼用字		話	談	咄	噺	譚	雑話	談話	相談	雑談	話談	対談	話説	俗説
江戸時代	西鶴			○										
	八犬伝	○											○	
明治十年代	春雨	◎		○										
	阿松	◎		○										
	嶋田	○	○	◎										
	冠松							○						
	書生	○						○			○		○	
明治二十年代	浮雲			○	○			○					○	
	夏木立	○						○						
	唐松操	○	○					○						
	山吹塚	○												
	秋の蝶	○						○						
	隅田川	○												
	変目伝	○						○						
	にごり	○												
	今戸	○						○		○	○			
	紅葉	○	○				○	○	○	○		○	○	○
明治三十年代	不如帰	○												
	薄衣	○						○						
	高野聖	○	○											
	太郎坊	○	○					○						
	下士官	○												
	夜の雪		○					○						
	地獄	○						○						
	魔風	○	○			○		○	○					
明治四十年代	蒲団	○						○						
	草迷宮	○												
	独行	○						○			○			
	歓落	○												

評判	成功	条理	問答	落語	言語	物語	話声	話柄	話頭	密話	会話	対話	筆話	情話	説話
															○
											○				
												○		○	
							○	○							
	○	○	○	○	○	○		○	○	○	○	○	○		
												○			
○							○								

明治期の国語辞書には、

はなし―話―噺―咄―　話ス。語ル。モノガタリ。
はなす―話―談―　語ル。告グ。言フ。　話‖　談‖　（『言海』明治二十二年）
はなし｛話し＝咄し＝噺し｝（一）話スコト。＝モノガタリ。＝談話。
（二）ウハサ（三）事情
はなス｛（話＝談）す｝［心中ヲ放チ遣ル義］告ゲル。＝イフ。＝カタル。（『日本大辞書』明治二十六年）

その他、明治二十九年の『帝国大辞典』には「はなし…話・咄／はなす…話・談」、翌年の『日本新辞林』には「はなし…話　③わけ、事情…咄／はなす…話・談」となっており、一字表記に関しては、紅葉の〈告す〉を除いたもの以外の表記は、すべて「ハナス」の同義語として認められていたということが分かる。

『八犬伝』の「ハナス」の用字法

『八犬伝』においては、「ハナス」よりも「カタル」の語が大部分を占めている。〈話〉も「カタル」として訓が付されている方が多い[1]。「カタル」系の語には、熟語・複合語・単独語などいろいろあるが、その中から「ハナス」と関係する表記についてまとめたのが、次頁の表である。

表に示した表記のうち、〈雑談・話柄〉が『今戸心中』と紅葉の作品に、〈話説〉が『当世書生気質』、『浮雲』、紅葉の作品に、〈説話〉が『浮雲』に、そして〈会話〉が『夏木立』と紅葉の作品に共通している二字表記である。紅葉の作品では、このような熟語が使用されるのは、明治二十九年の『青葡萄』（巻末の別表参照）までである。

訓＼用字	話	談	雑談	話説	説話	話柄	会話
ものがたり	○	○		○	○		
ざふたん			○				
はなし	○			○	○		
はなす	○						
かたる	○	○					
はなしぐさ						○	
かたりぐさ						○	
ものがたりぐさ						○	
つもるものがたり							○
つのるものがたり							○

紅葉の「ハナス・ハナシ」の用字法

次頁の表と巻末の別表も併せて見てみると、動詞の「ハナス」では、〈話〉以外の表記は『隣の女』（明治二十七年）以降見られず、名詞「ハナシ」についても、『青葡萄』（明治二十九年）以降、熟語も含めて〈話〉以外の表記はほとんど見られなくなっているということが明らかとなっており、「ハナス・ハナシ」に関しては、紅葉が明治二十九年の『青葡萄』を境に、完全に〈話〉の一字に収斂させ、「ハナス・ハナシ」を〈話〉の定訓としていたと言える。

次に実際の用例に基づいて検討を行っていくが、〈話〉の表記が非常に多いため、〈話〉の例も何例か挙げながら、動詞の〈談〉について検討を行うことにする。

(a)『伽羅枕』

①ハナス

作品＼用字	話	談	告
懺悔			
伽羅	2	1	
二人	18	2	
三前	8	3	
三後	6	1	
男	7	1	
隣	10		1
紫	7		
不言	2		
多前	12		
多後	12		
金前	2		
金中	3		
金後	2		
続金	6		
続々	2		
新続	1		
手紙			

②ハナシ

作品＼用字	話	談	話柄	話説	話頭	談話	筆話	対話	雑話	相談	雑談	落語
懺悔	3											
伽羅	5					4	1	1		4		
二人	39	2	1	4		7				13		
三前	18	5		1		1			14	1		
三後	15			1							1	
男	12	1				2				4	1	
隣	15											1
紫	13	1				1					1	
不言	6	3	1									
多前	70	1			2	1					1	
多後	43					1						
金前	24											
金中	26											
金後	21											
続金	7											
続々	11	1										
新続	4											
手紙												

①とても今宵はゆるりと話す間もなけれど、（一五四ぺ・三行目）
②あれほどの繫思を斷ちける歟、武士！と昨日話せし今宵また〳〵來りぬ。（一六三ぺ・五行目）
③此一品の證據を握みし胸中を談さむかとも思ひしが、（二二五ぺ・二行目）

僅か三例ではあるが、①②の〈話〉は、いずれも話し手の積極的な主張の表出と言うよりは、相手との単なる会話を行う場合に用いているのに対し、③の〈談〉は、自分の心中を相手に伝えようとしている場合に用いていることから、〈話〉と〈談〉とで使い分けが一応認められる。

（b）『二人女房』

①隱居は急に新聞を捨て、伸上り硝子障子から二人の影を透して。「何を談しくさるか。」（七四七ぺ・五行目）
②之は一寸お銀にも談して見ずば。と出掛けて了簡を聞くと。（八〇四ぺ・九行目）

②の〈談〉は、母親が娘（＝妹）の婿選びについての自分の考えを、既に嫁いだ娘（＝姉）にも話してみるべきだと心中に思っている場面であり、（a）『伽羅枕』③の例と同じような状況に用いられている。一方①の方は、息子の嫁とその母親が、二人連れ立って何やら話していることに対しての台詞であり、内緒話的な意味があるが、ここでは「姑である自分を差し置いて何かの企みを嫁・お銀に伝えているのでは…」と、勝手に思い込んでいるということもあり、「企みの表出」と理解して良いように思われる。「内緒バナシ」としては、小杉天外『魔風恋風』（明治三十六年）に、

▽「何時までも何時までも二人で秘密談をして居たツて。」（前編・一三八ぺ・八行目）

という例があり、「ハナシ」の部分に〈談〉が当てられている。

（c―1）『三人妻・前編』

①おのづから心怯れて息を呑めば、女は心着かで箱屋と談しつ、行くに摩違ひながら（中略）箱屋が其と識りて耳語せし體なりしが、又とは振向きもせず、前のごとく談し行く。（四五ペ・九／一二行目）

②此上は雪村も承引すべし、明日にでも談じて見む（中略）明日は談して見て、肯かぬと雪村が意地張るならば、我も意地になりて身脱さすべし。（一二八ペ・一行目）

③山瀬といふ手代は聞ゆる粋者、之に思はくを話せば、（一二ぺ・一〇行目）

④氣毒には換へられぬ仔細を後にて話さば、謝罪の種ともなるべし。（一六一ペ・一二行目）

①の二例は、女が他のことに気を止めもせず、一方的に相手に話しかけている場面である。②の場面は、雪村を主人に持つお角を身抜させるために、余五郎が「談判しに行こう」と誘っている場面であり、波線部に「談ずる」とあることからも、ここでの〈談〉は「談判・企みの表出」として使用されていると言える。一方③の〈話〉は、前に「思はく」とあることから、自分の思っている所・考えを相手に「ハナシ」ているのであり、〈話〉以外の漢字表記がなされてもおかしくはない場面であるが、ここでは〈談〉のような「企み・主張・相談」などの「ハナシ」をしているわけではないことから、〈談〉ではなく〈話〉を使用したと言える。

（c―2）『三人妻・後編』

①直に二階へは案内せず、下座敷に茶煙草盆を持出し、此處で緩々と談すやうなる様子に見せて、（二四八ペ

四行目）

③②おのれは茶屋の女房とゆる〳〵話しながら、（二八九ぺ・八行目）

③これより直に御本家へと、事情も話さで轟の急立つるを、（三七〇ぺ・七行目）

ここでの〈談〉は、（c−1）『三人妻・前編』の①の二例と同じく、相手の気を引くように、話し手が相手に話をしようとする場面である。②の〈話〉は、他愛もない会話に使用しているものである。③は「事情をハナス」ということから、（c−1）の②の例と同じように、〈話〉以外の表記を行っても良いように思われるが、すでに「ハナス」の前に「事情（わけ）」という熟字訓で語が強調されていることから、敢えて「ハナス」に〈話〉以外の表記を用いなかったと考えられるのではないだろうか。

（d）『男ごゝろ』

①客座敷には袴の綷縩、唾壺撃つ音、談す聲、笑ふ聲。（五六五ぺ・六行目）

②もし今日にも來たならば、お前達から宜う事情を話してと、（五一二ぺ・三行目）

③委しき事は明日にもゆる〳〵話さうほどに、（五五五ぺ・六行目）

①の場面は、結婚式の当日の家内の慌ただしさ・緊張感を描写しており、離れた客座敷から聞こえてくる、式を待つ客たちの（大声の）雑談を〈談〉で示したものである。ただしこの雑談として聞こえてくる〈談〉の「ハナシ」は、単なる他愛もない「ハナシ」ではなく、後の文に、

▽外は車の響、履の音、諸種の響は一つになり、別になりて、耳を貫き心に轟くを多賀子は屑ともせず、（五

六五ぺ・六行目）

とあるように、義母・多賀子の心理描写であるこの場面では、多賀子にとってあらゆる音が常と違うものとして耳に響いているのであり、強調の意味を示すために〈談〉を使用したと考えられる。②は、（c―2）『三人妻・後編』の③の例と同じように、「ハナス」の前に「事情（わけ）」という熟字訓で語が強調されていることから、〈話〉の表記がなされたものと思われる。③は、結婚についての詳しい「ハナシ」をするということであるが、義母・多賀子から、嫁になるお京へ結婚に関しての「ハナシ」をしましょうと言っている場面であるので、結婚についての「相談」という意味での「ハナシ」ではなく、こちらから伝達する単なる「ハナシ」であり、ここでは〈談〉が使用されるべき強調の「ハナシ」でないことから、〈話〉を用いたと考えられる。

以上、動詞の〈談〉について見てきたが、全体を通して見てみると、「企み・主張・意志」などの表出には、〈談〉の表記を用いていると考えられる。これは名詞に関しても同様のことが言え、

▽談が破れるやうなことでもあつては大變と。（『二人女房』六八九ぺ・二行目）

▽先刻よりのお待兼なれば、可成お早くと、談は着いたものにして行きけり。（『三人妻・前編』一六〇ぺ・一一行目）

などのように、前者は「縁談」の〈談〉、後者は「談判・相談」の〈談〉として使用されている。また〈話〉に関しては、あまりに数が多いため、今回の調査ではきちんと検討することができなかったが、先の『伽羅枕』の例や、

▽かの老婢憫みて、紛るゝこともやと、打解けて話しかけ、（『不言不語』一八六ぺ・一一行目）

▽旦那様は横合より奪取りて、再び我との話に復したまひけるなり。（『不言不語』一九四ぺ・四行目）

▽叔父叔母は争ひて出迎へ、互に積る話の何より言ふべき方も無くて、（『不言不語』三二三ぺ・五行目）

などの例からも、〈話〉は、話し手の「企み・主張・意志」などのような「ハナシ」の場面ではなく、特に強調す

る必要性の無い、取りとめも無い四方山話・雑談の類の場面、または、話し手からの一方的な伝達の場面で使用されていると言えるようである。

以上のことから、紅葉は「ハナシ」の内容によって、「ハナス（シ）」の表記を変えていたと考えられる。

まとめ

明治期における「ハナス・ハナシ」の用字法は、主に〈話〉が使用されていたが、作品により〈談〉などの表記も見られた。特に、名詞では熟字表記をする作品が多く見られ、「ハナシ」の場面・状況がどのようなものであるかを特に示す場合に、熟字表記などが用いられていたものと思われる。紅葉の作品においては、他の作品の例に漏れず、〈話〉の表記が多く用いられていたが、『多情多恨』まで時折使用されていた〈談〉については、特に「談判・企み・主張・意志」などの強調の意味を含めた「ハナシ」の場合に使用されていたということが、今回の調査で明らかにすることができたと思う。

注（1）江戸文学に「ハナス」よりも「カタル」語系が多い理由について、また「ハナス」の成立については、山内洋一郎「動詞『話す』の成立」・「話す行為を表すことばの変遷」（『野飼ひの駒—語史論集—』平成八年五月　和泉書院）に詳しい。

（六）フケル［更］・付 ヨフケ

この項では、「（夜が）フケル」「ヨフケ」の二語について検討を行っていく。

（A）動詞「フケル」

各作家の「フケル」の用字法

時代	作品（用字）	更	深	闌
江戸時代	西　鶴	○		
	八犬伝	○	○	
明治十年代	春　雨	○		
	阿　松	○		
	嶋　田	○		
	書　生		○	
明治二十年代	夏木立	○		
	唐松操	○		
	山吹塚	○		
	隅田川	○		
	夜　行	○		
	にごり	○		
	今　戸		○	
	紅　葉	○	○	
明治三十年代	不如帰		◎	○
	高野聖	○		
	下士官		○	
	夜の雪	○		
	地　獄	○		
	魔　風	○	○	
	漱　石	○		
明治四十年代	蒲　団	○		
	草迷宮	○		
	歓　落	○		
	鷗　外	○		

※鷗外…『キタ・セクスアリス』『青年』『雁』『阿部一族』『高瀬舟』『澁江抽斎』

※漱石…『吾輩は猫である』『薤露行』『草枕』『虞美人草』『それから』『門』『彼岸過迄』『明暗』

右の表から、近世から明治にかけて、〈更〉が一貫して使用されていたということが分かる。〈深〉は、『八犬伝』、坪内逍遙『当世書生気質』（明治十八年）、広津柳浪『今戸心中』（明治二十九年）、紅葉の作品、徳富蘆花『不如帰』（明治三十一年）、小栗風葉『下士官』（明治三十三年）、小杉天外『魔風恋風』（明治三十六年）の作品に見られるのみである。『下士官』では「深け度る」という例が一例見られるのみであった。[1] また徳富蘆花『不如帰』で一例だけ見られた〈闌〉の表記は、他作品には見られなかった。『八犬伝』中にこの表記は見られるものの、〈更闌〉と表記され、〈闌〉が単独で使用されている例は見られなかった。また後述の名詞「ヨフケ」の表を見ると分かるように、紅葉の作品では、「夜闌（ヨフケ）」として〈闌〉が使用されている。

明治期の国語辞書には、

ふく｜深｜（一）深クナル、長ク。タケナハニナル。　闌‖
（二）専ラ、夜ニイフ。　更闌‖
（三）専ラ、齢ニイフ。　老爛‖　（『言海』明治二十二年）

ふく〔深く〕（一）深クナル。＝タケナハニナル。
（二）夜ガ深クナル。
（三）年ヲトル。　（『日本大辞書』明治二十六年）

とある。その他の辞書には「フケル」の項目が見当たらなかった。辞書だけを見れば、明治初期の「フケル」の表記は〈深〉だけであったと言えるのだが、実際の作品に当ってみると、〈更〉を用いる作品が多いということが、先の調査表から明らかとなっている。なぜ〈深〉から〈更〉へと変化していったのであろうか。その一番の理由としては、明治六年の「改暦令」が大きく関わっているものと思われる。『日本史大事典』に拠ると、

一八七三年（明治六）に改暦令が施行され、太陰太陽暦を太陽暦に改め、一日の時の細分割も欧米式の時・

分・秒とすることが定められた結果、西洋式の時計の需要が誘発され、欧米からの時計の輸入が増加した。七九年には掛・置時計の累積輸入量は約三〇万個に達したと言われる（下略）

とあり、明治期に「時の変化」という大きな社会的変化があったことが分かる。〈更〉は、『八犬伝』にも「初更・二更」などとあるように、夜の時間帯を、初更から五更まで細分化したものであるが、明治に至り「時の変化」が起こると同時に、当然のごとく「時を表す語」も変化していったのである。そのような変化に伴い、〈更〉の夜の時を数える「初更・二更」などが消え去り、夜の時間を計る単位として存在した〈更〉は、結果として夜の経過を示す動詞「更ける」という形で残っていくことになったのではないだろうか。一方の〈深〉は、時との関係が薄く、「浅い・深い」としての意味が強いため、自然、時と関係の深い〈更〉の方が優勢になっていったのだと考えられる。

『八犬伝』の「フケル」の用字法

輯＼用字	深	更	闌	更闌る
1				○
2	○			○
3	○			○
4	○	○	○	○
5	○	○		
6	○	○		○
7	○			
8	○	○		
9	○			○
10	○			○
11	○			○
12	○			○
13				○
14	○			○
15	○			
16	○			
17				
18	○			
19	○			○

右の表のうち、「フケユク」の語が一、二例含まれているが、ほとんどは「フケル」の単独語である。〈深〉が第

一輯から九輯まで一貫して使用されているのに対し、〈更〉は第八輯（右表中番号8・岩波文庫第四巻）以降はまったく例が見られない。実際の使用数を見ることはできなかったが、「フケル」として使用されている輯でも、「更闌る（コウタケル）」として使用されている例の方が多いように思われ、動詞の「フケル」には、主に〈深〉を使用していたと言える。これは、先に明治期に「時の変化」が起こったことを述べたが、馬琴の頃には、まだ〈更〉が時を数える文字として活用できたことから、〈更〉は「初更・二更」などの、主に時を数える名詞の用字として使用されていたためではないだろうか。第四輯（右表中番号4・岩波文庫第二巻）に一例だけ、

▽花手に見えても十九には、闌し子もちの夜の鹿、（岩波文庫第二巻・二七六ぺ・四行目）

このように「闌」の例が見られたが、同輯中にも調査の限りでは一例のみであり、その他の輯にも見られなかった。

紅葉の「フケル」の用字法

作品＼用字	更	深
懺悔		
伽羅	4	
二人	4	
三前		
三後		
男		
隣	1	
紫		
不言	2	
多前	1	
多後	3	1
金前		
金中	1	
金後	2	
続金		
続々		
新続		
手紙		

右の表の通り、〈深〉の表記は『多情多恨』（明治二十九年）に一例だけその使用が認められた。

▽夜深けて燈も暗く、（四九四ぺ・四行目）

やはり紅葉も、他の作家と同様に〈更〉を主に使用していたようである。しかしこの『多情多恨・後編』の例が、なぜここで突然使用されたのかについては明らかにできなかった。また、今回詳細な調査の対象としなかった作品『二人椋助』（明治二十四年）でも、

▽夜深くるまで歩行きて聲は枯れ足は疲れ荷は重りて、（六〇七ぺ・六行目）

というように〈深〉の例が一例見られたが、今回検討した紅葉の四十五作品のうち、〈深〉を「フケル」として使用する例は、僅かにこの二例だけであった。

『二人女房』の〈更〉四例は、「夜がフケル」に対して使用されているのではなく、「年がフケル」という例で用いられているものである。〈更〉を年齢に使用する例は、『八犬伝』にも見られなかった特殊な用法である。本論からは少々外れてしまうが、重要な例と思われるので取り上げる。

①年齢よりは更けて年長の様なり。（六三〇ぺ・一行目）

②あゝいふ風だから更けては見えるけれど。三十五六？（六九二ぺ・一二行目）

③女子は更け易いから直に丁度好くなる。（六九三ぺ・一行目）

④年齢の更けた二度目の所へ嫁くのはつまらない。（六九五ぺ・一行目）

そして一例だけ、

▽老けぬ間に縁附きたや。（六九七ぺ・五行目）

と、現在と同じ表記法が見られるのである。この他には、

▽年齢少し更けたれど…まづ我に似たものと思ひたまへ。（『伽羅枕』七二ぺ・一三行目）

▽子供は無し、年齢は更けてはゐず、何と結構ぢやあるまいか、（『夏小袖』七二九ぺ・五行目）

このように、明治二十四年の『伽羅枕』と明治二十五年『夏小袖』にもその用例が見られる一方、

▽餘り老けない内にお暇を戴いて歸れと、（『恋の病』八六〇ぺ・九行目）

明治二十六年の『恋の病』では、〈老〉の用例が見られるのである。

以上のことから、紅葉が、年齢が「フケル」に対して、現在我々が使用する〈老〉よりも〈更〉の方を多く使用していたということが明らかとなった。

〈更〉は『大漢和辞典』には、

⑪としより。叟の謁字。経歴をつんだ人の意ともいふ。［礼、文王世子］三老五更。［注］年老更事致仕者也。［釈文］更、蔡作叟。［魏書、尉元伝］尊老尚更。

とあり、〈更〉が「年寄り」の意味で使用されていたことが分かる。現代日本語においても、「更年期」などとしてその名残が残っている。現代中国語では「書面語」として、

2〈書〉経験する　少不更事／年が若くて世慣れていない。

というように、「経験の浅い」という意味で使用されているようである。[2]また今回調査した作品の中で、樋口一葉『にごりえ』（明治二十八年）に一例のみ、同じ使い方がされている〈更〉の表記が見つかった。

▽十九にしては更けてるねと旦那どの笑ひ出すに、（九ぺ・六行目）

このように、〈更〉が「年がフケル」として使用されている例は他作品には見られなかったが、小栗風葉『青春』（明治三十八年）では、

▽女は深けるのも早いし、自分の身は最う春の去つたのは、（秋之巻・一三八ぺ・一〇行目）

〈深〉を「年がフケル」として使用している例もあった。このような例が他にどの程度見られるのかについては、今後更に多くの作品に当たって検討を行うことが必要であろう。

（B）名詞「ヨフケ」

各作家の「ヨフケ」の用字法

時代	作品＼用字	夜更	夜深	夜闌	深更
江戸時代	西鶴	○			
	八犬伝	○	○		
明治十年代	阿松	○			
	嶋田	○			
明治二十年代	夜行		○		
	紅葉	○	○	○	
明治三十年代	不如帰	○			
	薄衣	○			
	地獄	○			
	魔風				○
明治四十年代	草迷宮	○			
	歓楽	○			
	漱石	○			

※漱石…『行人』『明暗』

右の表を見てみると、やはり動詞と同じような結果となっており、〈夜深〉と表記するのは『八犬伝』と紅葉の作品と、紅葉門下の泉鏡花の作品だけである。しかし「ヨフケ」に関しては用例があまりに少ないため、どちらが優勢かということをここで断定することはできない。

『八犬伝』の「ヨフケ」の用字法

『八犬伝』においては、名詞「ヨフケ」の使用が少く、その他には以下の用例が見られるのみである。

▽夜深（よふか）（岩波文庫第三巻・一四二ぺ・一行目／岩波文庫第三巻・三八五ぺ・一四行目／岩波文庫第五巻・一七一ぺ・八行目など）
▽深夜（よぶか）（岩波文庫第四巻・三一八ぺ・三行目など）
▽丙夜（よふか）（岩波文庫第五巻・四三一ぺ・九行目など）

このように、「ヨフケ」の他に「ヨフカ・ヨブカ」としていくつか例があるが、「ヨフケ」と同様にその数は少なく、動詞「フケル」として使用される方が多かったようである。

紅葉の「ヨフケ」の用字法

作品＼用字	夜更け	夜深け	夜闌け
懺悔			
伽羅	1	1	
二人			
三前			
三後		1	
男		1	
隣			
紫		1	
不言		1	
多前		4	1
多後	2	3	
金前	1	1	
金中			
金後			
続金			
続々			
新続			
手紙			

巻末の別表と右の表を併せて見ると、動詞では〈更〉を用いていたのに対し、名詞に関しては〈深〉を多用して

いるということが分かる。両字が併用されている作品は六作品である。通時的に共通する使い分けは残念ながら見られないが、今回詳細な調査の対象とした各作品の中では、使い分けがなされているようである。『伽羅枕』（明治二十二年）では、

▽おせんの部屋にて琴の音、夜深に調子冴わたりて聞えぬ。（一一ぺ・一二行目）

▽此ものを案内に夜更を待ちて吉原を逐電。（一七〇ぺ・一二行目）

とあるが、〈夜深〉の方は既に真夜中であり、〈夜更〉の方は「これから夜がフケル」のを待つという場面であり、それぞれに時間差があることが分かる。次に『多情多恨・後編』（明治二十九年）では、

①過日夜深に六盃と傾けたと同じ調子に受けられるので、（四三〇ぺ・一三行目）

②如何に夜深であらうとも、（四九〇ぺ・九行目）

③何時か知らねど家内の寐鎮つた此夜深に、（四九三ぺ・四行目）

④夜更の雨の音は十重廿重に家を包むで、（四八八ぺ・一行目）

⑤其人をば此夜更の雨の中へ出すのは、（四九九ぺ・五行目）

というように、①②③の〈夜深〉は、字のごとく「深夜」として使用されており、④⑤の〈夜更〉は、①〜③と同じ「深夜」でも、特に「雨の降っているヨフケ」の場面に使用されている。『金色夜叉・前編』では、

▽皆彼が夜深の歸途の程を氣遣ひて、（二四ぺ・九行目）

▽信乃が明朝は立つて了ふと云ふので、親の目を忍んで夜更に逢ひに來る、（五七ぺ・一二行目）

となっているのだが、この二例のうちの後者（五七ぺ・一二行目）の〈夜更〉は、『八犬伝』の本文に基づいたものと思われる。実際に本文に当たってみると、

▽（信乃）「浜路は何等の所要ありて、更闌たるに臥もせで（下略）」（岩波文庫第二巻・八一ぺ・一五行目）

とあり、「コウタケル」として〈更〉が使用されているのだが、主に〈深〉の字を使用していた紅葉が、この場面だけに〈更〉の表記を用いたということは、本文との差を出すという意味も含まれていると思われるので、『八犬伝』の本文に基づいたと考える方が良いように思われる。

以上見てきたように、各作品ごとに使い分けは見られるが、用例の少なさと、通時的に一貫した使い分けがなされていないことなどからすると、基本用字としては〈夜深〉であるが、何らかの区別を試みようとしたときに〈夜更〉を用いたのだと言うことができる。しかし、なぜ紅葉が動詞には〈更〉を、名詞には〈深〉をそれぞれ主に使用したのかは、今回の調査では明らかにすることができなかった。

まとめ

明治期における「フケル」の表記法は、辞書に拠ると〈深〉であるが、実際の作品では〈更〉が多く使用されており、一方名詞の「ヨフケ」については、辞書では〈夜更〉と記され、実際の作品でも同様の表記がなされていた。紅葉の作品では、動詞は〈深〉を使用する例が二例あったものの、その例以外は明治期の諸作品で主に使用されていた〈更〉を用いていたことから、一般性のある表記を行っていたと言える。しかし名詞の「ヨフケ」に関しては、他作品とは異なる〈夜深〉の表記を主として使用しており、江戸時代の『八犬伝』などに見られる〈夜深〉を念頭に置きながら、これに「ヨフケ」の訓を与えて用いたと思われる。

注(1)▽森と深け度つた夜陰の中に歩調正しく遠かつた。(二一〇ペ・下段一二行目)
※また、小栗風葉『青春』(明治三十九年)でも、
▽「這麼夜深(よふけ)に故々來て戴いて。」(秋之巻・四ペ・五行目)

▽深け行く夜氣は急に身に沁むので、（秋之巻・九八ぺ・一〇行目）

と、名詞と動詞それぞれに〈深〉の例が見られる。

（2）『中日辞典』（小学館）より。

（3）小栗風葉『青春』には、

▽繁は數へ年の十九であるが、打見は二十か、唯もすると一歳も出て居さうに見られる。何所が深けてと指しては言はれぬが、（春之巻・一二四ぺ・四行目）

と、〈深〉が使用されている例も見られた。

（七）ユルス［許］

この項では、動詞「ユルス」の表記法について詳しく検討を行っていく。

各作家の「ユルス」の用字法

時代	用字／作品	許	赦	聴
江戸時代	西鶴		○	
	八犬伝	○	○	○
明治十年代	春雨	○		
	阿松		○	
	嶋田	○		
	冠松			
	書生	○		
明治二十年代	浮雲			
	夏木立		○	
	鷗外	○		○
	唐松操	○		
	山吹塚	○		
	秋の蝶	○		
	隅田川	○		
	変目伝	○		
	夜行	○		
	紅葉	○	○	○
明治三十年代	高野聖	○		
	地獄	○		
	魔風	○		
明治四十年代	蒲団	○		
	草迷宮	○		
	独行			
	漱石	○	○	

宥免	許容す	許諾す	饒	允	恕	放	可	釈	容	免	弁	宥
			○			○				○	○	
										○		
										◎		
												○
									○			
									○	○	○	○
										○		
								○				
○	○			○	○	○	○	○	○	○	○	
		○			○				○			○
										○		

※鷗外…『舞姫』『文づかひ』『ヰタ・セクスアリス』『青年』『雁』『かのやうに』『阿部一族』『山椒太夫』『最後の一句』『高瀬舟』
『澁江抽斎』
※漱石…『吾輩は猫である』『倫敦塔』『薤露行』『坊っちゃん』『草枕』『虞美人草』『三四郎』『それから』『門』『彼岸過迄』『行人』
『こゝろ』『明暗』

前頁の表から、『八犬伝』と紅葉、鷗外の作品が非常に多様な表記を用いていることが分かる。作品によっては二表記以上用いているものもあるが、ほとんどは〈許〉一字を使用している。ここでは単独語としての「ユルス」のみを取り上げたが、『八犬伝』では単独語以外で〈恕〉の用法も見られることから、紅葉の作品との用字法が更に近似したものとなる。

『類聚名義抄』には「ユルス・ユルスナリ」に「縦」、「ユルス」に「従・可・聴・与・許・宥・舎・放・赦・釈・肆・施」などとあり、右の表中の表記とほぼ一致している。『易林本節用集』には「釈・弛・赦・免・放・聴・容・許」が、『書言字考節用集』には「釈・聴・放・施・免・許」という表記が見られる。また明治期の国語辞書には、

ゆるす｜従‖｜（一）禁ヲ解ク。自由ニセサス。免‖宥‖釈‖
（三）所刊ヨリ放ツ。赦‖
（四）可シト命ズ。行フトモ宜シトス。許‖容‖允‖准‖（『言海』明治二十二年）

ゆるス（従）（一）（釈＝宥＝免）す　自由ニサセル。
（三）（容＝許＝準＝允）す　行ナツテモ宜イト命ズル。
（四）（赦）す　刑カラ放ツ。
（五）（聴＝可）す　承知スル。（『日本大辞書』明治二十六年）

とあり、辞書においても一字に統一することが困難だったという様子が伺える。しかしこれ以降の辞書には、通用字として〈許〉が置かれ、その同義語としては右のように多様な漢字が見られなくなっていることからすると、[注1]国字政策などが進む風潮の中で、文学作品における用字法も、明治後期には一漢字に統一する方向性がある程度定まりつつあったと言えるのかもしれない。

用字／輯	許	赦	聴	免	放	饒	允
1	○	○					
2	○	○	○	○	○		
3	○	○		○	○		
4	○		○	○	○		
5	○			○	○		
6	○			○			
7	○			○	○		○
8	○						○
9	○					○	○
10	○					○	○
11	○	○				○	
12		○				○	○
13	○					○	○
14							
15	○					○	○
16	○	○		○		○	
17	○	○				○	
18					○	○	
19	○					○	○

右の表を見て分かるように、『八犬伝』では〈許〉を中心に、その他の表記を行っていたということが分かる。『八犬伝』における「ユルス」の表記法は、〈饒〉以外は特に特殊と思われるものは無いことから、明治期の作品に影響を与えたというわけでもないようである。しかし『八犬伝』中で多用されたいくつかの表記と同様に、数種に亘る表記法を用いたのが紅葉と鷗外であり、表記法に対する直接の影響を受けていないとは言え、多種の表記により何らかの使い分けをなすということに関しては、『八犬伝』を始めとする読本の類の影響がまったく無かったとも言い切れないのである。『八犬伝』、紅葉、鷗外の三作品に共通している表記の中で、〈聴〉にのみ、使用方法に共通点が見られたので、以下にその例を挙げる。

①「法度を枉ておのがまにまに、腹切ることを聴んや。」（『八犬伝』岩波文庫第一巻・二四二ぺ・九行目）
②「今われ転役の義を辞しまうさんに、聴されずは（下略）」（『八犬伝』岩波文庫第二巻・二一三ぺ・一三行目）
③若し成善が母と倶に往かうと云つたなら、藩は放ち遣ることを聴さなかつたであらう。（『澁江抽斎』四五二ぺ・一行目）
④民之助様は睡起の脚の萎えて歩み難ければ、手を牽けとて聴したまはず。（『不言不語』二七九ぺ・六行目）

『八犬伝』については、右の例がすべてではないので断定的に結論づけることはできないが、その少ない用例から、四例の共通点が明らかになっている。①は、主が従者に対して「切腹することはユルサナイ」と言っており、②は「現在就いている役務から身を退きたいという旨を主に申し出たいが、ユルサレなかったならば…」と言っている場面である。つまり①②の〈聴〉は、共に「主からの許可を表すユルス」と言えるのである。③の鷗外の作品でも同様に、〈聴〉は藩という主からの許可を表しているものである。④の紅葉の作品では多少趣が異なるが、奉公人の環という女性が、主人の弟である民之助に「手を牽け」と言われている場面であるので、ここでもやはり主従の関係というものが〈聴〉に表れていると言えるのである。

以上が三作品における〈聴〉の表記法であるが、先にも述べたように、その他の〈允〉や〈免〉などに関しては、残念ながら今回の調査では共通点を見出すことができなかった。

紅葉の「ユルス」の用字法

巻末の別表も次頁の表も、全体的に統一のなされていない表記を行っているように思われる。〈許〉の表記が主となっているとも言い難い。このような表からすると、書き分けがなされているのか、もしくは単に紅葉の作品において表記が揺れているだけなのか、という二つの可能性が考えられる。作品中の用例を一通り検討してみると、動詞「ハナス」の項で触れた〈談〉と同じ使用法がなされているという結果に至った。

〈談〉には、現在でも熟語として「相談・雑談・談判・冗談」などの多くの熟語表記があるが、紅葉の作品中では、それらの熟語が省略された形で文中に用いられていた。例えば「談判」をしに行こうとしている場面には〈話〉

用字／作品	ゆるす	許	容	赦	免	釈	可	放	聴	恕	允
懺悔	2	3									
伽羅	2	2	3								
二人					1						
三前	1	5			2					1	1
三後				1	2	1					1
男		1									
隣		1									
紫			1								
不言	1	3	2		3	8			1	4	
多前		1			3		1	1			
多後		1				1				1	
金前		2									
金中			2	1		2					
金後		3	1	2							
続金		1	26	22	2	1					
続々				2							
新続											
手紙											

ではなく、〈談〉が使用されていたというような例である。[2]「ユルス」に関してもほぼ同様の事が言え、例えば『金色夜叉・続編』の例では、

▽「素より容してもらはうとは思ひません、貫一さんが又容してくれやうとも（中略）容されなくても私は管ひません。」（四七六ペ・一一～一三行目）

▽「赦したぞ！もう赦した（下略）」（六二五ペ・一行目）

前者が「宮＝罪を犯した者」の台詞であり、後者が「貫一＝被害を受けた者」の台詞である。『金色夜叉・続編』における、宮の使用する「ユルス」は、すべて〈容〉である。この〈容〉は、「容認・容赦」としての意味を持ち、右の例では「自分の犯した過ち」についての「ユルス」であり、「容認」の〈容〉と見ることができる。一方の貫一の〈赦〉は、その字義は「刑罰罪科を許すこと」であり、[3]「赦免・赦罪・赦宥」などの〈赦〉として捉えることができる。先の「『八犬伝』の『ユルス』の用字法」で触れた〈聴〉も、字義として「きく。くはしくききとる。うける。ききいれる」などの意味を持ち、[4]「聴允・聴許・聴受・聴訟」などのように、「聞き手がその訴えを聞いたうえでユルス」という意味が強いということから、なぜ〈聴〉が「主から従者へ」という関係に使用されていたのかが分かる。その他に『三人妻・前編』での、

▽男の手をむづと捉りて（中略）脈が止りて指が痺れる。免せ、放せ、と色男の苦しむを物の数ともせず、

（四八ペ・一一行目）

なども、ここでの場面が、他の女性の元へ行こうとした男が妻に捕らえられ、その罪を免れようとしていることから、「放免」としての意味が強い〈免〉であると言えるのである。

細かい解釈を略した形となってしまったが、以上のように、作品中の多くが類似した文脈で使用されているために、「ユルス」の漢字表記の使用が微妙なものも多いため、今後の研究課題としては、一語一語の精密な検討が必

要であると言える。

まとめ

明治期においては、「ユルス」に対する表記法にあまり統一性が見られなかったが、明治後期の作品と当時の明治後期の辞書から、後期以降現在の常用漢字とされている〈許〉へと統一されていく様子が伺えた。紅葉の作品では『八犬伝』以上に多種の表記がなされており、その書き分けなどについては若干の考察を加えたが、微妙で判断し難い面が多く、今後の研究に俟つところが多い。

注(1)ゆるし（許）①許可をいふ。②免許をいふ。（『帝国大辞典』明治二十九年）
　ゆるす（許）④罪人などを釈き放つ、刑罰を加へずしてかへしやる、とがめだてせず其の侭に置く。
　（允許、准許、聴容）（『日本新辞林』明治三十年）
(2)動詞（五）「ハナス」の項目の、「紅葉の『ハナス』の用字法」・（c−1）『三人妻・前編』②の例参照。
(3)『大漢和辞典』（大修館書店）より。
(4)注（3）に同じ。

四　形容詞・形容動詞

ここでは特に人の顔に関する「アカ」について検討を行うが、形容詞「アカイ」・動詞「アカラム（メル）」・その他の関連語なども共に見ていくことにする。

（一）アカイ［赤］

各作家の「アカイ」の用字法

現在では、顔の「アカサ」には主に〈赤〉を使用する。しかし次頁の表を総合的に見てみると、明治二十年代までは〈赧〉が使用されており、三十年代以降になると、作品によっては二、三種の表記が用いられており、全体的に統一性がなくなっていることが分かる。

『類聚名義抄』では、「アカシ」として「赤・丹・朱・緋・赭」などが挙げられているが、表中に見られる〈赧〉は記載されていない。明治期の国語辞書では、『言海』（明治二十二年）には、

あかし―赤―　（一）赤ノ色シタリ。
あかむ―赤―　赤クナス。

時代	作品＼用字	赤	紅	赧	赭	酡	充血
江戸時代	西鶴	○					
	八犬伝	○		○			
明治十年代	春雨	○		○			
	書生			○			
明治二十年代	浮雲			○			
	唐松操			○			
	秋の蝶	○					
	変目伝			○			
	今戸			○			○
	紅葉	○	○	○	○	○	
明治三十年代	不如帰		○	○			
	薄衣			○			
	高野聖	○					
	太郎坊		○				
	地獄	○	○	○			
	魔風		○	○			
	漱石	○	○	○	○		
明治四十年代	蒲団	○		○			
	草迷宮		○				
	独行	○					

※右の表は「アカイ・アカム（ラム）」などをまとめて示したものである。
※漱石…『薤露行』『三四郎』『門』『こゝろ』『明暗』

あからむ〔赤〕　赤ク色ヅク。アカクナル。アカバム。

というように、〈赤〉の表記しか記載されておらず、『日本大辞書』（明治二十六年）では、

あかシ〔（赤）し＝（丹）し〕　（一）赤色デアル。

あかム〔赤む〕　赤クスル。＝アカメル。――「カホヲあかめテ」

と、〈丹〉が同義語として記載されているのみである。しかしこの両書よりも後の辞書には、「あからむ・あからめる」の項目の通用字として〈赧〉が挙げられており、[1] ここでも明治期の「アカ」に関する表記の多様性が見られる

のである。これらの辞書が、どの程度明治期の一般的な表記法を正確に捉えているのかは判断し難いが、これらの辞書での用例と、先に掲げた表上での結果とは、三十年以降に関しては〈赧・赤・紅〉などが実際の作品でも使用されているので、辞書とほぼ一致していると言って良いが、明治二十年代では、実際の作品では〈赤〉よりも〈赧〉が多用されているという点で、多少の相違点が浮かび上がってくる。

先に掲げた表は単独語の「アカ」だけであるが、次に参考までに複合語の「アカ」の使用例を掲げる。

	作品＼用字	赤ら顔	赧顔（あからがお）	赭顔（あからがお）	赭ら顔（あからがお）	頳面（あからがお）	赭黒い（あかぐろい）	赤涅い（あかぐろい）	赭面（あかつら）	赤顔（あかつら）
江戸時代	八犬伝							○		
明治二十年代	秋の蝶									
	変目伝									
	今戸									
	紅葉			○		○	○		○	
明治三十年代	不如帰			○			○			
	魔風									
明治四十年代	草迷宮									
	独行									○
	漱石			○			○			
	鷗外	○	○	○	○					

朱顔（あかつら）					○						
発赭（まっか）					○						
真赤（まっか）		○	○	○				○			
真紅（まっか）							○				

※鷗外…『ヰタ・セクスアリス』『青年』『雁』
※漱石…『吾輩は猫である』『坊っちゃん』『虞美人草』『それから』『門』『行人』

紅葉の「アカイ・アカラム」の用字法

「アカイ・アカラム」については、特に『八犬伝』の影響を受けているというわけではなさそうであるのと、用例が非常に少ないということから、『八犬伝』についての詳しい検討は行わず、紅葉の作品の「アカイ・アカラム」の書き分けについてのみ検討を行っていきたいと思う。

【赤】

①いづれも長湯に磨ける顔色は瑩々と赤く。（『二人女房』六二九ペ・八行目）
②紅梅は面を赤めて、（『三人妻・後編』三三一ペ・一一行目）
③「我が赤い顔をして來て、それがお前の氣に障つたのなら謝るよ。」（『隣の女』一二一ペ・一一行目）
④頰の邊は燃ゆるやうに赤くなつて、（『多情多恨・前編』一九四ペ・六行目）
⑤込合へる人々の面は皆赤うなりて、（『金色夜叉・前編』六ペ・九行目）

⑥彼の赤き顔の色は耀くばかりに懽びぬ。（『金色夜叉・中編』一八五ペ・二行目）
⑦骨身に沁みて痛かりけるを妻は赤くなりて推怺へつゝ、（『金色夜叉・中編』二三五ペ・六行目）
⑧貫一の酔ひて赤く、（『新続金色夜叉』七六八ペ・六行目）

①は「風呂上がりの顔のアカサ」、②④は「怒りによる顔のアカサ」、③⑧は「酒による顔のアカサ」、⑤は人混みにいるために顔が「アカク」なったのであり、状況としては①に近いものがある。⑥は「元々の顔のアカサ」を、⑦では、痛みを堪えているために顔が「アカク」なっているという場面である。

以上のように〈赤〉は、主に「温度・飲酒・苦痛」などの外的条件で、顔が「アカク」なった場合に用いられている。

【赧】

①顔を赧め、疊を拍て詰寄れば、（『伽羅枕』五三ペ・六行目）
②一字に支へて讀の下らぬ面目無さに、顔赧めて考ふるを、（『男ごゝろ』五二八ペ・一行目）
③可羞しけれど嬉しき事を聞かされむと（中略）面を赧めて待ちしほどの事は無くて、（『男ごゝろ』五四八ペ・一二行目）
④お京は奈何ばかりか、赧き顔して悦ぶが眼に見ゆるに、（『男ごゝろ』五六〇ペ・九行目）
⑤此一言に、怺へ〳〵し譲も取外して、はつと顔が赧くなると、（『隣の女』五四ペ・一三行目）
⑥其事と胸に覺あれば、赧む額を打背けて、（『不言不語』二五六ペ・五行目）
⑦民之助様の事言出せば、其方は毎も顔を赧めて、（『不言不語』二八七ペ・七行目）

⑧顔を赧めつ、紳士の前に跪きて、（『金色夜叉・前編』一一ぺ・七行目）

⑨人も無げなる紳士も有繫に鼻白み、美しき人は顔を赧めて、座にも堪ふべからざるばかりの面皮を缺されたり。（『金色夜叉・前編』一七ぺ・八行目）

⑩美しき顔を少しく赧めて、（『金色夜叉・中編』二三四ぺ・六行目）

⑪舊友の前に人間の面を赧めざる貫一も、（『金色夜叉・中編』二五一ぺ・八行目）

⑫「恁して舊友に會つたらば赧い顔の一つも爲ることか（下略）」（『金色夜叉・中編』二五六ぺ・八行目）

〈赤〉が、何らかの外的条件が作用した場合に用いられるのに対し、〈赧〉は、すべて「興奮・恥かしさなど精神の高揚による顔のアカサ」を表す場合に使用されており、統一性が見られる。

①は何かを人に言い聞かせようとしている場面であり、ここでの〈赧〉は「興奮状態での顔のアカサ」として使用されている。②は、字を読めないがために、その恥かしさから起こった「顔のアカサ」、③④は、主人公の想い人との縁談話に関わる場面であり、主人公にとっては嬉しくもあり、恥かしくもあるために起こった「顔のアカサ」である。このような「男女間における顔のアカサ」については、他に⑤⑦⑧が挙げられる。⑥は、自分の噂をされている恥かしさから起こった「顔のアカサ」であり、⑨は、紳士が醜態にさらされていることに対しての恥かしさから「顔がアカク」なり、⑩は、夫が高利貸しとやり取りをしている場面を、夫の友人達に見られてしまったという恥かしさから顔が「アカク」なり、⑪⑫は、「高利貸し」という、人間がするべきでない職業に就いた貫一が、旧友に会っても何ら恥ずるところが無いということに対して、友人が叱責している場面である。ただし鷗外の作品では、

▽三尺の口に立つてゐる赧顔（あからがほ）の大女と話をしてゐる。（『青年』三〇六ぺ・六行目）

というように、〈赧〉が、次に見る〈赭〉と同じ「生来の顔の色」として使用されている。

【赭】

①色赭黒く皺多く、眼上に瘤あり。（『伽羅枕』一七二ぺ・二行目）

②年齢二十二三にして色赭黒く、（『伽羅枕』二〇六ぺ・二行目）

③赭黒き頸に眞白き襟を突張らせ、（『三人妻・後編』三〇二ぺ・一二行目）

④顔を發赭（まツか）にして、（『多情多恨・前編』六七ぺ・三行目）

⑤赭面の橙膆理の毒々しく太つた細君に幅をされて、（『多情多恨・前編』一〇九ぺ・一二行目）

⑥お若とかいふ彼赭面の婢、（『多情多恨・後編』三四〇ぺ・四行目）

⑦彼赭面、（『多情多恨・後編』三四一ぺ・一一行目）

⑧彼は艶々と赭みたる鉢割の廣き額の陰に小く黠せる金壺眼を心快げに瞪きて、（『金色夜叉・後編』三一七ぺ・四行目）

⑨其の地顔の赭きをば假漆布きたるやうに照り耀して陶然たり。（『金色夜叉・後編』四三四ぺ・七行目）

⑩赭く光れるお峯が顔も、（『金色夜叉・後編』四四一ぺ・二行目）

〈赭〉に関しては、〈赧〉と同様に統一性の見られる表記法である。④のみ例外であるが、その他の用例はすべて「生来の顔の色」を表す場合に用いられている。このような例は他に、

▽まだ返辞をしないうちに、例の赭顔の女中が、（『青年』三〇九ぺ・一〇行目）

▽古賀は顴骨の張つた、四角な、赭ら顔の大男である。（『ヰタ・セクスアリス』一三〇ぺ・一五行目）

▽小倉の襞を飽く迄潰した袴の裾から赭黒い足をによき〳〵と運ばして、（『虞美人草』二六六ぺ・一〇行目）
▽客のうちで赭顔の恰幅の好い男が仕手をやる事になつて、（『行人』五六〇ぺ・一四行目）
▽父の筋向ふに坐つてゐた赭顔の客が、（『行人』五七二ぺ・一二行目）
▽赭黒い光沢のある顔をしていた。（『門』八三二ぺ・一一行目）
など、特に「アカラガオ」として顔の「アカサ」を表す場合に用いられている。

【酡】
①啣楊枝で酡い顔して暮せるほど男に仕送らせる寸法。（『三人妻・前編』二八ぺ・一一行目）
②燗冷を飲めば、三杯で酡くなり、（『三人妻・後編』二五六ぺ・一行目）
③又一口強ひて、はや顔の酡うなりたる折から、（『不言不語』二二四ぺ・一二行目）

〈酡〉は、すべて「酒に酔ってアカクなった顔」について使用されている。

【紅】
①衝と寄りて輕く宮の肩を拊ちぬ。宮は忽ち面を紅めて、（『金色夜叉・前編』八七ぺ・五行目）
②淀なく言放てば。紅らむ顔を。袂に包む嬉しさ。（『色懺悔』五七ぺ・二行目）

〈紅〉については、「恥かしさ・嬉しさに関するアカサ」であり、〈赧〉と同様の使い方がなされている。
以上をまとめると、「アカ」と訓読される漢字には、それぞれ統一性のある書き分けがなされていたと言うことができる。

まとめ

「アカラム」に関しては、明治期の国語辞書では、見出し語とされる表記が時代により異なっていたようである。「顔のアカサ」について、実際の作品では明治二十年代までは〈赧〉が、それ以降は二、三種の表記が混用されているものが多く見られた。紅葉の作品においても、他作家の作品と同様に〈赤〉の表記はほとんど使用されていなかった。また、

赤　―外的条件により起こるアカサ。
紅・赧―興奮・恥かしさ・照れによる顔のアカサ。
赭　―生来の顔のアカサ。
酡　―酒による顔のアカサ。

このように、各字ごとに統一性のある用い方がされていたと言える。


注(1)あかし（赤・丹）　①あか色なるをいふ。

あかむ（赤）　顔色などのあかばむをいへり。自ら顔色などをあかくする事を云ふ。

あからむ（赧）　顔色などの、おのづからあかくなるをいへり。

あからめる（赧）　顔色などをあかくすることをいへり。（『帝国大辞典』明治二十九年）

あかし（赤）　③心に、うしろぐらき事なし、いつはりなし（丹）。

あかむ（赤）　自ら顔色などをあかくす。

あからむ（赧）　おのづからあかみをおぶ（顔色又は果実の成熟せる場合ひなどにいふ）。

あからめる（赧）　顔色などをあかくす。（『日本新辞林』明治三十年）

（二）クライ［暗］

この項では、光の明暗の意味で使用される形容詞「クライ」について検討を行っていく。

各作家の「クライ」の用字法

次頁の表から、「クライ」に関して二字表記を行っているのは、紅葉の作品と徳富蘆花『不如帰』（明治三十一年）の二作品のみであることが分る。しかし紅葉の作品の二字表記は、「紅葉の『クライ』の用字法」の表を見て明らかなように、『男ごゝろ』（明治二十六年）に僅か一例だけ見られるのみであり、『不如帰』についても、

▽何思ふ間もなく忽ち深井の暗黒（くらき）に堕ちたる此身は、（二九四ぺ・五行目）

この一例のみである。〈味爽〉は『大漢和辞典』などには見られない表記であるが、『支那小説字彙』には「味心バイシン　ウシログラシ。己ガ心マデ、ダマシ、クラマスコト。心ト云ニ全シ」と、〈味〉の表記が見られ、『易林本節用集』の「クラシ」の項にも「暗・闇・味・冥・昏」と、〈味〉の表記が見られる。紅葉の作品では、単独の表記で『男ごゝろ』と『隣の女』（明治二十七年）に、「心的なクラサ」を表す語として使用されている。

その他の作品は一字表記のみであり、〈暗・闇〉の二字を併用している作品は、明治三十一年の『不如帰』までであり、特に四十年代に至っては、すべての作品が〈暗〉で統一されていることが分かる。ただし西鶴の作品では、形容詞に関しては〈闇〉のみの表記しか見られなかったが、「暗がり・暗む・暗物・暗物女」などのように、形容詞以外で〈暗〉が使用されており、また漱石の作品においても、「闇がり・真闇（まっくら）」というように、〈闇〉

暗黒	味爽	味	昏	冥	晦	黯	烏	闇	暗	用字／作品	
								○		西鶴	江戸時代
					○		○	○	○	八犬伝	
									○	春雨	明治十年代
									○	阿松	
									○	嶋田	
								○	○	浮雲	明治二十年代
									○	夏木立	
								○	◎	唐松操	
								○		山吹塚	
			○					○	◎	鷗外	
								◎	○	秋の蝶	
								○	◎	隅田川	
									○	夜行	
									○	にごり	
									○	今戸	
	○	○	○	○	○	○		○	○	紅葉	
○								○	○	不如帰	明治三十年代
									○	薄衣	
									○	高野聖	
								○		灰尽	
									○	夜の雪	
									○	地獄	
									○	魔風	
									○	漱石	
									○	蒲団	明治四十年代
									○	草迷宮	
									○	独行	
									○	歓楽	

※調査対象としたのは形容詞のみであり、複合語なども含めたものである。

※鷗外…『舞姫』『文づかひ』『青年』『雁』『かのやうに』『山椒太夫』『高瀬舟』『澁江抽斎』

※漱石…『吾輩は猫である』『倫敦塔』『薤露行』『坊っちゃん』『草枕』『虞美人草』『三四郎』『それから』『門』『彼岸過迄』『行人』『こゝろ』『明暗』

を形容詞以外の「クラサ」を表す語として使用している。

時代を遡ると、『万葉集』や『古事記』などの表記でも〈暗〉と〈闇〉が使用されており、『字訓』に拠ると、「古事記・万葉集では、暗よりも闇を多用する傾向があった」ようである。『類聚名義抄』に〈昧・暗・黯・冥・昏・闇・蒙・幽〉が「クラシ」として見られることなどからも、上代から〈暗・闇〉が「クライ」として認識されていたということが明らかであり、近代の国字政策などを境に、「暗」を「クライ」として表記するようになっていったと考えられる。恐らくそれは、〈闇〉が「ヤミ」として多用されていたことから、「クライ」が自ずと〈暗〉の訓となり、意味を担い分けるようになっていたためであろう。それでは明治期ではどちらが一般的な通用字として認識されていたのであろうか。当時の国語辞書には、

くらし｜暗｜［黒シト通ズ］（一）明ニ乏シ。光リ無シ。黒ク見ユ。闇ナリ。　（『言海』明治二十二年）

くらシ（暗）し［くろし（黒）ト同属］（一）夜等ノ暗ガリ。　（『日本大辞書』明治二十六年）

とあり、その他の辞書にも、見出し語として〈暗〉が記されていることから、[1] 紅葉の多種に亘る表記法が異例なものであったと言わざるを得ず、我が国における古代からの多様な「クライ」の用字の受容の結果とは言え、それはまた彼の表記法に対する葛藤の表れであったと言えるのかもしれない。

『八犬伝』の「クライ」の用字法

使用例の有無を調査し、使用数の計量に至らなかったために、それぞれどの程度使用されていたのかは分からないが、次頁の表を見る限りでは、西鶴の作品と同様に、〈闇〉の使用例が〈暗〉よりも多くなっていることから、「クライ」に関しては、近世において〈闇〉が優勢であったと推測できる。しかし形容詞以外の「クライ」系の語では、〈暗〉が多用されているように思われる。明治期においてまったく見られない〈烏〉の「クライ」について

用字／輯	暗	闇	烏	晦	黒
1	○				
2		○			
3		○			
4		○			
5	○	○	○		
6	○	○			○
7					
8					
9	○				
10		○			
11		○			
12	○	○			
13					
14		○	○	○	
15					
16					
17	○	○			
18	○	○			
19				○	

は、字のごとく「カラスの色のような闇・クラサ」を表現したものであろう。この文字は「烏夜（やみ）」などの表記としても使用されていた。

次に、『八犬伝』の〈闇〉と〈暗〉との用法がどのようなものになっているのか、用例に当たっていきたいと思う。

【闇】

①「そはほゐもなき別にこそ。闇きに歩をいそぐとも、こゝろして跪き給ふな。」（岩波文庫第三巻・一九ぺ・一五行目）

②さらでも闇き樹下蔭に、前路もわずかなりしかば、（岩波文庫第三巻・三八二ぺ・二行目）

③いと闇けれども凸凹なければ、跌きもせずゆくこと易かり。（岩波文庫第七巻・一一四ぺ・一六行目）

④満呂再太郎信重は、闇き方より寃近就て、（岩波文庫第九巻・一七六ぺ・八行目）

⑤鄙語に云燈台は、倒に下闇くして、（岩波文庫第九巻・三九三ペ・一六行目）

【暗】

①天結陰りて路暗く、其処とも判かで、（岩波文庫第三巻・一二三ペ・一一行目）

②歩下暗き小篠原、折から月は雲に没て、（岩波文庫第七巻・三〇ペ・五行目）

③天結陰りて、八日の新月、影見えず、波上いと暗くて、（岩波文庫第九巻・二三八ペ・六行目）

④天さへ暗くなる随に、走りいで来る一箇の野猪、（岩波文庫第九巻・三八二ペ・四行目）

以上の例を比べてみると、〈闇〉は、「自然に日が落ちて夜に近づき、辺りがクラクなった」という意味であるのに対し、〈暗〉は、「天（そら）・雲」などの語と共に使用されていて、単なる「クラサ」ではなく、夜とは言えど、月の明りによって多少明るさがあったのが、雲によって、その僅かな明るささえも消えてしまったという状況で使用されており、〈闇〉に比べると「明から暗への移行によるクラサ」の文章に使用されていたと思われる。

以上のことから、今回の調査の範囲内では、『八犬伝』において〈暗〉と〈闇〉とに使い分けがあったと言える。

紅葉の「クライ」の用字法

巻末の別表と次頁の表から、紅葉が〈暗〉と〈闇〉を主に使用していたことが分かる。『八犬伝』では〈暗〉と〈闇〉とに使い分けが見られたが、紅葉の作品ではどうであるのか、先の『八犬伝』の〈暗〉と〈闇〉との使い分けを念頭に置き、検討を行っていきたいと思う。

作品＼用字	暗	闇	黯	晦	冥	昏	昧	昧爽
懺悔								
伽羅		1						
二人	1	1						
三前	1	2			1			
三後	1	2		2				
男		2				1	2	1
隣	1					2	1	
紫		2						
不言	2	1	4					
多前	4		3	1				
多後	5	1						
金前		1						
金中	1	1	1					
金後	2			1				
続金	4							
続々	2	1	1		1			
新続								
手紙	1							

(a)『**二人女房**』

①日は落ちて戸外も闇うなりぬ。（七一〇ぺ・九行目）

②暗い中に白いものが見える許で。（八二四ぺ・一三行目）

①は、「日が落ちて辺りがクラクなった」状況を描写しており、②は「クライ」幌の中に綿帽子を被った、娘・お鉄がいる様子を描写したものである。〈闇〉が「明るさの無くなった夜のクラサ」を表現しているのに対し、②

の〈暗〉は、うっすらと白い綿帽子が見える程度の「クラサ」を表しており、〈闇〉に比べると完全な暗さではなく、明るさを伴った「薄グラサ」を表している。これは『八犬伝』の〈暗・闇〉と同様の使い方がなされている例である。

（b—1）『三人妻・前編』

①庭の闇ければ御見送り申すべし。灯持て來るまで（中略）いらぬ事すな。闇が仕合の粋なる天に、對して恐多し。（二〇七ペ・一行目）

②三時頃より雪氣の空闇く、寒さ身に染みて足の爪先痺れ、（一九一ペ・三行目）

③思はくの女を曳きて、わざと暗きを行くあり。（八七ペ・二行目）

①は「明るさの無い夜の闇そのもののクラサ」を表しており、（a）の『二人女房』で見た〈闇〉と同じである。②は「雪気の空」とあることから、三時頃から夜の訪れを思わせる〈闇〉になったということであろう。③の〈暗〉は、夜の「クラサ」と言うよりは、物陰などの「クラサ」と言える。また①②は『八犬伝』に見られた〈闇〉と同様、「空のクラサ」との関係を表したものである。

（b—2）『三人妻・後編』

①玄關の闇きに控ふる侍婢を呼入れ、（二四一ペ・一三行目）

②我車の提燈の闇くなりて、（三六八ペ・三行目）

③翠柳の緑濃に、二十餘間の流水露地、垣の外なる密竹に暗く、（二一二ペ・一三行目）

①の〈闇〉は、夜の訪れによって「クラク」なった玄関先の状態を表しており、②の〈闇〉は、灯の点っていた提灯の灯りが「クラク」なったのであるから、ここでは「明から暗へのクラサの移行」が見られる。③の〈暗〉は、「密竹」による「クラサ」が描写されており、物によって作られた「クラサ」というように考えられる。（a）『二人女房』や（b―1）『三人妻・前編』で見た〈闇〉が、『八犬伝』と同じ「夜のクラサ」に使用されていたことを考えると、②は、〈闇〉が〈暗〉と混同した例となり、異例であると言える。

（c）『不言不語』

①御肩越に竊と覗けば、そこら闇くて見分かねど、（二四四ぺ・二行目）

②夕暮の暗さも、餘所よりは一際哀に暗く、（一八五ぺ・一一行目）

③微なる雲洞の影を便に、暗く冷かなる廊下を傳ひて、（一八八ぺ・四行目）

①の〈闇〉は、夜の訪れによる「そこらを見分けることのできない程のクラサ」であり、②は「夕暮の暗さ」、③では「暗く冷かなる廊下」とあることから、家の中が夜の訪れにより「クラク」なったと考えられる。

以上のように、『不言不語』では①②③のいずれもが、夜の訪れによる「クラサ」を表している例ではあるが、②は「夕暮の暗さ」とあることから、完全な闇の状態ではなく、③も「微なる雲洞の影を便に」とあることから、闇の中に僅かな光が存在していると言え、微妙ではあるが、①の〈闇〉と②③の〈暗〉とでは使用方法が異なっていると言え、（a）『二人女房』の②の〈暗〉の例と同じ使い方がされていると考えられる。

（d）『多情多恨・後編』

①慌忙しく（ラムプを）吹消せば（中略）二階の我身も、有つたものは皆無くなつて、唯一面の闇い中に柳之助は身動もせずに沈としてゐた。（三八四ぺ・二行目）

②樂しげな夫婦が居れば、一間隣には這麼儚い獨身が（中略）暗い處に蹲つてゐる。（三七九ぺ・六行目）

③彼等は明い所に樂むでゐるのに、自分は暗い所に竦むでゐる。（三七九ぺ・八行目）

④明い處へ割込むだ所で（中略）自分は自分で、暗い所に居たのと異らぬのである。（三八一ぺ・五行目）

⑤此時空は墨の入染むやうに見る〳〵一面に暗くなつて、（四七五ぺ・五行目）

⑥夜深けて燈も暗く、蕭索に雨の降る閨の內に、（四九四ぺ・四行目）

①の〈闇〉は、主人公・柳之助が、ラムプを吹き消した部屋の中で蹲っているという場面を描写したものであり、前後の文脈からも、完全なる「夜の闇」であるということが言えるであろう。②③④の〈暗〉は「明りを伴わないクラサ」であると同時に、波線で示した部分が、主人公・柳之助自身の身の上と友人夫婦とを比較しているということから、「心理的な明暗としてのクラサ」をも意味しているのであり、また⑥の〈暗〉も、夜とは無関係な「灯のクラサ」として使用されているので、②③④⑥の「クラサ」が、〈暗〉で示されているのは妥当であると言える。しかし⑤の〈暗〉は、夜の「クラサ」（曇りの日の夜六時頃）であるので、〈闇〉で表されるべきであるが、「墨の入染むやうに」とあることから、まだ完全に「墨」のような真っ暗な闇の状態であるとは言えないため、〈暗〉を使用したのだと考えられるであろう。

（e―1）『金色夜叉・中編』

①往來も稀に、空は星あれどいと暗し。（二九一ペ・五行目）
②貫一の闇き横丁に入るを、（二九三ペ・一〇行目）

①の〈暗〉は「いと暗し」とされているが、夜の「クラサ」を表していると共に、「空は星あれど」とあるように、「クラサ」の表現の中に「星」という明るさを伴った表現がされており、（c）『不言不語』の②③の例と同じ〈暗〉の使用法である。②は、家々の灯の照らさない横丁の「クラサ」を示すと共に、この後で主人公・貫一の身に危険が迫っているという、暗示の意味を伴った「クラサ」である。

以上のことから、今までの作品の使用法から言うと、②の〈闇〉は〈暗〉として書き表されるべきであったはずであるが、この作品では〈暗・闇〉が混用されていると言えるであろう。

（e—2）『続々金色夜叉』

①名宣られし女は、消えも遣らで居たりし人陰の闇きより僅に躙り出でゝ、（七一〇ペ・二行目）
②樓前の縁は漸く暗く、遠近の水音冱えて、はや夕暮るゝ山風の、（六五一ペ・五行目）
③燈も持來らず、湯香高く蒸騰る煙の中に、獨り影暗く蹲るも、（六五五ペ・二行目）

①は、女が男の影に隠れている状態であり、「影」という意味に近い「クラサ」と言える。②の〈暗〉は、後の文に「夕暮るゝ」とあること、またその二ページ後に、

▽風呂場に入れば、一箇の客先在りて、未だ燈點さぬ微黯（うすくらがり）の湯槽に漬りけるが、（六五三ペ・九行目）

とあるように、完全な「夜の闇」とはなっていない事が明らかであり、（c）『不言不語』の②③や、（e—1）『金色夜叉・中編』の①の例と同じように考えられる。③は、この「人物の雰囲気」を表しているものであり、また「灯を持来ら」なかったための夜の「クラサ」をも表していると言える。

以上をまとめると、①は人影により、この場面の「目」となっている主人公・貫一からはまったく見えない「クラサ」であり、②は夜の「クラサ」であり、③は「目」となっている貫一や作者からも、その状況がはっきりと見える物陰の「クラサ」を表していると言える。しかし本来ならば、①は、（b—2）『三人妻・後編』の③と同じように、〈闇〉ではなく〈暗〉にすべきであったのであり、ここでもやはり使用法が変わっていることが明らかである。

まとめ

『八犬伝』の例から、明治期以前には〈闇〉は夜の「クラサ」を、〈暗〉はそれ以外の「クラサ」を表すのに使用されていたようであったが、明治期ではそのような例は稀であり、ほぼ完全に〈暗〉が「クライ」の通用字となっていた。そのような中で、紅葉の作品においては多種に亘る表記がなされており、その使い分けは『多情多恨』までは、

◇〈闇〉…夜の訪れによる「クラサ」・完全な闇

◇〈暗〉…物陰の「クラサ」・薄グラサ・心理状態を表す「クラサ」

というように、〈暗〉を使用する際には〈闇〉の単なる「夜のクラサ・闇」とは異なり、何らかの脚色が施されているのが特徴である。しかしこのように使い分けが見られた〈暗・闇〉も、『金色夜叉・中編』では、〈闇〉は夜の訪れによる「クラサ」を表しながらも、一方では「暗示」の意味も伴われ、また『金色夜叉・続々編』では、〈闇〉

は「物陰のクラサ」を表す用法とされていることから、『金色夜叉』以降、紅葉の用字法において『多情多恨』までの〈暗・闇〉の使い分けの原則から逸脱し、混用するようになっていった様が伺えるのである。

注(1)くらし(暗)　(『帝国大辞典』明治二十九年)
くらし(暗)①光り無し。②智識乏しく愚なり。(『日本新辞林』明治三十年)

(三) ツライ［辛］

この項では、形容詞「ツライ」についての検討を行っていく。

各作家の「ツライ」の用字法

次頁の表から、明治期における「ツライ」の表記は、主に〈辛〉が使用されていたということが分かるが、作品により多少の表記の違いが見られる。

『類聚名義抄』では、「猜・薄」に「ツラシ」の訓が与えられており、また『書言字考節用集』には「怨襟・愁気」が「ツラシ」の例として挙げられ、一字表記は見られない。明治期の国語辞書にも漢字表記はされておらず、唯一『言海』(明治二十二年)に、漢の通用字の例として「酷・厭苦」の二表記がなされているのみであることから[1]、近世から明治にかけての「ツラシ」の表記は、仮名書きが一般的に認められていたものかと思われる。このような例は鷗外の作品にも見られ、例えば『青年』(明治四十三年)では、十二例中僅か一例しか〈辛〉の漢字表記が見られない。〈辛〉の訓「ツラシ」が何時頃成立したのかは今後の課題であるが、管見に入った限りでは、明治に入っ

	用字／作品	辛	愁	憂	酷	苛	怨	怨襟	強顔	情無
明治十年代	春雨						○	○		
	嶋田	○								
明治二十年代	浮雲	○		○						
	隅田川	○								
	にごり		○							
	今戸	○								
	紅葉	○	○						○	○
明治三十年代	不如帰	○								
	太郎坊			○						
	下士官		○							
	灰尽	○								
	地獄	○								
	魔風	○								
	漱石	○			○	○				
明治四十年代	蒲団	○								
	草迷宮	○								
	独行	○								
	歓楽	○								
	鷗外	○								

※鷗外…『青年』
※漱石…『吾輩は猫である』『倫敦塔』『三四郎』『それから』『門』『彼岸過迄』『行人』『こゝろ』『明暗』

てから〈辛〉に「ツラシ」の訓を当てた例を知るのみである。

右の表中、〈辛〉以外の表記を行っている作品はいくつかあるが、ここでは漱石の〈酷・苛〉の用法について見ていきたいと思う。漱石が〈辛〉以外の表記を用いた理由としては、「ツラサの度合い」ということが言えるようである。

①相當の教育を受けたものは、みな金に見えた。だから自分の鍍金が辛かつた。（『それから』三九八ぺ・九行目）

②代助は身を切られるほど酷かった。（『それから』五八五ぺ・九行目）

③代助は非常に酷かった。（『それから』六〇五ぺ・一〇行目）

④お米には自分と子供とを連想して考へる程辛い事はなかつたのである。（『門』六八三ぺ・三行目）

⑤此時の宗助に取つて、医者の來るのを今か今かと待ち受ける心ほど苛いものはなかつた。（『門』七五〇ぺ・二行目）

⑥其時分の夫婦の活計は苦しい苛い月ばかり續いてゐた。（『門』七六六ぺ・八行目）

⑦仕舞には我慢して横になつてゐるのが、如何にも苛かつたので、（『門』七一一ぺ・一三行目）

以上が漱石の明治期の作品中の〈酷・苛〉の例であるが、〈辛〉の表記と併用されていたので、比較のために〈辛〉の用例も挙げておいた。①～③は『それから』（明治四十二年）の例である。この三例の「ツライ」の直前の表現を見ると、〈酷〉には「身を切られるほど・非常に」という強調語が伴っており、〈辛〉と区別することによって、その「ツラサ」が並のものではないということが表されている。一方④～⑦の『門』（明治四十三年）の例では、⑥は「活計（くらし）が苦しくツライ」のであり、ここでは二重の「苦しみ・ツラサ」というものが表されており、やはり「強調されたツラサ」であると言える。⑦も「如何にも」という強調の語が直前にあり、「ツラサ」の度が強められている。④⑤では、「～ほど」が強調語となっている。〈辛〉と〈苛〉との異なる点は、「想像」と「現実」という点にある。『それから』の〈辛〉もそうであったが、これらの作品中では、〈辛〉は「想像・連想して感じたツラサ」として使用されているが、〈酷・苛〉は「現実で身をもって感じているツラサ」として使用されており、だからこそ「単なるツラサ以上のツラサ」を感じるのであって、自然、直前には強調される語が置かれることになったのであろう。

以上、漱石の用いた「ツラサ」の漢字表記を度合いの強いものから順に示すと、「酷→苛→辛」となるであろう。その他、先の表中には載せていないが、丸岡九華『山吹塚』（明治二十四年）では「ツラキワザ」として、

▽木下闇に雫にうたれて、一夜過さんは猶更可厭業なれバ、（四五ペ・四行目）

という二字表記の例が見られ、この他には、「ツライ」として多くの作家に使用されている〈辛〉を、「ヤット・ワヅカニ」という読み方で使用している作品なども見られた。(2)

紅葉の「ツライ」の用字法

①ツライ

用字＼作品	つらい	辛	愁	可愁
懺悔	1			
伽羅	1		5	6
二人		12	2	
三前		1	2	
三後			7	
男		2	4	
隣			3	
紫			5	
不言		1	5	
多前		6	2	
多後		6	1	
金前		2		
金中		4		
金後		3		
続金		1		
続々		2		
新続				
手紙				

②ウレヒ型（〈愁〉は「ウレヒ」としても使用されている。）

作品＼用字	愁ひ	愁ふ	愁はしひ
懺悔			
伽羅	1		
二人			
三前			
三後			
男			
隣			
紫			
不言			
多前			
多後			
金前		1	
金中		2	1
金後	2		
続金	1		
続々			
新続			
手紙			

③ツラサ

作品＼用字	つらさ	辛	愁	暗愁	憂愁	可愁	苦悩	苦辛
懺悔	1							
伽羅					1	3	1	
二人		2		1				
三前		1	2					
三後								
男		2	1	1				
隣								
紫			1					
不言		1			1			
多前		1						
多後		4						1
金前								
金中		1						
金後								
続金		1						
続々		1						
新続								
手紙								

参考資料として三種類の表を掲げた。①の表では、『二人女房』（明治二十四年）で〈辛〉が多用されていることが分かるが、それ以外では、主に〈愁〉の表記が使用されているということが分かる。明治期の一般的な表記であったと思われる仮名に関しては、語の使用数自体が少ないこともあるが、『色懺悔』（明治二十二年）と『伽羅枕』（明治二十三年）の初期の作品に一例ずつしか用いられていない。また、漢字表記を用いるにあたって一般的であった〈辛〉への統一は、『金色夜叉・前編』（明治三十年）からであるが、巻末の別表を併せて見てみると、明治二十四年『二人女房』から明治二十九年の『浮木丸』にかけてが、〈愁〉から〈辛〉への表記の模索期と言うことができるであろう。

〈愁〉は、③表の名詞「ツラサ」では、二字表記の中にその文字が含まれた熟字が多数使用されている。この表記は、「各作家の『ツライ』の用字法」の表中にもあったように、樋口一葉『にごりえ』（明治二十八年）と小栗風葉『下士官』（明治三十三年）でも使用されていた[3]。風葉については、表記法の面で紅葉の影響を多分に受けていたと思われるので、彼独自の用法とは言い難いが[4]、樋口一葉については紅葉と同じように、明治期においては稀な表記を用いていたと言えるであろう。二葉亭四迷『浮雲』（明治二十年）や幸田露伴『太郎坊』（明治三十一年）では、〈憂〉が「ツライ」として使用されているが[5]、この〈憂〉にしても〈愁〉と同様に、「ウレヒ」と「ツライ」がほぼ同義であるという関係が、「ツライ」の表記として使用された大きな原因であると考えられる。つまり紅葉や一葉が主に使用していた〈愁〉は、「ウレヒ＝ツライ」という意味の面から見ると、明治期において特殊な表記ではなかったと言えるのである。そして紅葉が「ツライ」の表記に関して、『多情多恨』以降通用字であったと思われる〈辛〉へと統一したのは、明治期において〈愁・憂〉の表記には「ウレヒ」の訓が既に定着していたために、「ツライ」に〈辛〉を当てざるを得なかったためと考えられる。

まとめ

明治期の辞書では、「ツライ」の表記は仮名書きであったが、実際の作品においては〈辛〉での漢字表記が多くなされていた。明治期以前の作品を検討してみなければ分からないが、「ツライ」の用字法に関しては、日本語一語に対して、多種の漢字が存在し得たために、歴史的に一字の漢字に定着することができなかったものが、明治期に入り、ようやく〈辛〉の表記へと落ち着いたのだと言えるであろう。

紅葉の〈愁〉の表記に関しては、白話小説や漢文などとの関連は、恐らく無かったものと思われ、「ツライ（辛）=ウレヒ（愁・憂）」という、同義語的な関係から〈愁〉を使用したものと思われる。

注(1) つらし（一）他ニ対シテ酷シ。ナサケナシ。酷
（二）堪フルニ苦シ。難儀ナリ。厭苦（『言海』明治二十二年）

(2)「ヤット」

▽斧作も枝三も卒と心が落付いたやら、（『唐松操』六ぺ・一〇行目）
▽何處を駈けたか何を飛んだか谷の小徑を辛つと遁て、（『唐松操』七ぺ・五行目）
▽酒が口一杯になツたのを、耐忍して辛と飲込んだ。（『今戸心中』二九六ぺ・一三行目）
▽「今、辛と會計が隙きましたからね（下略）」（『魔風恋風・初編』一二〇ぺ・一二行目）
▽泣いたが、辛と面を擡げて、（『魔風恋風・中編』一六四ぺ・二行目）
▽最後の羽織までを加れて辛と貸して呉れたと云ふ其の金を受取り、（『魔風恋風・中編』一九五ぺ・二行目）
▽辛と機嫌の直つた母の顔は、（『魔風恋風・後編』一一ぺ・七行目）
▽「私、辛と追着いたのよ。」（『魔風恋風・後編』二二七ぺ・一二行目）

「ワヅカニ」

▽中途から疊に泣伏して居たが、此の時辛に面を擡げて、(『魔風恋風・後編』一五三ぺ・八行目)

▽牛乳だけを辛に飲んで、(『魔風恋風・後編』二〇四ぺ・七行目)

他、多数の作品に見られる。

(3)『にごりえ』

▽常は人をも欺す口で人の愁らきを恨みの言葉、(二〇ぺ・八行目)

▽私は何んな愁らき事ありとも必ず辛抱しとげて一人前の男になり、(二一ぺ・四行目)

▽折々に太く身動きもせず仰向ふしたる心根の愁さ、(三一ぺ・九行目)

▽淺ましい口惜しい愁らい人と思ふ中々言葉は出でずして、(三二ぺ・三行目)

『下士官』

▽「お前様も些とは私の愁かつた事も察してお下んなさるが可いわ。」(二一三ぺ・下段二行目)

▽「今日が日まで愁い事も厭な事も辛抱して來たんだわ。」(二一三ぺ・下段一二行目)

▽未だ風の愁さも知らずに、(二一三ぺ・下段一九行目)

※『青春』にも多数用例が見られた。

▽「先生、」と繁は愁さうに面を擧げて、(夏之巻・一七二ぺ・五行目)

▽憂い目、愁(つら)い目の數々が新しく胸に浮んで、(秋之巻・九〇ぺ・七行目)

(4)本論中で度々触れていることであるが、『明治文学全集』(筑摩書房)に拠ると、小栗風葉は紅葉の書を愛読したり、紅葉の弟子となってからは紅葉と共に合作を行ったりするなどしており、その影響は用字法の面にも大きく及んでいるものと思われる。

(5)▽浮世を憂いとまでに迷つたり、無い縁は是非も無いを悟つたりしたが、(三三〇ぺ・一七行目)

(四) ワカイ［若］

この項では、人の年齢に対する「ワカイ」について検討を行っていく。

各作家の「ワカイ」の用字法

時代	作品＼用字	若	少	壮	嫩	弱	青	小	熟字
江戸時代	西鶴	○							
	八犬伝	○	○	○		○	○	○	○
明治十年代	春雨	○							
	阿松	○							
	嶋田	○							
	書生	○		○					○
明治二十年代	浮雲	○							
	夏木立	○							
	唐松操	◎	○	○		○			
	山吹塚	○							
	鷗外	○	○						
	秋の蝶	◎	○						
	隅田川		○						
	変目伝	○							○
	にごり	○							
	紅葉	○	○	○					○
明治三十年代	不如帰	○							
	高野聖	○							
	下士官	○							
	地獄	○							
	魔風	○							
	漱石	○			○				
明治四十年代	蒲団	○							
	草迷宮	○	◎						
	独行		○						
	歓楽	○							

※鷗外…『文づかひ』『半日』『ヰタ・セクスアリス』『青年』『妄想』『雁』『かのやうに』『安井夫人』『澁江抽斎』
※漱石…『吾輩は猫である』『倫敦塔』『坊っちゃん』『草枕』『虞美人草』『三四郎』『それから』『門』『彼岸過迄』『行人』『こゝろ』『明暗』

右の表から、『八犬伝』が非常に多様な表記をしており、明治期では須藤南翠『唐松操』（明治二十二年）と紅葉の作品が、多種の表記を行っていたということが分かる。全体的には明治全期を通して、現在と同様の〈若〉が使用されていたものと思われる。

『易林本節用集』には「稚・嫩」と記されており、『書言字考節用集』には『若　稚　嫩（本字ハ嬾○弱也、少也）　少」が「ワカシ」として記されている。明治期の国語辞書には、

わかし｜若｜　物、未ダ成リトトノハズ。年多ク長ケズ。　少‖稚‖嫩‖　（『言海』明治二十二年）

わかシ　（若し＝少＝稚）し　〈解説略〉　（『日本大辞書』明治二十六年）

とあり、右の表に掲げられた表記が同義語として記載されている。その他の辞書にも、見出し語として〈若〉が挙げられていることから[1]、明治期においては、〈若〉の表記が通用字として認められていたであろうことが分かる。

漱石は『虞美人草』（明治四十年）の中で、

▽然し水際に始めて昨日、今日の嫩い命を託して、（一二一七ペ・一三行目）

というように、一例だけ〈嫩〉を使用している。この表記は、単独使用では他の作家には見られない表記であるが、山田美妙『夏木立』（明治二十二年）では、

▽嫩草（わかくさ）ハ春雨に喚出されたのを忘れぬためか、（一第三「花の茨、茨の花。」より一四九ペ・三行目）

として、やはり一例のみ使用されていた。なお熟字表記については、次の「『八犬伝』の『ワカイ』の用字法」で

述べたいと思う。

『八犬伝』の「ワカイ」の用字法

①一字表記

輯＼用字	若	少	壮	弱	青	小
1						
2				○		
3						
4		○				
5	○					
6		○		○		
7						
8						
9				○		
10					○	
11		○				
12		○	○	○		
13		○		○		
14		○				
15						
16		○				
17		○				
18		○				
19		○				○

前半の巻では、〈少〉と〈弱〉とが同じくらい使用されているが、後半からは〈弱〉が消え、〈少〉を主とした表記となっている。しかし本章は単独語のみを調査対象としているので、その他の語も含めた場合には、これとは異なる結果となるであろうことを予め断っておきたい。

一字表記の「ワカイ」について、明治期の作品と共通する漢字は〈少・壮〉と熟字表記である。〈少〉は先に見た節用集などの辞書の例から、「少＝わかい」として認識されていたものと思われるが、明治期の作品では、〈少〉

を「ワカイ」として使用しているものはごく僅かであった。〈壮〉については、先の辞書からは用例が見られなかったので、この漢字について少し見ていきたいと思う。

まず、『八犬伝』の「ワカイ」系統の二字表記を表示すると、次の表②のようになる。

②熟字表記

用字／訓	わかい	うらわかい	としわか	わかきとき	わかきもの	わかもの	わかうど
壮士						○	○
壮俊						○	
壮者					○	○	
壮少者					○		
少壮	○						
弱冠			○	○		○	○
青年		○					
後生						○	○

これ以外にも多種の表記があるのだが、数が多いため、ここでは一部を取り上げるに止めておく。

表②からは、〈壮〉の字を用いた「ワカ～」の表記が多いことが分かる。現代中国語の辞書『中日辞典』には、「①強い、丈夫である。②盛んである。雄壮である。偉大である」などの意味が挙げられている。『八犬伝』では、特に武士や血気盛んな若者が多く登場するため、〈壮〉を用いた表記が使用されたのであろう。〈壮〉を用いた表記は、紅葉を始めとした多数の作品の中に、複合語の形で見られる。[2]

一字表記の使い分けに関しては、『八犬伝』で多く使用されている〈弱・少〉の両語のみを見てみることにする。

〈弱〉は、

▽躬は痩たれども健なり、老たりと見れば、いと弱かり。（岩波文庫第一巻・二〇一ぺ・一二行目）

▽「某年尚弱かりければ、匠作主に指南せられて（下略）」（岩波文庫第五巻・六二ぺ・一行目）

▽老も弱も涯りあれば、（岩波文庫第七巻・一三八ぺ・一六行目）

その他「老弱（ろうにゃく）・老弱男女」などの例があるように、〈老〉に対する語として使用される場面が多いようであり、表②でも見たように、「弱冠」としての意味でも用いられている。

〈少〉は、明治に至っても「ワカイ」として使用されている表記であることは、先に見た通りである。この字は『八犬伝』中では、

▽「小可們は、少かりし時、過失こそあれ、この年来、積たる功徳は毫もなし。」（岩波文庫第六巻・五三ぺ・一〇行目）

▽、大法師の尚少かりし、金碗大輔たりし時、（岩波文庫第七巻・三六三ぺ・七行目）

▽「就中那親兵衛は、年少して武術に老たり（下略）」（岩波文庫第八巻・五九ぺ・五行目）

▽「曳手・単節両嬬婦は、年尚少くて、且顔色醜からず（下略）」（岩波文庫第九巻・五三ぺ・九行目）

▽「両大将朝良・自胤は、年少ければ、思慮足らず。」（岩波文庫第九巻・二〇一ぺ・一二行目）

▽「少き時より角觝を好みて、老ても侠気耗ねばや（下略）」（岩波文庫第九巻・三六七ぺ・二行目）

▽「少かりし時は、千仞の海の底に届りて（下略）」（岩波文庫第十巻・一三ぺ・一三行目）

というように、主に幼少の頃、十代前半の年齢を指しているものと思われる。

紅葉の「ワカイ」の用字法

用字／作品	若	少	壮	妙齢	青年	壮佼
懺悔	1	1				
伽羅	3	1		1	1	1
二人	13					
三前	6					
三後	3					
男	3	1	1			
隣	6					
紫	4					
不言	6	1				
多前	2					
多後	6					
金前	4					
金中	3					1
金後	13					
続金	2	1				
続々						
新続	2					
手紙						

※二字表記の読み方は、「妙齢（わかい）・青年（わかきうち）・壮佼（わかもの）」である。

巻末の別表と右の表から、紅葉が明治期の通用字であった〈若〉の字を主に使用していたことが分かる。特に『伽羅枕』（明治二十三年）では、「青年（わかきうち）・壮佼（わかもの）」などの表記が見られるが、これは、この作品が戦を背景とした内容のものであるということと、大きく関係しているものと思われる。『伽羅枕』ではその他に、

▽貴殿如き壮佼（ひげをとこ）に、（一九七ぺ・一一行目）

という例も見られる。『金色夜叉・中編』（明治三十二年）では、

▽血氣腕力兼備と見えたる壯佼どもなり。（二九八ぺ・一三行目）

▽世に難有き若者なり、（一七一ぺ・一行目）

と、表記を変えることによって、「ワカモノ」の違いをより明確なものとしていることが分かる。

次に〈妙齢〉についてであるが、これを「ワカイ」と読む例は、紅葉の作品にのみ見られるものではなく、坪内逍遙『当世書生気質』（明治十八年）にも、

▽土俵にのぞんだ。妙齢諸君（おわかいかた）ハ。（第十貳號・一一〇ぺ裏・四行目）

というように使用されている。〈妙齢〉は「若い年ごろ。特に、女性の若い年ごろ」という意味であり、(3)『当世書生気質』では男女両方を含めた意味として使用されているが、紅葉の場合には、

▽かほどの妙齢美貌妻あるものをと、（『伽羅枕』一九七ぺ・一一行目）

▽妙齢女の飲むは憎しとて、親父も許さゞりしが、（『おぼろ舟』三〇九ぺ・四行目）

▽妙齢女の遊戯にもする事にあらず。（『おぼろ舟』三二三ぺ・八行目）

と、「ワカキ〜」として、女性のみに対して使用している。また〈妙齢〉は「トシゴロ」とも訓がなされており、やはり女性に対する語として用いられているのである。

紅葉の作品では〈若〉の一字にほぼ統一されており、その他の表記はごく僅かである。一通り「ワカイ」の表記について検討した結果、〈若〉と他の表記との書き分けというものは見られず、

①おのれは二十一歳。二つばかりは少かる可し。（『二人比丘尼色懺悔』四ぺ・三行目）

②亡父も壯かりし比には、（『男ごゝろ』五一三ぺ・一二行目）

③年少くして世間を識らず、（『男ごゝろ』五一四ぺ・一三行目）

④初奉公の日は齢少きもの皆泣く。（『不言不語』二〇〇ペ・八行目）
⑤意外にも敵の己より少く、（『金色夜叉・続編』五七五ペ・八行目）
①⑤のように、自分よりも年の数が少ないという意味で〈少〉を使用したり、②の〈壮〉は、恐らく「血気盛んだった頃の父親」という意味を表したかったために、このような表記をしたものと思われ、〈若〉以外の表記法については、〈若〉だけでは表し切れない「ワカサ」を読み手に伝える手段として使用していたと考えられるので、漢字による書き分けというよりも、「意味の強調」に重点をおいた結果の多種表記と言えるようである。

まとめ

明治期の一般的な用字法は〈若〉であり、紅葉の作品においても〈若〉が主に使用されていた。〈少〉や〈壮〉の表記法に関しては、『八犬伝』を始めとした読本などの類の影響が、明治期の作品に及んでいたことを表すものであった。『八犬伝』における〈少〉の使用法は、主に十代前半の年齢を表す場合に使用されていたものと思われるが、紅葉の〈少〉や、その他の表記についても、ある意味では『八犬伝』と同様の使用法がなされていたと思われ、特に何らかの意味の強調をする場合に、〈少〉などが使用されていたという結果となった。

注(1)わかし（若、少、稚）年などの長ぜぬなり。（『帝国大辞典』明治二十九年）
わかし（若）①年少なし、幼し。②出たてなり（葉などにいふ）、（少、稚）（『日本新辞林』明治三十年）

(2)**武田交来『冠松真土夜暴動』（明治十三年）**
▽血氣の壮者（わかもの）ハ寧そ松木の宅へ押かけ、（前編上・九ペ裏・上段三行目）
▽三四人の壮者（わかもの）ハ此在方の通客にて、（前編下・六ペ裏・上段七行目）

▽血氣の壯夫（ますらを）たちハ此所彼所に集りて、（前編下・八ペ裏・下段一二行目）
▽壯年輩（わかものども）が駆集り松木の家へ押懸らんと騒ぐを、（後編上・三ペ表・下段一行目）
岡本起泉『嶋田一郎梅雨日記』（明治十二年）
▽暇乞して故郷を壯者（わかもの）二人で出立せしハ、（初編下・六ペ裏・下段五行目）
▽中々に楯もたまらぬ壯夫（ますらを）がなどか女の愛に溺れん、（初編下・七ペ表・上段九行目）
須藤南翠『唐松操』（明治二十二年）
▽拙者なども壯年（さうねん）の頃から幾たび萬死の途を出入したかも知れません、（一九二ペ・七行目）
▽オイ壯丁（わかいしゆ）さん御苦勞だ酒手を遣るヨ、（五六ペ・一二行目）
▽お琴は了得に年壯（としわか）けれバ、（三四六ペ・三行目）
▽健脚の壯夫（わかうど）が歩むにも增して速かなれバ、（六四ペ・八行目）
丸岡九華『山吹塚』（明治二十四年）
▽肉美しく骨を隠して、壯者（わかもの）が懸想せし蒼海の女神が、（五八ペ・九行目）
徳富蘆花『不如帰』（明治三十一年）
▽先刻の壯夫（わかもの）。（八ペ・一行目）
▽壯夫（わかもの）は一寸坐様を直して、（八ペ・一一行目）
▽前回假に壯夫（わかもの）と云へるは、（一三ペ・二行目）
泉鏡花『高野聖』（明治三十三年）
▽けたいの悪い、ねぢくした厭な壯佼（わかいもの）で。（一一ペ・二行目）
小杉天外『魔風恋風』（明治三十六年）
▽「彼は何だい？宛然で壯士（さうし）の様な大學生だね。」（中編・一二八ペ・一行目）
（3）『大辞泉』（小学館）より。

（五）アンナ・コンナ・ソンナ・ドンナ（平仮名）

ここでは、形容動詞「アンナ・コンナ・ソンナ・ドンナ」の表記法、特に〈〜麼・〜様〉について検討を行っていく。

各作家の「アンナ・コンナ・ソンナ・ドンナ」の用字法

①アンナ

	作品＼用字	彼様	那様	那麼	那般	彼な	那な	彼んな
明治十年代	春雨	○						
	嶋田						○	
明治二十年代	浮雲	○						
	夏木立							
	唐松操	◎	○		○	○	○	
	変目伝	○						
	にごり							○
	今戸	○						
	紅葉		○	○				
明治三十年代	不如帰	◎	○					
	高野聖			○				
	下士官			○				
	灰尽	○						
	魔風	◎						
明治四十年代	独行			○				

		那んな	如彼
		○	
			○

②コンナ

時代	作品＼用字	此様	此般	此な	這様	這麼	這般	這箇	這磨	恁麼	斯様
明治十年代	春雨	○									
	嶋田	○									
	書生		○								
明治二十年代	浮雲	○									○
	夏木立	○									
	唐松操	○									
	山吹塚	○									
	変目伝	◎									○
	にごり	○									
	今戸	○									
	紅葉	○	○	○	○	○	○	○	○		
明治三十年代	不如帰	◎									○
	薄衣	○									
	高野聖									○	
	太郎坊	◎									○
	下士官					○					
	夜の雪	○									
	地獄	○									
	魔風	○									
明治四十年代	独行	○				○					
	歓楽	○									

是様	彼様	如此
	○	
○		
		○

③ソンナ

作品 ＼ 用字		其な	其様	那様	這様	然様	那麼	縁談
明治十年代	春雨		○					
明治二十年代	浮雲		○					
	夏木立		○					
	唐松操		○					
	山吹塚		○					
	変目伝		○					○
	にごり		○					
	今戸		○					
	紅葉	○	○	○	○		○	
明治三十年代	不如帰	○						
	薄衣	○						
	高野聖			○		○		
	下士官			○				
	灰尽		○					
	地獄		○					
	魔風		○					
明治四十年代	草迷宮			○				
	独行		○					

④ドンナ

年代	作品＼用字	何様	何等	甚麼	其麼	什麼	奈何	如何	幾許	何んな	如何様	何如様
明治十年代	春雨	○										
	冠松	○										
明治二十年代	浮雲		○					○			○	
	夏木立	○										
	唐松操	○										
	変目伝	○										
	にごり									○		
	今戸	○										
	紅葉			○	○	○	○	○	○			
明治三十年代	不如帰							○			○	○
	薄衣	○									○	
	高野聖			○								
	下士官			○								
	地獄	○										
	魔風	○						○		○	○	
明治四十年代	独行	○										

四語の表記に目を通してみると、紅葉の表記法が際立って多いことに間違いはないが、凡そ〈〜麼・〜様〉の二

系統に分けることができる。〈〜麼〉に関しては、紅葉の作品と紅葉門下であった泉鏡花などの作品に見られ、〈〜様〉はそれ以外の作品に見られることから、〈〜様〉の方が一般的な表記法であったと言えるであろう。〈〜麼〉の表記に関しては、既に諸研究者が調査を行っているので、その中から特に遠藤好英氏の調査結果を基に、さらに細部に亘る検討を行っていきたいと思う。(1)

遠藤氏の調査結果から、〈這〜・恁〜・那〜〉などの用法は、白話由来の用法であることが分かっており、「紅葉や永井荷風に見られる〈這麼〉などは白話そのままの使い方」だということである。それは『支那小説字彙』に「恁　──地カヤウノ、ト云フ　或ハ恁般ニモ作ルナリ　──様カヤウ」とあることや、『語録字義』に「那其ノ字ノ義也或ハ彼ノ字ヲ以テ注スル説モアリ　什麼ナンソト訓ス　甚麼同上」とあるためである。この〈〜麼〉の用法は、違う形で『八犬伝』にも見られるものである。

▽什麼（そも）いかなれば萎毛が、従卒は生拘られ、（岩波文庫第一巻・七八ぺ・一三行目）

▽「作麼（そも）俺們を何人とかする。」（岩波文庫第三巻・五五ぺ・一〇行目）

▽「那は什麼（いかに）」とばかりに、（岩波文庫第五巻・二三六ぺ・二行目）

▽こは甚麼（いかに）、と訝りて、（岩波文庫第七巻・二三五ぺ・八行目）

また小栗風葉『下士官』（明治三十三年）にも、

▽「什麼（なんぼ）名誉だからと云つて（下略）」（二〇六ぺ・下段二行目）

という形で見られるのである。〈什麼〉は「イカニ」という訓で、紅葉の作品にも多く見られる表記である。(2) 先の表では「〜ンナ」の読みがなされているものだけを取り上げたが、その他の読みを含めると、例えば永井荷風『薄衣』（明治三十二年）では、「這麼（かう）」四例・「那麼（そう）」七例・「甚麼這麼（どうかう）」一例が見られるように、〈麼・様〉を併用している作品がいくつか存在する。

明治期の国語辞書では、すべて平仮名で表記されているが、(3)「アンナ」については、

あんな　如此＝如斯　あのやうなノ転訛。　（『日本大辞書』明治二十六年）

あんな（如斯）　あのやうな、の転訛したるなり。　（『帝国大辞典』明治二十九年）

あんな（如彼）　あのやうな。　（『日本新辞林』明治三十年）

と記されている。このような表記は、今回調査の対象とした作品中では、紅葉の作品の「如此（コンナ）」のみであり、[4]その他には一切見られない表記であった。この「〜ンナ」は、漢文訓読語の「〜のごとし」の転ではなく、対立語の和文語の「〜のやうなり」という語から変化したものである。

紅葉の「アンナ・コンナ・ソンナ・ドンナ」の用字法

①アンナ

作品＼用字	あんな	那様	那麼
懺悔			
伽羅			
二人	4		3
三前			
三後			
男			
隣	7		
紫	9		
不言			
多前		1	9
多後		2	8
金前			1
金中			5
金後			10
続金			8
続々			9
新続			5
手紙			

②コンナ

作品＼用字	こんな	這麼	這箇	這般	這様	這磨	此な	此様	此般	如此
懺悔	1									
伽羅										
二人	2	7								
三前	1	4								
三後	1	3								
男	2									
隣	10			1			1	2	2	1
紫	3		2	2	1			1		
不言										
多前		37								
多後		24			1					
金前		9								
金中		13								
金後		20				1				
続金		17								
続々		9								
新続										
手紙										

③ソンナ

作品＼用字	そんな	其な	其様	這様	那様	那麼
懺悔						
伽羅						
二人	15				12	1
三前	2				2	
三後	4				4	
男	3					
隣	29	1	1			
紫	24		2			
不言						
多前				4	48	31
多後					53	1
金前					22	
金中					35	
金後					47	
続金					40	
続々					25	
新続	1				9	
手紙						

④ドンナ

作品＼用字	どんな	甚麼	其麼	什麼
懺悔	1			
伽羅				
二人	6	7		
三前				
三後				
男				
隣	12			1
紫	5	1		
不言				
多前		26	1	
多後		118		
金前		6		
金中		4		
金後		19		
続金		16		
続々		6		
新続		4		
手紙				

奈何						2	2											
如何							1	1										
幾許								1										

巻末の別表と右の表から、「ソンナ」以外は、『多情多恨・前編』（明治二十九年）から〈～麼〉の表記へと統一していることが分かる。この表記法については先に詳しく述べたが、紅葉がこの時期を堺として、明治期の一般的な表記法とは異なる表記をしていたことが明らかである。巻末の別表と右の表から、「アンナ・コンナ・ソンナ・ドンナ」に関しては、明治二十七年の『冷熱』から同年の『紫』の間までが、多種表記を行いながら、一漢字に統一する方向へと模索していた時期であったと言うことができる。

まとめ

明治期における「～ンナ」の表記法は、〈麼〉・〈様〉の二系統に分けることができる。〈麼〉を用いている作品には白話小説の影響を受けた可能性があると言え、紅葉もその中の一人であったと言える。紅葉の作品における一漢字への統一は、凡そ『多情多恨』から始まっていったと言えるのではないだろうか。なお各語の表記間の関連性の詳説は、今回は余裕がなく触れることができなかった。

注（1）遠藤好英「近代文学と漢字」（『漢字講座九』昭和六十三年十月　明治書院）

（2）▽こは、こは、こは！こはそも什麼（いかに）？（『文ながし』五三四ぺ・九行目）

▽這は抑も什麼（いかに）、（『寒牡丹』七八九ぺ・一行目）

他多数の作品に見られる。

（3）「アンナ・コンナ・ソンナ・ドンナ」に関しては、実際の明治期の作品でも平仮名使用のものが多かったのだが、「はじめに」の部分でも述べたように、今回の調査では平仮名を含めて検討していないので、漢字のみの用字法調査であることを予め断っておきたい。

（4）▽「今つから如此物を出さずといゝぢやないか。」（『南無阿弥陀仏』一六〇ぺ・三行目）▽如此處に—目には見えねど—（『おぼろ舟』三〇五ぺ・一〇行目）など、他作品にも見られる。

（六）サスガニ［流石］

この項では、形容動詞・副詞の「サスガ」について検討を行っていく。

各作家の「サスガニ」の用字法

「サスガニ」に関しては、蜂谷清人氏の論に詳しいので、(1) それを参考にしながら検討していきたいと思う。同氏の調査から、「サスガニ」の漢字表記に関して、次のような流れがあることが分かっている。

仮名［平安時代］→多表記（流草・大小・流石・有繫・左流・雅）［鎌倉・室町時代］→有繫・流石・雅・遉［江戸時代］

そして、「江戸時代以降においては、「流石」（時に「石流」）を除いてはそれほど一般的ではなかったように思われる」と述べられている。次頁の表中で取り上げた近世の作品は、西鶴の作品と『八犬伝』だけであるが、氏の説に

時代	作品	流石	石流	有繫	有係	了得	亻得	遉
江戸時代	西鶴	○	○					
	八犬伝			○	○	○		
明治十年代	春雨	◎				○	○	
	阿松	○						
	嶋田	◎		○				
	冠松	◎						○
	書生	○						
明治二十年代	浮雲	○						
	夏木立	○						
	唐松操					○		
	山吹塚	○						
	鷗外	○						
	秋の蝶	○						
	隅田川	○						
	変目伝	○						
	にごり	○						
	今戸	○						
	紅葉	○		○				○
明治三十年代	不如帰	○						
	高野聖			○				
	下士官			○				
	灰尽	○						
	夜の雪	○						
	地獄	○						
	魔風	○						
明治四十年代	蒲団	○						
	独行	○						

※鷗外…『舞姫』『文づかひ』『半日』『ヰタ・セクスアリス』『青年』『雁』『かのやうに』『澁江抽斎』

従った場合、『八犬伝』における表記は特殊なものだったということになる。右の表から、『八犬伝』では〈有繫・有係・了得〉の三種の表記が用いられていたことが分かるのだが、〈有係・了得〉に関しては、〈有係〉が第九輯巻之一（岩波文庫第五巻）に見られるのみであり、〈了得〉が第九輯下帙之下乙号上套巻之三十五下（岩波文庫第九巻）にのみ見られることから、主として〈有繫〉の表記を行っていたのだと言える。この〈有繫〉や〈有係〉の表記については、なぜ「サスガニ」として用いられたのかは定かではない。

西鶴の作品の〈石流〉については、杉本つとむ氏の論文に(2)、

「三国伝記」（沙彌玄棟撰応永年間）に「旃陀羅モ石流岩木ナラネハ目モ暮レ心モ消テ泪セリ」（巻三）とあり、中世に使用されていたことが明らかになっている。また〈了得〉は、『支那小説字彙』には「了得　何ニテモ、得手タルコトヲ云フ又事ノ、シマイヲ、ツケルコトヲモ云フ」とあり、『小説字林』にも「了得　手ギツイト云フコト又シマヒヲツケルコト」と記されており、『八犬伝』と近世中国の白話小説との関係を伺わせる表記であると言える。明治期の国語辞書には、

さすがに―流石―逌―有繫―　〈説明略〉（『言海』明治二十二年）

さすが〈流石＝逌＝有繫〉〈説明略〉（『日本大辞書』明治二十六年）

さすが（流石、逌）〈説明略〉（『帝国大辞典』明治二十九年）

さすが（流石）②さうは思ふもの、、さうではあるもの、、などいふがごとく、もどく意（逌、有繫）

（『日本新辞林』明治三十年）

というように、〈流石〉が見出し語の第一番目に掲げられ、〈逌・有繫〉が同義語として挙げられており、現代辞書『大辞泉』にも、同様に〈流石・逌〉が記されている。『日本大辞書』には、更に〈流石〉の表記について以下のように説明が施されている。

此当テ字「流石」ハ晋ノ孫楚ガ「漱流枕石」トイフ語ヲ「漱石枕流」ト誤ツタ時、スグト「漱石」ハ歯ヲ磨クコト「枕流」ハ耳ヲ洗フコトト附会シタ事、さすがニヨク附会シタトイフ所カラ、又附会シテ「流石」ノ字ヲ当テタトイフ。

始めに掲げた表からは、明治期の通用字が〈流石〉であったことが分かるが、それは『日本大辞書』の説明にあったように、〈流石〉の訓に「サスガニ」を与えたこの説が民間に広がっていたことも、「サスガニ」の漢字表記として〈流石〉が当てられた原因の一つとして考えられるであろう。

以上のことから、明治期の通用字としては〈流石〉が主として認められており、また文学作品中においても、紅

葉の作品と一部の作品を除いては、〈流石〉でほぼ統一されていたということが明らかとなった。

紅葉の「サスガニ」の用字法

作品＼用字	さすが	流石	有繫	遉
懺悔		1		
伽羅	1	11		
二人		3	2	
三前	1	5	5	
三後			11	
男			13	
隣	1	2	10	
紫			11	
不言			21	
多前	1		23	1
多後	1	1	16	
金前			6	
金中			10	1
金後			9	
続金			6	1
続々			6	
新続			1	
手紙				

紅葉の「サスガニ」の表記は、〈有繫〉が主流となっていることは右の表から明らかである。巻末の別表を併せて見てみると、文体改革を行った『二人女房』（明治二十四年）から〈有繫〉を使用し始めるが、その翌年の明治二十五年では、『三人妻・前編』で再び〈有繫〉を用い、明治二十七年『心の闇』から完全に〈有繫〉を主要表記として使用している。つまり、

〈流石〉→ 二十四年 〈流石・有繫〉の混用 → 二十五年 〈流石〉主流 → 二十七年 〈有繫〉主流

という用字法変遷の流れが見えてくるのである。

〈有繫〉の表記は、明治期の他作品では岡本起泉『嶋田一郎梅雨日記』（明治十二年）、泉鏡花『高野聖』（明治三

十三年）、小栗風葉『下士官』（明治三十三年）の三作品に見られたが、[3] 岡本起泉以外は紅葉門下であることから、用字法の面からも多少紅葉の影響を受けていたものと思われる。また〈逌〉の表記は、一応は明治期の国語辞書にも「サスガニ」の表記として認められていたが、今回の調査では三作品に各一例ずつしか見られなかった。[4]

まとめ

明治期における「サスガニ」の表記は〈流石〉で統一されていたようであるが、紅葉は『二人女房』以降、〈有繋〉へと表記を統一していった。この表記は明治期以前に使用されていたということから、明治期に紅葉が〈有繋〉を用いたということは、彼が「古態」を示す表記法に関心を示した例であると言えるであろう。

注(1) 蜂谷清人「「さすが（に）」の漢字表記をめぐって」（『日本語学』平成元年四月）

(2) 杉本つとむ「西鶴の用字法覚書」（『国文学研究』第十一集　昭和二十九年十二月）

(3) ▽有繋に女の淺はか何と答へも涙ぐみ、（『嶋田一郎梅雨日記』二編下・六ぺ裏・下段一行目）

▽目は冴えて、まじ〳〵して居たが、有繋に、疲が酷いから、（『高野聖』一〇七ぺ・七行目）

▽有繋に氣丈な彼も胸が一杯になつた。（『下士官』二一〇ぺ・上段一八行目）

▽爰にも有繋に朝の色は微に通ふのである。（『下士官』二一〇ぺ・下段一八行目）

▽有繋に門前拂ひも爲得なくて、（『下士官』二一二ぺ・上段一五行目）

▽今更のやうに軍曹は色を變へて、有繋に聲も顫へて、（『下士官』二一二ぺ・下段一一行目）

※小栗風葉『青春』にも多数見られる。その例を二例挙げる。

▽有繋の速男も少しく呂律の怪しくなるまで醉つたので、（春の巻・二七ぺ・六行目）

▽人無き神前の深として何所か有繋に秋閑びて居る。（秋之巻・三二九ぺ・七行目）

（4）▽「遉は生きながら山の神とも崇められるほどの徳が有ると見えて（下略）」（『多情多恨・前編』二九二ぺ・八行目）
▽「遉は交際官試補！」「試補々々！」（『金色夜叉・前編』一三五ぺ・三行目）
▽「然し、問さん、遉に貴方で御座いますのね（下略）」（『金色夜叉・続編』五八八ぺ・八行目）

（七）シキリニ［頻］

この項では、形容動詞「シキリニ」について検討を行っていく。

各作家の「シキリニ」の用字法

	作品＼用字	頻	連	切	荐	頻繁	絡繹
江戸時代	西鶴	○					
	八犬伝	○	○				
明治十年代	春雨	○					
	嶋田	○					
	冠松	○					
	書生	○	○				
明治二十年代	浮雲	○		○	○		
	夏木立	○		○			
	唐松操	◎	○	○			
	鷗外	○	○				
	秋の蝶	○					
	変目伝	○					
	にごり	○					
	紅葉	○	○	○	○	○	○
明治三十年代	不如帰	◎	○				
	高野聖	○					
	太郎坊			○			
	下士官		○	○			
	灰尽	○					
	地獄	○					
	魔風	○		◎			
	漱石	○	○				
明治四十年代	蒲団	○					
	草迷宮	○					
	独行	○					
	歓楽	○					

※鷗外…『舞姫』『ヰタ・セクスアリス』『青年』『最後の一句』『澁江抽斎』
※漱石…『吾輩は猫である』『坊っちゃん』『草枕』『虞美人草』『三四郎』『それから』『門』『彼岸過迄』『行人』『こゝろ』『明暗』

前頁の表から、近世から明治にかけて〈頻〉が主に使用されており、明治二十年代前半と三十年代の作品に、〈連〉や〈切〉などの他の表記を用いる作品が見られることが分かる。二葉亭四迷『浮雲』（明治二十年）では、第一篇で〈切〉、第二篇で〈荐〉、第三篇では〈頻〉というように、各篇ごとに使用される漢字が異なっている。[1]また鷗外と漱石の作品では、〈頻〉と共に〈連〉が使用されているが、鷗外の作品では『舞姫』（明治二十三年）と『澁江抽斎』（大正五年）に二例、漱石の作品では『吾輩は猫である』（明治三十八年）と『彼岸過迄』（明治四十四年）に各一例ずつ〈連〉の使用が見られ、基本的には〈頻〉の表記の方が多かったと言える。

明治期の国語辞書には、

しきりに｜頻｜　繋ク。ツヅケテ。タビタビ。シバシバ。（『言海』明治二十二年）

しきりに〔頻に〕しきり（頻）ノ副詞体。（『日本大辞書』明治二十六年）

とあり、他の辞書にも同様の表記が挙げられていることから、[2]明治期における「シキリニ」の通用字が〈頻〉であったということが明らかである。

『八犬伝』の「シキリニ」の用字法

輯＼用字	頻	連
1	○	
2	○	
3	○	
4	○	
5	○	
6	○	
7	○	
8	○	○
9		○
10	○	○
11	○	○
12	○	○
13	○	○
14		○
15		○
16		○
17	○	○
18		○
19		○

右の表から、〈頻〉から〈連〉への流れが見えてくる。『易林本節用集』には「頻・連・荐」が、『書言字考節用集』には「頻・仍・連・荐」が「シキリニ」として挙げられており、明治期と同じ表記が使用されていたことが分かる。

『八犬伝』中に使用されている〈連〉も、明治期に使用されている表記である。これは西鶴の作品には見られない表記であるが、『類聚名義抄』に「連・再・累・比・荐」が「シキリ」として挙げられていることや、先の節用集の例があることなどから、古来通用の表記であったと言える。

紅葉の「シキリニ」の用字法

作品＼用字	頻	連	切	荐
懺悔				
伽羅	2	3		
二人	12		6	
三前	2	1	5	
三後	11	3	2	
男	2		6	
隣	6		5	2
紫	3		3	
不言	6	2	7	3
多前	16	5	5	
多後	11	3	2	
金前	4	3	1	
金中	3	1	1	
金後	5	3		
続金	3	2		
続々	1			
新続		1		
手紙				

巻末の別表を併せて見ても、全体的に〈頻〉を多く使用していたようである。しかし個々の作品ごとの数を見てみると、それぞれの表記にばらつきがあり、紅葉自身、「シキリニ」の用字法に対して試行錯誤していた様子が見受けられる。

また、〈切〉の字を明治二十四年『二人女房』から使用し始めているが、「各作家の『シキリニ』の用字法」の表によると、明治二十年代の作品である二葉亭四迷『浮雲』（明治二十年）、山田美妙『夏木立』（明治二十一年）、須藤南翠『唐松操』（明治二十二年）と、三十年代の作品である幸田露伴『太郎坊』（明治三十三年）、小栗風葉『下士官』（明治三十三年）、小杉天外『魔風恋風』（明治三十六年）などにも見られるものである。〈切〉の表記は、先に見た節用集には見られず、『大漢和辞典』にも「しきりに」の意味での用例は載っていない。しかし『日本国語大辞典』には、

今昔—三一・一〇「彼の女の許に構て行ばやと切（しきり）に思けるを、此の本の妻の痛く妬むが六借（むつかし）く思えて」

という用例があり、「物事の程度や、感情、熱意などの度合が強いさま。むやみ。熱心だ」という意味で使用されていたことが分かっている。ただしこれは、原文が漢字表記〈切〉であるため、「セツニ」とも訓読できるので確例とはなし難い。

以上をまとめると、〈切〉の表記は特に明治期に行われたものであり、また〈切〉が「シキリニ」として使用されたのは、「シキリニ」と「セツニ」とが同義の関係であったことが大きな原因であったと思われる。明治期の国語辞書の例からも分かることであるが、〈切〉が一般的に普及することがなかったのは、恐らく〈頻〉の表記が、「シキリニ」に当てる漢字として強く根付いていたためであろう。

まとめ

明治期における「シキリニ」の表記法は、〈頻〉でほぼ統一されていた。紅葉の作品においても、〈頻〉が多く使用されていたが、他の漢字表記をも用いて表現の多様性に留意していたと言える。

注（1）『浮雲』の「シキリニ」

第一篇

▽不圖立止まり何か切りに考へながら、（四一ペ・五行目）

▽お政ハ漸く眉を開いて切りに點頭き、（六四ペ・一一行目）

▽お勢は獨り切りに點頭く、（八七ペ・八行目）

第二篇

▽洋裝紳士の背に向ツて荐りに禮拜してゐた、（一四ペ・三行目）

▽昇は荐りに點頭いて、（三二ペ・一一行目）

▽「モウその時は破れかぶれ」ト思へば荐りに胸が浪だつ。（八三ペ・六行目）

▽お勢の荐りに「引搔てお遣りよ引搔て」ト、（八四ペ・一〇行目）

第三編

▽何か頻りに云ひ争ひながら騒いでゐるかと思ふと、（「都の花」第貳拾壹號・三三ペ・上段五行目）

以上のように、一篇・二篇・三篇で使用している漢字表記が異なっている。

（2）しきりに（頻）たびたび、又は重ね重ねといふほどの意のことばなり。（『帝国大辞典』明治二十九年）

しきりに（頻）たびたび、又、重ね重ねの意。（連、洊）（『日本新辞林』明治三十年）

（3）せちに（切）　心ニ深ク。シキリニ。ヒトムキニ。（『言海』明治二十二年）

せちに（切）に［切、漢語］シキリニ。＝ヒタスラニ。（『日本大辞書』明治二十六年）

せちに（切）しきりに、ひたすらに、などいふ意なり、「せちに乞ふ」など（『帝国大辞典』明治二十九年）

せちに（切）しきりに、ひたすらに。（『日本新辞林』明治三十年）

（八）ニハカニ［俄］

ここでは、形容動詞の「ニハカニ」を取り上げ検討していく。

各作家の「ニハカニ」の用字法

時代	作品＼用字	俄	遽	卒	急	遶	頓	暴	驟	猛	猛可
江戸時代	西鶴	○									
	八犬伝	○						○		○	○
明治十年代	阿松	○									
	嶋田	○									
	冠松	○									
	書生	○									
明治二十年代	浮雲	○									
	唐松操	○		○				○			
	鷗外	○	○	○							
	秋の蝶	○									
	隅田川	○									
	変目伝	○									
	夜行	○									
	にごり	○									
	今戸	○			○						
	紅葉	○	○	○		○	○	○	○		
明治三十年代	不如帰	○	○								
	薄衣	○									
	高野聖	○									
	地獄	○									
	魔風	○		◎	○						
	漱石	○									
明治四十年代	蒲団	○			○						
	草迷宮	○									
	独行	○									

急遽	俄頃	俄然	卒然	突然	遽然	傾頃	一転
	○					○	
		○					
		○					
○				○	○		○
			○				

※鷗外…『舞姫』『文づかひ』『ヰタ・セクスアリス』『青年』『雁』『澁江抽斎』
※漱石…『坊っちゃん』『虞美人草』『三四郎』『門』『明暗』

右の表から、近世から明治期にかけて、一部の作品を除いて〈俄〉でほぼ統一されていたということが分かる。二種以上の表記を行っているものもあるが、〈俄〉以外の表記を多く使用している作品というのは、小杉天外『魔風恋風』（明治三十六年）だけである。

『大漢和辞典』には、表に掲げた表記各字に「にわかに」という意味があり、その用例も実際に見られるのだが、〈遶〉だけは「めぐる。めぐらす。とりまく。囲む」とされているだけで、その字義としての用例が見当たらない。このような例は副詞「ヤガテ」にも見られ、白話小説関係の辞書からも、〈旋〉に「ヤガテ」としての字義を見出すことができなかった。(1) 節用集には、率（ニハカ） 俄（ニハカ） 卒（同） 驟雨（ニハカアメ）　（『易林本節用集』）

倉卒（前漢書註 特須臾之間也）　造次（千字文註 倉卒也）　遽然　卒爾（出宇）　暴　驟　俄　頓（出士）

（巻八）　驟雨（ニハカアメ）（陸佃カ云疾雨也 詩格註 急雨也）　暴雨（同）　疾雨（同）（巻二）　暴風（ニハカカゼ）（出保、乃、安）　颶（同）

（巻二）　（『書言字考節用集』）

とあり、やはり〈遶〉は見当たらないが、二字表記に関しても、先の表とは異なる表記が載せられている。一方明治期の国語辞書では、

にはかに｜俄｜遽｜　急ニ。思ヒ設ケヌニ疾ク。　（『言海』明治二十二年）

にはかに（俄＝遽）に　急ニ。＝突然ニ。　（『日本大辞典』明治二十六年）

とあり、その他の辞書でも同様の見出し語となっている。(2) 以上のことから、辞書の上では近世と明治期とで多少表記が異なるものの、実際の作品中の表記としては、時代を通して〈俄〉が使用されていたと言えるであろう。

『八犬伝』の「ニハカニ」の用字法

次頁の表から、『八犬伝』では、〈猛〉を用いた「ニハカニ」が基本表記となっていると言える。二字表記に関しては紅葉の作品との共通表記は見られないが、一字表記に関しては〈暴〉の字が共通している。これは『書言字考節用集』にもその用例が見られたが、古くは『類聚名義抄』にも見られる表記であった。(3) しかし先にも見たように、明治期の国語辞書には〈暴〉は記載されておらず、近世期までの表記法と言えるようである。明治期では、紅葉の作品と須藤南翠『唐松操』（明治二十二年）にしか見られない表記であり、(4) 二葉亭四迷『浮雲』（明治二十年）と小栗風葉『青春』（明治三十八年）では、「ヤケニ」として〈暴〉が使用されている。(5)

輯＼用字	猛	暴	俄	俄頃	傾頃	猛可
1	○	○	○	○		
2		○		○	○	
3	○			○		
4	○	○				
5	○	○		○		
6				○		
7	○					
8						○
9	○					○
10	○	○				○
11	○	○		○		○
12						○
13	○					○
14	○					○
15	○					○
16	○	○				○
17						○
18	○					○
19		○				○

〈俄頃〉は『大漢和辞典』に、

【俄頃】しばらく。瞬時。またたくま。しばし。暫時。［段注］玉篇曰、俄頃、須臾也、広韻曰、俄頃、速也、此今義也、尋今義之所由、以俄頃皆偏側之意、小有偏側、為時幾何、故因謂倏忽為俄頃。

とあり、古代中国で使用されていたことから、漢詩漢文などから抜き出してきたものであると言える。また「ニハカニ」には、「①物事が急に起るさま。突然。②病気が急変するさま。③一時的であるさま。かりそめであるさま」という意味があるが、(6)〈俄頃〉は③と同義であることから、「ニハカニ」として使用されたのであろう。同義語であるために使用された漢字は、『八犬伝』以外で使用された、他の二字表記に関しても同じことが言える。

紅葉の作品と鷗外の作品、徳富蘆花『不如帰』（明治三十一年）で使用されていた〈遽〉の字は、『八犬伝』の中では「ニハカニ」としては使用されず、すべて「イソガハシイ・イソシイ」として使用されていた。他には松村春輔『春雨文庫』（明治九年）で、

▽遽（あはたゞ）しくも裳裾を煙管の厂首にて一寸捺へつ、（三二二ぺ・下段二〇行目）
▽小僧が障子をあけ遽（あはたゞ）しき声をして、（三三〇ぺ・下段一八行目）

というように使用され、須藤南翠『唐松操』（明治二十二年）でも、

▽門の格子戸の開く音に遽（あはた）だしく、（六五ぺ・九行目）
▽小使遽（あはた）だしく走り來りて、（一二四ぺ・六行目）他三例

という用例が見られ、また徳富蘆花『不如帰』（明治三十一年）では、

▽膝を乗り出す武男が権幕の鋭きに、山木は遽（あわ）てゝ、（一二五ぺ・一〇行目）
▽新聞を持ちたるまゝ遽（あはたゞ）しく千鶴子は其母を呼びたり。（三三二ぺ・四行目）
▽一人は庭口より一人は椽側より遽（あはたゞ）しく走り來つ。（三七三ぺ・七行目）

とあるように、「ニハカニ」以外の読みで使用されている例が多く見られた。節用集の類には、単独で〈遽〉を「ニハカニ」としているものは、今回の調査では見当たらなかったが、慶長十年出版の『倭玉篇』に、

遽（キヨ）　ニワカ／アワテヽ／アワツル

とあり、明治期の用字は、この『倭玉篇』系統の辞書の用字と関係があると言えるのかも知れない。

紅葉の「ニハカニ」の用字法

巻末の別表と次頁の表を併せて見てみると、最も多く使用されているのは〈遽〉であり、次に〈卒〉が多く使用されていることが分かる。『不言不語』（明治二十八年）まではほぼ似通った割合で使用されているが、『多情多恨』（明治二十九年）から、主に〈遽〉の字を使用していることが分かる。しかしこの漢字を用いることは、明治期に

作品＼用字	俄	遽	卒	逶	頓	暴	驟	急遽
懺悔	2	1						
伽羅		4		1				1
二人		1	1					
三前		5	7			1		
三後		7	4			2		
男	3	8	6			1		
隣	1	3						
紫	2							
不言	7	9	16		3	3		
多前	1	11	1					
多後		8						
金前	2	4	2			1	1	
金中		10	1					
金後		12	1					
続金	3	11	3					
続々	3	3	1					
新続			1					
手紙	1							

おいては一般的とは言えないものであるということは、先に述べた通りである。「ニハカニ」については、一漢字表記へと統一がなされていないということから、何らかの使い分けがされていたものと思われる。実際の用例を基に、主に使用されている〈遽〉と〈卒〉とについての検討を行っていきたいと思う。

(a)『二人女房』の【遽・卒】

①我境遇の遽に一變したらむやうに。（七〇九ペ・三行目）

②卒に來た煙を吸過ぎて。（七六〇ペ・八行目）

『二人女房』での用例は各一例ずつであり、その別がはっきりと表れている。①の〈遽〉は「身辺の変化」に対して用いられているが、これは「他家へ嫁ぐ」という身辺の変化であり、良い意味での突然の変化を表している。一方②の〈卒〉は①とは異なり、良い状況の変化としては使用されておらず、また前もって分かっていた身辺の変化ではなく、その場の一時的な状況を表す「ニハカニ」として使用されていることなどから、①と②の「ニハカニ」は、それぞれ異なった状況に使用されていると言える。

（b—1）『三人妻・前編』の【卒】

①もう逢ひたくて耐らず、卒に腹痛み出して歸るなどの悪業高じて、（三三ペ・一行目）
②卒に母の病氣と申立て丶、（三四ペ・六行目）
③今となりて見れば、大盡の心切卒に身に侵みて、（七六ペ・九行目）
④いづれも吃驚して卒に立騒ぎ、（一〇〇ペ・六行目）
⑤女郎の驅落とは違ふぞ、と窘められて卒に慾を離れ、（一三五ペ・一三行目）
⑥今まで稼ぎつけたる身が卒に樂になれば壽命が縮まる。（一五三ペ・四行目）
⑦卒に悶々となりて、（一八二ペ・九行目）

（b—2）『三人妻・前編』の【遽】

①話したき事あるに、と小聲に言入るれば、家内は遽に鎮るなりけり。（五六ペ・一三行目）

②遽に取揃へたる御祝儀の献上物には、（八一ぺ・一行目）
③此座敷遽に涼しくなりぬる想して、（一〇六ぺ・八行目）
④遽に駈落のしたさうな面が彼地此地に目を側てけり。（一五五ぺ・三行目）
⑤外方遽に噪しく、（一九一ぺ・一二行目）

（b―1）の〈卒〉に共通しているものは、「人間の心理・生理に関する状況」を示しているということであり、波線の部分がそれに当たる。①②はどちらも偽りの病気であるが、①では「腹痛む」、②では「母の病気」というように人間の生理的現象を表している。③では「心切が身に浸みた」とあり、④では「吃驚」したから「立騒」いだのであり、⑤では「欲を離れ」るという人間の心理を表現しており、⑦では心が「悶々となった」というように、その前後に何らかの「人の心理・生理」に関する表記がなされているのである。しかし⑥だけは、心理的な意味も含まれてはいるものの、「身辺の変化」としての意味が強いと思われる。一方（b―2）の〈遽〉に関しては、④が「駈落のしたさうな」という心理的表現がされている以外は、（b―1）の〈卒〉で見られたような表現を、その前後に一切見ることができない。

以上のことから、この作品では「文章の前後に人の心理・生理に関する語があるか否か」によって、〈遽〉と〈卒〉が使い分けられていたと考えられる。

（c―1）『三人妻・後編』の【卒】
①窄めし傘を卒に推開き、（二六七ぺ・七行目）
②紅梅は卒に騒ぎて、（二八五ぺ・九行目）

③卒に思立ちて明日の發足と定り、（三一八ぺ・六行目）
④十時の鳴るに心着き、卒に立上りて乳母を呼べば、（三四〇ぺ・一二行目）

（c―2）『三人妻・後編』の【遽】

①きつい生眞面目が遽に可笑うなりて、（二七四ぺ・八行目）
②傳內の癖なる上竄が、遽に薄氣味悪く、（二九八ぺ・八行目）
③遽に今朝までの身を懐ひ出せば、（三〇六ぺ・九行目）
④お艶も遽に可恐うなりて、（三三六ぺ・一二行目）
⑤はっと心着きて、遽に恷げ返る手持無沙汰を紛らしかねて、（三六二ぺ・一一行目）
⑥様子を問はれ、遽に萎れ返りて不間の始末を白狀し、（三六七ぺ・八行目）
⑦餘之助様を眞先に乗込め、と遽に元氣附けば、（三七四ぺ・八行目）

『三人妻・前編』とは異なり、〈遽〉にも文の前後に心理的表現がなされ、〈卒〉との区別が完全に無くなっている。これ以降『男ごゝろ』から『金色夜叉』に至るまで、このように〈遽〉と〈卒〉の区別が無くなっているため用例は挙げないが、以上のことから、「ニハカニ」に関しては、いずれの字を使用するかについての判断が曖昧なものとなっていったと言えるであろう。

まとめ

明治期における「ニハカニ」の表記は、〈俄〉が通用字であったようである。紅葉の作品では、〈遽〉の表記を中心としながら、〈俄・卒〉との併記を行っていた。〈遽・卒〉に関しては、紅葉の用字法の変革期と言われる『三人妻・後編』以降、使い分けが見られなくなっていったという結果となった。

注(1)詳しくは、副詞「ヤガテ」を参照して頂きたい。

(2)にはかに(俄、遽)　急速に、といふに同じ。(『帝国大辞典』明治二十九年)

にはか(俄)①不意にものすること、急になすこと。②急に趣向して演ずる滑稽の舞伎。(『日本新辞林』明治三十年)

(3)「俄・率・要・暴・勃・切」

(4)『**唐松操**』

▽長曾我部將軍ハ暴(には)かに沈着せしかと思はれ、(一二三九ぺ・六行目)

▽長曾我部將軍の暴(には)かに思慮あり氣なる色とを互迭りに照合べて、(一二三九ぺ・一三行目)

▽德三ハ暴(には)かに微笑を帶びてまた一喫、(一二五六ぺ・一一行目)

(5)▽暴(やけ)に興起した拿破崙髭に狆の口めいた比斯馬克髭、(『浮雲』第一篇・一ぺ・一一行目)

また、小栗風葉『青春』にも、

▽前髪を暴(やけ)に押潰したやうな束髪に桃色のリボン、(「春之巻」六一ぺ・六行目)

と、用例が見られた。

(6)『大辞泉』(小学館)

五　副詞

（一）シバシ・シバラク［暫］

この項では、副詞の「シバシ・シバラク」を共に検討していきたいと思う。

各作家の「シバシ・シバラク」の用字法

（a）一字表記の「シバシ・シバラク」

①シバシ

少	暫	用字／作品	
	○	西　鶴	江戸時代
	○	阿　松	明治十年代
	○	嶋　田	
	○	冠　松	
	○	書　生	
		唐松操	明治二十年代
	○	山吹塚	
	○	鷗　外	
○	○	紅　葉	
	○	不如帰	明治三十年代
		魔　風	

②シバラク

少	暫	用字／作品	
	○	西　鶴	江戸時代
	○	八犬伝	
		春　雨	明治十年代
	○	阿　松	
	○	嶋　田	
	○	冠　松	
	○	書　生	
○	○	浮　雲	明治二十年代
○	○	唐松操	
	○	鷗　外	
	○	山吹塚	
○	○	紅　葉	
	○	不如帰	明治三十年代
	○	高野聖	
	○	下士官	
	○	地　獄	
	○	魔　風	
	○	蒲　団	明治四十年代
	○	歓　楽	
○	○	漱　石	

姑	久	屡	瞬
		○	
○			
○	○	○	
			○

※鷗外…『舞姫』『文づかひ』

姑	久	且	権	間
○		○	○	
○				
◎				
○				
○	○	○		○
	◎			

※鷗外…『舞姫』『文づかひ』『半日』『ヰタ・セクスアリス』『青年』『普請中』『妄想』『雁』『かのやうに』『阿部一族』『安井夫人』『山椒太夫』『最後の一句』『高瀬舟』『澁江抽斎』

※漱石…『吾輩は猫である』『倫敦塔』『薤露行』『坊っちゃん』『虞美人草』『三四郎』『それから』『門』『彼岸過迄』『行人』『明暗』

まず①の「シバシ」については、須藤南翠『唐松操』（明治二十二年）や小杉天外『魔風恋風』（明治三十六年）で、〈暫〉以外の表記が使用されているとはいうものの、多種の表記を行っているのは紅葉の作品だけである。

明治期の辞書では、

しばし｜暫｜少シノ間ホド。チヨツトノ間。暫時。（『言海』明治二十二年）

しばし（（暫）し）暫時＝少シノマ。（『日本大辞書』明治二十六年）

となっており、これ以降の辞書にも同様の表記がなされていることから、(1)〈暫〉以外の表記が一般的な表記として認められていなかったであろうことが分かる。一方②表の「シバラク」も、一部の作品に〈暫〉以外の漢字が使用されているとはいうものの、やはり主に〈暫〉が使用されていたということが明らかである。ただし二重丸で示したように、『唐松操』と『魔風恋風』の二作品のように、〈暫〉以外の漢字表記が多く使用されている場合もあった。

「シバラク」の辞書における表示は、以下の通りになっている。

しばらく｜暫｜須臾｜（一）少シノ間ホド。シバシ。（二）仮リニ。カリソメニ。姑‖　（『言海』明治二十二年）

しばらく〔（暫＝須臾）らく〕（一）暫時。＝シバシ。　（『日本大辞書』明治二十六年）

「シバラク」の〈須臾〉については後述するが、一字表記での「シバラク」も「シバシ」と同様に、〈暫〉が通用字として認められていたと言える。『易林本節用集』や『書言字考節用集』にも、やはり「シバラク」として〈暫〉が記載されているだけであるが、室町期の『倭玉篇』、『易林本節用集』（乾本）以外の節用集には、〈姑〉を始め、多くの漢字（俄・少・晦・且・頃・須など）が「シバラク」として記載されていることから、時代を経るに従って、主となる表記が変化していったものと思われる。

（b）二字表記の「シバシ・シバラク」

①シバシ

作品	時代	用字
八犬伝	江戸時代	
春雨	明治十年代	
冠松		
書生		
唐松操	明治二十年代	
山吹塚		
秋の蝶		
隅田川		
変目伝		
紅葉		
不如帰	明治三十年代	
薄衣		
太郎坊		
夜の雪		
地獄		
魔風		
漱石		
蒲団	明治四十年代	

※漱石…『薤露行』『虞美人草』

暫時	少時	多時	瞬時	霎時	一霎時	小霎時	霎少	少頃	少焉	少間	有間	須臾	刹那
				○	○	○	○					○	
○													
○													
○													
	○			○					○				
○													
○													
○													
	○												
○	○	○		○				○	○	○	○		○
○					○								
	○												
				○	○								
	○												
	○												
			○										
	○												
	○												

②シバラク

作品 ＼ 用字		暫時	少時	多時	霎時	有間	少頃	少焉	少後	少刻	少選	霎刻	頃刻	良久
江戸時代	西　鶴		○											
	八犬伝										○			
明治十年代	春　雨	○												
	阿　松	○												
	冠　松	○												
明治二十年代	浮　雲	○	○								○			
	夏木立	○			○			○				○		
	唐松操							○						
	秋の蝶	○												
	隅田川	○												
	変目伝		○											
	夜　行		○											
	にごり	○												
	今　戸		○											
	紅　葉	○	○	○	○	○	○	○						○
明治三十年代	薄　衣		○											
	高野聖	○											○	
	夜の雪		○											
	魔　風													
	漱　石		○						○					
明治四十年代	蒲　団		○							○				
	草迷宮	○	○											
	独　行	○	○											

少且	姑且	苟且	権且	数日	多年	長年	須臾
○	○	○	○				○
							○
						○	
				○			
					○		

※漱石…『吾輩は猫である』『三四郎』『それから』『門』『彼岸過迄』『行人』『こゝろ』『明暗』

一字表記に比べると、二字表記は非常に種類が多くなっている。一字表記と二字表記との共通点はと言えば、共に〈暫〉が多作品で用いられているということである。

二葉亭四迷『浮雲』（明治二十年）に関して少し述べると、半沢幹一氏の「二葉亭四迷の漢字——『浮雲』における字法——」に拠ると、[2]『浮雲』での漢字表記率は一篇・二篇・三篇ともに異なり、三篇の漢字率が一番少ないという調査結果が出されている。本論でも動詞「タツ」の項で、〈起揚〉から〈起上〉への変化、形容動詞「シキリニ」などでは、各篇ごとに表記法が異なることなどを見てきたが、「シバラク」に関しては、三篇で〈少・少選・少時・暫時〉の四種もの表記を行っている。[3]このことが何を意味するのかということは、今回の調査結果からは何も明らかにすることはできないが、副詞「シバラク」に関しては、二葉亭四迷は漢語的表記から脱し切れなかったと言えるのかもしれない。

幸田露伴に関しては、玉村文郎氏の「尾崎紅葉・幸田露伴の漢字――『多情多恨』と『五重塔』――」中の表記法の調査結果として、「紅葉の方が個性的であり、露伴の方が一般的である」としているが、[4]実際本論で調査対象とした『夜の雪』と『太郎坊』においても、一部特殊な表記があるものの、際立って特殊な表記であるとは言い難い。このように、どちらかと言うと一般的な表記法を行っていたと思われる露伴が、副詞「シバシ」に関しては、明治期の他作品にはあまり見られない表記法を行っている。

明治期の「シバシ・シバラク」の二字表記については、総合的に見ると〈暫時〉が主として使用されており、次に〈少時〉が多く見られる表記となっていることが、先の表から分かる。ただし、「シバシ」にしても「シバラク」にしても、両字共に、明治三十年代からは〈少時〉の表記へと移行している様子が見て取れる。また、田山花袋の明治二十六年の作品『隅田川の秋』と、明治四十年の作品『蒲団』では、「シバシ・シバラク」共に、〈暫時〉から〈少時〉へと移行していることは注目に値するものである。

読み方としては、〈暫時〉は「ザンジ」として、須藤南翠『唐松操』（明治二十二年）、巌谷小波『秋の蝶』（明治二十六年）に見られ、「スコシ」として、徳富蘆花『不如帰』（明治三十一年）、「ワヅカノマ」として、尾崎紅葉『おぼろ舟』（明治二十五年）に見られる。[5]〈少時〉については、広津柳浪『変目伝』（明治二十八年）に、「スコシ」という読みのものが二例見られ、「ワヅカ」として、幸田露伴『太郎坊』（明治三十三年）、小杉天外『魔風恋風・前編』（明治三十六年）にそれぞれ見られた。[6]

明治期の辞書の例は先に掲げたが、そこには〈暫〉の同義語として〈須臾〉が挙げられていた。しかしこの字は、明治期の作品では「シュユ・スユ」として『唐松操』と『不如帰』に見られるものの、[7]「シバラク」という読みでは『浮雲』にしか見られない用法であり、尾崎紅葉『浮木丸』（明治二十九年）では、「オッツケ」という訓で使用

されている例があった。[8] 節用集では、

小時（シバラク）　斯須（同）（『易林本節用集』）

須臾（シユユ）（文選註 少時也）　斯須（シバラク）（礼記註 ――八一離一合之時也）　聊且（同）（文選）　俄頃（同）（韻瑞）

頃刻（同）（同上）　少選（同）（韻会）　―時（同）（頃間。食頃。少間。瞬息。電頃。並ニ同）　暫（同）（活法不久也）　蹔（同）

少焉（シバラクアツテ）（赤壁賦）　（『書言字考節用集』）

とある。以上のように、先の表中からは見られなかった表記がいくつか載っているが、〈須臾・少選・少時・少焉・頃刻〉の五字については、漢学を学んでいた当時の作家たちが、一知識としてこれらの表記法を目にしていたと考えて良いであろう。

次に〈霎～〉の表記についてであるが、この表記を用いているのは、『八犬伝』、山田美妙『夏木立』、紅葉の作品、徳富蘆花『不如帰』、幸田露伴『太郎坊』の五作品である。〈霎～〉の表記のうち、『八犬伝』と共通し、明治期の作品に多く見られる〈霎時〉について見てみることにする。現在では〈霎〉の字を目にすることは少ないと思われるが、〈霎時〉は『大漢和辞典』には、

【霎】④しばし。しばらく。〔中華大字典〕霎、瞬霎、目動之頃也。

【霎時】すこしの間。しばし。

とあり、また、明治十一年に刊行された『支那小説字彙』には、

霎（セフ）　—時（ジ）タチマチ、シバシノアイタ　○霎ノ字ハ、シグレノコト、霎時ハ、一シグレト云フホドノコト

とあることから、やはり漢学を学び、漢学に親しんだ作家ならではの用字法と言えるであろう。ただしこのような表記が、作品を読むすべての読者に自然と受け入れられたのかについては疑問の残るところであり、時代を通して使用されなかったという事実を考えれば、当然そこには作家個人の表記法の域から抜け出せない、当時の小説の表記法に対する問題が浮かび上がってくるのである。

『八犬伝』の「シバシ・シバラク」の用字法

①シバシ

輯＼用字	須臾	霎少	霎時	一霎時	小霎時
1			○		
2			○		
3			○		
4			○		
5			○		
6			○		
7			○		
8			○		
9			○		
10			○	○	○
11				○	
12	○	○		○	
13					
14				○	
15				○	
16				○	
17				○	
18				○	
19				○	

②シバラク

輯＼用字	暫	姑	且	権	権且	姑且	少且	少選	姑息	須臾	霎時
1		○	○								○
2			○								
3			○					○			
4			○					○			
5		○	○								
6	○	○	○								
7		○	○	○				○			
8		○	○		○		○				
9		○	○		○						
10		○			○	○					
11					○	○					
12		○				○					
13		○			○	○			○		
14			○		○			○		○	
15					○	○					
16					○	○					
17					○	○					
18			○		○						
19					○						

まず①の表から、第九輯上套巻之一～巻之六（①表中番号10・岩波文庫第五巻）から、〈霎時・一霎時・小霎時〉の三表記が混用され、〈霎時〉から〈一霎時〉へと表記が移行していることが明らかである。なお、今回はその理由を検討する余裕が無いため、ここではその移動が明確に実証されたということだけに止めておく。一方②の「シ

バラク」の基本軸となっている表記は、〈姑・且・権且・姑且〉の四種と思われる。流れとしては「シバシ」の〈霎時〉から〈一霎時〉への移動があったように、〈且〉から〈権且・姑且〉への移動が、ここでも見られるようである。「シバシ・シバラク」の語に関して、『八犬伝』と明治期の作品にどの程度関連があるのかについては、先に述べたとおりである。

紅葉の「シバシ・シバラク」の用字法

①シバシ

作品＼用字	少	暫	姑	久	刹那	少時	多時	少頃	少焉
懺悔		1				2			
伽羅	1					18			
二人						2	1		
三前		1				3			
三後		1							
男						1			
隣									1
紫						1			
不言		4	6	2	1	3			
多前						1			
多後						1			
金前						3			
金中		4				2		1	
金後						2			
続金						3		1	
続々						3			
新続									
手紙		1							

②シバラク

作品＼用字	且	暫	姑	少	久	有間	暫時	霎時	良久
懺悔	1	4					1		
伽羅									
二人		1							
三前		2						2	
三後								7	
男			5						
隣		2	4			1			
紫					1				
不言		1	9						1
多前		5	13			2			
多後		6	11			1		1	
金前			5						
金中		3	3			1			
金後		3	4						
続金		4	5						
続々			1	1					
新続									
手紙									

少間	暫時	霎時
	2	
	4	
		1
		1
		1
	1	
1		

少時	少頃	少焉	多時
4			
7			1
2			
1		1	1
			1
1		2	2
8			
4			1
			1
1			1
			1
	1	2	1

右の①②表と巻末の別表を総合的に見てみると、一字表記に関しては「シバシ」に統一性が見られないが、「シバラク」では〈暫・姑〉の二表記併用が中心となっており、明治二十七年『心の闇』から、〈姑〉の表記が多く見られるようになっている。一方、二字表記に関しては、明治期の他の作品と同様に〈少時〉を主に使用していることから、一字・二字表記共に、「シバシ・シバラク」については特殊な表記法をしてはいないと言える。ただし他作品と異なるところは、「表記の多様性」ということであり、「各作家の『シバシ・シバラク』の用字法」でも見たように、明治期の作品中で、紅葉のように多種に亘る表記を用いている作品は見られない。もちろん、これは今回の調査対象とした明治期のごく僅かな作品との比較から出た結論でしか無いが、恐らくこのような多種表記を用いる作家は稀であると思われる。明治という時代が「漢字表記の多様性の時代」であったとしても、各作家によって多少なりとも自己の表記スタイルが確立していたと思われる中、なぜ紅葉が多種表記を行ったのか。それは自己のスタイルが確立できなかったこと、または表現の微細な点にまで用字法を考慮したことなどが考えられるところである。この点については、最終的なまとめのところで改めて考えていきたいと思う。

まとめ

明治期における「シバシ・シバラク」の通用字は、一字表記では〈暫〉であったと思われ、実際の諸作品でも

〈暫〉が主に使用されており、二字表記では〈少時〉が主として使用されていることが分かった。また紅葉の作品においても、他作品と同様に一字では〈暫〉、二字では〈少時〉が主に使用されており、一般的な用字法に従っているが、一方で他の多くの特殊な用字をも使用しているところに、紅葉の特徴が認められる。

注（1）しばし（暫）暫時、少しのま、などいふに同じ。
しばらく（暫、須臾）①暫時、しばし、などいふにおなじ　（『帝国大辞典』明治二十九年）
しばし（暫）暫時、少しのまの意。
しばらく（暫）①暫時、しばし　②仮りに、ちよツと、などの意。（須臾・霎時・少時）　（『日本新辞林』明治三十年）

（2）『近代文学と漢字』（『漢字講座九』昭和六十三年六月　明治書院）より。
半沢氏の調査結果によると、『浮雲』の漢字表記率は「第一篇…四二・三％　第二篇…三八・四％　第三篇…三七・四％」となっており、「全体的に漢字表記率が漸減の傾向にある」とされている。

（3）**第三篇**
〈「都の花」第拾八號より〉
▽暫らく待ツてゐてみたが、（一九ペ・上段七行目）
▽暫く待ツてゐてみても、（一九ペ・下段五行目）
▽無言で少選文三を睨めるやうに視てゐたが、（二七ペ・上段一二行目）
〈「都の花」第拾九號より〉
▽少く物思はし氣に洋燈を凝視てゐたが、（一二ペ・下段一〇行目）
▽暫時して返答とはなく、（一五ペ・上段一二行目）
〈「都の花」第貳拾號より〉

▽兎に角良久らくの間ハ身動をもしなかツた、（三〇ペ・上段五行目）
〈「都の花」第貳拾壹號より〉
▽少時思の道を縦ツてまじ〳〵としてゐてみるが、（三二ペ・上段一二行目）
▽暫くハ惘然として氣の抜けた顔をしてゐた。（三三ペ・下段七行目）
▽忽ち道を失つて暫く思念の歩を留めた。（三四ペ・上段二行目）
▽暫く差控てゐた—（三四ペ・上段一五行目）
▽暫く縁側を往きつ戻りつしてゐた。（三六ペ・上段一五行目）
（4）『近代文学と漢字』（『漢字講座九』昭和六十三年六月　明治書院）より。
（5）▽外國人と樓上に於て暫時（ざんじ）喃々したるも（『唐松操』一二二ペ・一行目）
▽店が忙がしいと見へて、暫時（ざんじ）吾が家へも無沙汰であつたが。（『秋の蝶』三六ペ・一行目）
▽「おや毅一さん、暫時（すこし）見ない中に、また大きくなつた樣ですね。」（『不如帰』六九ペ・三行目）
▽暫時（わづかのま）に此男天晴れなる田舍漢に成濟し、（『おぼろ舟』三四三ペ・九行目）
（6）▽『鳥渡手が脫されないから、少時（すこし）待て、戴きたいと云て來たんです。』（『変目伝』三九七ペ・二行目）
▽『も、も、も少時（すこし）。よ、よ、よがす。』（『変目伝』三九七ペ・四行目）
▽此の少時（わづか）の間に主人は其心の傾きを一轉したと見えた。（『太郎坊』三二五ペ・六行目）
▽その顔色を見ると、少時（わづか）の間に顔色も惡く、（『魔風恋風・前編』一一二ペ・一二行目）
（7）▽小松ハ少しく悵然たる色を露はせしも須臾（しゆゝ）にして最と潔よき色を顯はし、（『唐松操』四二ペ・一〇行目）
▽只だ此の答へのみ聞えしが須臾（しゆゝ）にして、（『唐松操』二四三ペ・八行目）
▽其決心を試むる機會は須臾（すゆ）に來りぬ。（『不如帰』八一ペ・一二行目）
（8）▽ト落膽した容子。須臾（しばらく）あツて、（『浮雲』第一篇・一〇三ペ・三行目）
※ただし、『浮雲』では〈須臾〉の例自体が一例であり、もう一例は、

▽人の心も騒ぎ立つとも須臾（しゆゆ）にして風が吹罷めば、（第一篇・五三ペ・六行目）

というように、「シュユ」としての用例である。これ以外の「シバラク」には、ほとんど〈暫〉の漢字が使用されている。

▽「今野良へ出てをりますが、須臾（おっつけ）戻りますよ。」（『浮木丸』五〇五ペ・七行目）

（二）トカク（平仮名）

この項では、副詞の「トカク・トニカク」、その他の同系列の語（トカウ・トヤカク・ドウカウなど）も、共に検討を行っていく。

各作家の「トカク」の用字法

時代	作品＼用字	兎角	左右
江戸時代	西鶴	○	
	八犬伝		○
明治十年代	春雨	○	
	阿松	○	
	嶋田	○	
	冠松	○	
	書生	◎	○
明治二十年代	浮雲	○	
	夏木立	○	
	鷗外	○	
	唐松操	◎	○
	山吹塚	○	
	秋の蝶	○	
	隅田川	○	
	変目伝	◎	○
	にごり	○	
	今戸	○	
	紅葉	○	○
明治三十年代	不如帰	◎	○
	高野聖		○
	太郎坊	○	
	下士官		○
	地獄	○	
	魔風	◎	○
明治四十年代	蒲団	○	
	草迷宮	◎	○
	独行	◎	○
	歓楽	○	
	漱石	○	

※鷗外…『舞姫』『半日』『ヰタ・セクスアリス』『青年』『妄想』『雁』『かのやうに』『阿部一族』『安井夫人』『山椒大夫』『最後の一句』『澀江抽斎』

※漱石…『彼岸過迄』

語形にこだわらず、各作家の作品において、〈左右〉と〈兎角〉のどちらが使用されているのかを表にした。この表から、明治期では主に、「トカク」系の語には〈兎角〉の表記を用いていることが分かる。両表記を併用していた作品の中で、坪内逍遙『当世書生気質』（明治十八年）の例を挙げると、

兎角（とかく）…二十六例　兎も角…一例　兎も角も…十八例　兎に角…十例　兎に角に…一例

右に左に…一例　右み左み…一例　右視左視…一例

というように、〈兎角〉語系表記が多いことが分かるが、〈左右〉語系表記の場合、〈左右〉ではなく〈右左〉となっており、特殊と言って差し支えのない用字法を行っている。[1] このような例は他に、須藤南翠『唐松操』（明治二十二年）にも見られ、

▽左ても右くても氣遣ハしき事のみなり居つゝ、（三四六ぺ・一〇行目）

▽左右する程に妻なる者ハ之れを氣に病みて、（三三ぺ・二行目）

▽優しき女性が胸に右に左と尋思を運らし、（五五ぺ・六行目）

▽夜が明けたらバ右も左も今夜ハ是非に思召し止られて下さりませ、（一五ぺ・八行目）

このように、四例中二例が〈右左〉となっている。この他には、紅葉の『夏痩』（明治二十三年）・『むき玉子』（明治二十五年）・『冷熱』（明治二十七年）の三作品と、泉鏡花『草迷宮』（明治四十一年）に見られるのみであった。[2] その例はごく僅かであるが、〈右左〉の表記も、一部の作品では使用されていたことが明らかであり、なぜこのような表記が表れたのか、今後更に多くの作品を検討していくべきであろう。

表を見て明らかなように、〈兎角〉と〈左右〉の両表記を併用している作品では、紅葉の作品以外はすべて〈兎角〉を主体とした表記法となっており、〈左右〉は例があっても僅か数例だけであり、明治期の小説表記においては、「トカク」系の語には主に〈兎角〉が使用されていたと言える。

室町期の節用集である『伊京集』には、「左右（トニカクニ） 兎角（トカク）」、『黒本本節用集』では「左右（トモカクモ） 兎角（トカク）」とあるように、「トカク」には〈兎角〉が、それ以外の「トカク」系の語には〈左右〉が当てられている。しかしそれよりも後の『易林本節用集』には〈菟角〉、『書言字考節用集』には〈兎角〉が「トカク」として記されているだけである。また西鶴の作品では、〈兎角〉表記しか使用されていないことなどを含めて考えてみると、『八犬伝』の使用していた〈左右〉表記は、既に特殊な「古態」を示す表記であったと言えるのかもしれない。明治期の国語辞書には、

とかく―左右―取捨―兎角―（一）カレコレ。アチコチ。ナニヤカヤ。トカウ。
（二）ヤヤモスレバ。トモスレバ。　（『言海』明治二十二年）

とかく〔兎角＝左右＝取捨〕（一）ナニヤカヤ＝アレコレ＝アチコチ
（二）トモスレバ　（『日本大辞書』明治二十六年）

となっている。『日本大辞書』以降の辞書には、〈兎角〉が第一番目に見出し語として挙げられていることなどからすると、(3)一応は〈左右〉の表記も「トカク」として認められてはいたものの、〈兎角〉の方が通用字として優勢な表記だったと考えられる。これは恐らく、〈左右〉が「サユウ（右・左の意味）」として使用されていたこと、そして〈兎角〉の方が、音にした時に「トカク」と発音できることなどが大きな原因であったのではないだろうか。ところでこれらの表記は、『日本国語大辞典』では「あて字である」とされており、(4)またその用例の古いものを見る限りでは、一三七一年の『太平記』では〈兎角〉の表記が使用されていることから、時代を通して主に〈兎角〉が使用されていたと言えるのかもしれない。〈兎角〉の表記については、「亀毛兎角」という諺の〈兎角〉の音が、「トカク」と同音のため、「トカク」の表記に〈兎角〉を採用したとも考えられる。

表中には、同一作家で作品年代の異なるものが何作か含まれているが、中でも泉鏡花『高野聖』（明治三十三年）

と同『草迷宮』（明治四十一年）の作品とでは、表記が異なっていることが分かる。『高野聖』では〈左右〉の表記だけであったのが、『草迷宮』では〈左右〉は、

▽姥はあらためて右瞻左瞻たが、（一一四ペ・八行目）

の、先に挙げた〈右左〉の用例が一例見られるだけであり、その他の「トカク」系の語五例には、すべて〈兎角〉を使用している。(5) 泉鏡花に関しては、今後更に多くの作品と用例に当り、時代と共に表記法を変えていったのかどうかを検討する必要があるであろう。

紅葉の「トカク」の用字法

①総合

用字＼作品	仮名	兎角	左右
懺悔	1		1
伽羅	16	4	1
二人	4	14	1
三前	3	3	11
三後			23
男		19	
隣	1	8	2
紫		5	1
不言			22
多前			27
多後			20
金前			2
金中			7
金後			12
続金			15
続々			4
新続			2
手紙	1		1

※この表は、次に掲げる表「トカク・トモカク」以外の「トカク」系の語（トカウ・トニカク・トヤカク・トニモカクニモ・ドウカウ・トミカウミ・トサマカウサマなど）をすべて含めたものである。

②トカク

作品＼用字	仮名	兎角	左右
懺悔			
伽羅	8	3	
二人	1	6	
三前	2	1	4
三後			11
男		10	
隣	1		
紫			
不言			7
多前			4
多後			5
金前			1
金中			3
金後			2
続金			1
続々			
新続			
手紙	1		

③トモカクモ

作品＼用字	仮名	兎角	左右
懺悔			
伽羅	7	1	
二人	1	7	
三前		1	5
三後			11
男		5	
隣		4	2
紫		5	
不言			8
多前			14
多後			7
金前			
金中			3
金後			1
続金			6
続々			1
新続			1
手紙	1		

〈左右〉語系の総合表①だけでも凡そのことは分かると思うが、分かりやすくするために、②③として「トカク・トモカクモ」の例を挙げておいた。巻末の別表と右の三表から、明治二十七年『冷熱』から〈左右〉へと移行し、『不言不語』（明治二十八年）から平仮名と〈兎角〉の表記がまったく無くなり、〈左右〉へと統一されている

ことが明らかである。副詞に関しては、実際の用例からその使い分けを判断することは難しく、今回の調査では明確に判断が出来ないのだが、表の数字から出た完全な〈左右〉への統一は、内容とは無関係に、紅葉独自の用字法へと移行していったものと判断して差し支えないように思われる。〈左右〉が「トカク」の表記法として、明治の中頃には減少の一途を辿っていったことに反するかのように、紅葉は「古態」を示す用字法を意識的に行ったのである。なぜこのような「古態」を示す用字法にこだわったのかについての考察は、最終的な結論部分で詳しく述べたいと思うので、ここでは、紅葉が「古態」の用字法へと統一していったということのみを強調しておきたい。

まとめ

明治期における「トカク」の表記法は、主として〈兎角〉が使用されていた。〈左右〉の表記を用いている作品も見られたが、それらは「トヤカク・トカウ」などの語に使用されており、「トカク」としての例は、紅葉の作品にしか見られないものであった。今回の調査結果から、〈左右〉は「古態」を示す表記法であると言え、紅葉が意識的に「古態」の表記を用い、統一していったという結果に至った。

注(1)▽右に左に遁辭を設けて。(第八號・七六ペ表・一四行目)
▽見てやらう。ト手に取あげて。右み左み。(第參號・一七ペ裏・一行目)
▽トいひつ、兒鳥を右視左視て。またお秀をバ右視左視つ。(第十五號・一四五ペ表・一一行目)
(2)▽穴へも入りたきばかりにて右左いふべき樣なし。(『夏瘦』四三七ペ・一〇行目)
▽筆を擱きて右視左瞻、或は眉を顰め或は頰笑み、(『むき玉子・前編』三五五ペ・六行目)
▽右も左も首尾好く戀の棧を呼出して、(『冷熱』四一八ペ・一行目)
▽姥はあらためて右瞻左瞻たが、(『草迷宮』一一四ペ・八行目)

(3)とかく（兎角、左右）①あれこれ、又は、あちこち、などいふに同じ。②ともすれば、といふにも用ゐる。（『帝国大辞典』明治二十九年）

とかく（兎角）②ともすれば（左右）（『日本新辞林』明治三十年）

(4)※太平記―一一・越中守護自害事「三年余恋慕しが、兎角方便（てだて）を廻して、偸出してぞ迎へたりける」

(5)▽善悪は兎も角、内の嫁が可愛いにつけ、（九七ぺ・一〇行目）

▽貴下お一方は先づ兎も角も居らつしやる。（二一五ぺ・四行目）

▽兎も角も座敷へ連れやう…．（二八三ぺ・九行目）

▽日頃は兎に角、別に今夜は何事もない。（三一五ぺ・五行目）

▽草叢に足痕を留めた以來、兎角人出入騒々敷く、（三三四ぺ・一行目）

(三) ナホ［猶・尚］

この項では、単独で使用されている「ナホ」のみを調査対象とし、検討を行っていく。

各作家の「ナホ」の用字法

時代	作品＼用字	猶	尚	仍	独	倘	愈
江戸時代	西鶴	○					
	八犬伝	○	○			○	
明治十年代	春雨	◎	○				
	阿松	◎	○				
	嶋田	◎	○				
	冠松		○				
	書生	○	◎				
明治二十年代	浮雲		○				
	夏木立	○					
	唐松操	○	◎				
	山吹塚	○					
	鷗外	○	○				
	秋の蝶	○	◎				
	隅田川	◎	○				
	変目伝		○				
	にごり	○					
	今戸		○				
	紅葉	○	○	○	○		
明治三十年代	不如帰	○					○
	薄衣	◎	○				
	高野聖	○					
	太郎坊	○					
	灰尽	○					
	夜の雪	○					
	地獄	○					
	魔風	○	○				
	漱石	○	○				
明治四十年代	蒲団	○					
	草迷宮		○				
	独行		○				
	歓楽	○					

※鷗外…『舞姫』『文づかひ』『青年』『雁』『澁江抽斎』
※漱石…『吾輩は猫である』『倫敦塔』『薤露行』『坊っちゃん』『草枕』『虞美人草』『三四郎』『それから』『門』『彼岸過迄』『行人』『こゝろ』『明暗』

右の表から、明治期においては、〈猶・尚〉の両字が主に使用されていたということが分かる。作品によっては一字で統一されているものもあるが、今回の調査対象となった作品では、両字併用のものが多く見られた。しかし、例えば永井荷風『薄衣』（明治三十二年）では、〈猶〉七例、〈尚〉一例というように、〈猶〉の表記が多かったように、その他の作品においても、表中に二重丸で示したように、各作品によって〈猶〉か〈尚〉のどちらかに偏っているものがほとんどであった。しかし小杉天外『魔風恋風』（明治三十六年）においては、単独の「ナホ」の例だけでは〈猶・尚〉を同数使用しており、「ナホサラ・ナホナホ」などの語を含めると、〈猶〉五例、〈尚〉九例というように、〈尚〉の表記の方が多かった。

『易林本節用集』には「尚（ナヲ）」とあり、『書言字考節用集』では「猶以（ナヲモッテ）　—々（ナヲナヲ）　—更（ナヲサラ）　猶　尚（ナヲ）」とあるように、年代の異なる節用集では多少の異なりが見られる。明治期の作品にも同様のことが言えそうである。表中の二重丸の部分を含めて見てみると、明治十年代では、〈猶・尚〉の両字を併用している作品では〈猶〉が優勢であるが、二十年代に入ると田山花袋『隅田川の秋』（明治二十六年）を除いては、両字を併用している作品では〈尚〉が多く、全体的にも〈尚〉が優勢であると言え、三十年代、四十年代においては、ほぼ完全に〈猶〉の表記へと移行していることが明らかである。今回の調査結果だけから言えば、明治十年代に〈猶〉が優勢であったものが、明治二十年代には〈尚〉が優勢となり、明治三十年代以降は、再び〈猶〉が優勢になったという、変遷の様が見てとれる。

明治期の国語辞書では、『言海』（明治二十二年）だけが、〈尚〉を一番目に見出し語として取り上げているが、それ以降の辞書では、すべて〈猶〉を第一に掲げており[1]、当時の辞書からも、〈尚〉から〈猶〉への変遷の一端を伺うことができそうである。

『八犬伝』の「ナホ」の用字法

輯＼用字	猶	尚	倘
1	○		
2	○		
3	○	○	
4	○	○	
5	○	○	
6	○	○	
7		○	
8	○	○	
9	○	○	
10	○	○	
11	○	○	
12	○	○	
13	○	○	
14	○	○	
15	○	○	
16	○	○	
17		○	
18	○	○	
19	○	○	○

明確な数字を出せていないので、どちらが多く使用されているのかということは述べられないが、第三輯（右表中番号3・岩波文庫第二巻）から、〈尚〉を「ナホ」として使用し始めていることが分かる。「ナホとして」と言うのは、〈尚〉や〈猶〉は「ナホ」という訓以外に、「マダ・イマダ・モシ・〜スラ・〜ノミ・コヒネガフ」としても使用されており、「ナホ」として用いられるようになってからも多用されているのである。この「ナホ」以外の訓での使用法は、明治期の作品にも見られるものである。[2] これは「ナホ」という語が、副詞の「もう」や「まだ」などと同じ意味を持つ同義語であるということが大きな原因であろう。このように、〈尚〉や〈猶〉が「ナホ」と同義の語として使用されている例は『大漢和辞典』にも見られ[3]、中国の文献にその例が見られることは確かである。

作品＼用字	猶	尚	仍	独
懺悔		2		
伽羅		6		
二人		3	1	
三前	2	3	6	
三後		1	10	
男	3	5	5	
隣		2		
紫	1	1		
不言	13	1	6	
多前	15		5	1
多後	20	2	2	
金前	12	4	7	
金中	12		5	
金後	9	1	14	2
続金	13	1	13	
続々	3	6	5	
新続	1		1	
手紙	6	1		

巻末の別表と右の表から、「猶→尚→〈猶・仍〉の混用」という凡その流れが見えるであろう。〈尚〉は、数は少ないが『色懺悔』（明治二十二年）の頃から使用されており、岡保生氏の言う、第一の用字法変革期である『二人女房』（明治二十四年）から〈仍〉が、第二の変革期の前年の『不言不語』（明治二十八年）から〈猶〉の使用数が増え[4]、最終的には、これらの三字の混用が『金色夜叉』（明治三十〜三十六年）においてなされている。

紅葉の使用している文字の中で、明治期の作家の中でも特殊と思われる表記は〈仍〉である。明治期の国語辞書には、同義語として〈仍〉を挙げている辞書もあったが、今回調査した作品の中で実際に使用している例は、紅葉門下の小栗風葉の作品『下士官』（明治三十三年）のみであった。[5]『大漢和辞典』にも古代中国の文献の例は載っておらず、漢文からこの字を抜き出して活用したと言うことはできない。ところが、『支那小説字彙』には「仍　前ノ、トホリ、ト云意」とあり、また現代中国語の辞書には、〈仍〉は書き言葉として「依然として、いまなお、やはり」というように記されているのである。(6) つまり中国において、〈仍〉が日本語の「なお、やはり」などとして使用されるようになったのは、近世白話小説以降であると考えられ、紅葉の用字法には、明治期に刊行された『支那小説字彙』などの辞書類や白話小説の影響が、少なからずあったと言えるのである。

まとめ

今回の調査の限りでは、「ナホ」に当てる表記として明治十年代では〈猶〉が、二十年代では〈尚〉が、そして三十年代以降になると〈猶〉へと統一されていったという結果に至った。紅葉の作品では、初期から後期に至るまで一漢字への統一が見られず、一作品で二、三の表記を併用していたということが分かった。
〈仍〉の表記は、辞書には同義語として載っているものの、他作品には見られない表記であった。また〈仍〉は、近世白話小説と関係のある表記であるということも明らかになった。

注(1) なほ|尚|猶|仍| (一) ソレデモヤハリ。(二) マダ。マダマダ。(三) 転ジテ、ソノウヘニ。イヨイヨ。
(『言海』明治二十二年)

なほ {猶＝尚＝仍} (一) ヤハリ (二) マダ (三) イヨイヨ　(『日本大辞書』明治二十六年)

なほ (猶、尚、仍) ①もとのやうの義なり、やはりに同じ。②まだの意にも用ゐる。③いよいよ、其上に、などの意にも用ゐる。　(『帝国大辞典』明治二十九年)

なほ (猶) もとのやう、やはり、まだ、その上に (尚、仍)　(『日本新辞林』明治三十年)

(2) ▽尚(まだ) 赤襟の色さめぬ。新妓なりとハ見えながらも。(『当世書生気質』第壱號・二ペ裏・六行目)

▽尚(まだ) 肩揚ハ下ざれども。(『当世書生気質』第十二號・一一四ペ・一一行目)

▽『定二郎、お前尚些(もちツ)と氣を付なければ不可ぢやアないか。』(『変目伝』四〇〇ペ・一四行目)

▽まだ色氣があるのか。尙（まだ）とは何がまだ？（『おぼろ舟』二六九ペ・六行目）
▽いや尙（ま）だ何かおほせらるゝ、（『二人椋助』五九一ペ・八行目）
▽猶（いとゞ）吾命の惜まれて千代までも生きたしと思ふ浪子。（『不如帰』一五二ペ・八行目）
▽「金滿家の子になるより乞食の子が猶（まだ）優ぢや」と云ふ。（『灰尽』四四ペ・一〇行目）
▽「いゝえ、女子學院の本科を卒業したとなると、未だ未だ猶（もツ）と取れます。」（『魔風恋風・前編』三四ペ・一三行目）
▽また猶（モ）う一つ兄の心苦しく思ふは、（『魔風恋風・前編』一五〇ペ・七行目）
▽猶（もツ）と堂堂たる生活をして居さうなものを、（『魔風恋風・中編』一一九ペ・六行目）
他、多数の作品に見られる。

（3）【尚】②なほ。イ　まだ。それでも。［詩、小雅、小弁］尚求其雌。［箋］尚、猶也。
ロ　かつ。［枚乗、七発］尚何及哉。

（4）岡保生氏は、副詞「ヤガテ・サスガニ・イツモ」の三例を検討した上で、「『二人女房』—『三人妻』といふ著作が、紅葉の用字を考へるにあたつて、最初の、かつ相当重要な異議を有する作物である」とし、この作品を書いていた明治二十四、五年から、世が西欧文学に目を向けはじめたことが、彼に「自己の著作活動に内政の眼を注がざるを得」なくさせ、紅葉自身が「しきりに西欧文学を貪りはじめ」たことが、文体改革に踏み切った大きな要因であるとしている。その改革に伴って、「文章表現において、一々の用字にまで関心を寄せることになつた」と述べている。

（5）▽仍尊宅にはお勝殿一人にて、途方に暮れ居られ候に付、（二一一ペ・下段一五行目）
▽「は、は、隱されるのは仍怪しい。」（二一四ペ・下段一三行目）
▽軍曹は仍椽外に立つたまゝ、（二一七ペ・上段四行目）
▽彼は此時までも仍或る恐るべき企を胸に描いてゐて、（二一八ペ・上段一七行目）
※なお、『下士官』にも、
▽「お前様さへ仍些（もちツ）と親切にしてお下んなさりや（下略）」（二一七ペ・下段一九行目）

というように、〈仍〉が「モウ」として使用されている用例が見られ、同じく小栗風葉の『青春』にも、

▽「最う爺さん達の話は舍しませう、可哀さうで仍（なほ）と氣が沈みますから。」（秋之巻・二二四ペ・五行目）

など、この他にも〈仍〉の用例が多数見られた。

(6)『中日辞典』（小学館）

（四）ナゼ［何故］

この項では、疑問の副詞「ナゼ」について検討を行っていく。

各作家の「ナゼ」の用字法

年代	作品＼用字	何故	何為	何以	以為
明治十年代	春雨	○			
	嶋田	○			
	書生	○			
明治二十年代	浮雲	○			
	夏木立	○			
	唐松操	○			
	山吹塚	○			
	秋の蝶	○			
	隅田川	○			
	にごり	○			
	今戸	○			
	紅葉	○	○	○	○
明治三十年代	不如帰	○			
	高野聖	○			
	下士官	○			
	灰尽	○			
	夜の雪	○			
	地獄	○			
	魔風	○			
	漱石	○			
明治四十年代	蒲団	○			
	草迷宮	○			
	独行	○			
	歓楽	○			
	鷗外	○			

※鷗外…『半日』『キタ・セクスアリス』『青年』『普請中』『妄想』『雁』『かのやうに』『阿部一族』『安井夫人』『山椒太夫』『澁江

抽斎』
※漱石…『吾輩は猫である』『坊っちゃん』『草枕』『虞美人草』『三四郎』『それから』『門』『彼岸過迄』『行人』『こゝろ』『明暗』

「ナゼ」に関しては、明治十年代から四十年代にかけて、すべての作品において〈何故〉で統一されており、紅葉のように多種に亘る表記は、他に例を見ない。紅葉の作品の〈何故〉以外の表記は、漢文表記をそのまま用いたものであると思われる。

『日本国語大辞典』に拠ると、〈何故〉は「ナゼ」と訓がなされるのは江戸初期成立の『おあむ物語』である。〈何為〉は「ナンスレゾ」であり、〈何以〉は「ナニヲモッテ」であり、〈以為〉は「～ヲモッテス」と読むことができるものであり、〈以為〉以外は「ナゼ」と同義の語である。『書言字考節用集』には、〈何為〉が「ナンソレゾ」として載っており、明治期の国語辞書には、

なぜに‖何故‖〔何ゾ、ノ転ト云〕如何ナル故ニテカ。ドウシテ。（『言海』明治二十二年）

なぜに〘（何故）〙〔なぞ（何）の義〕ドウシテ＝ドウイフワケデ（『日本大辞書』明治二十六年）

となっており、その他の辞書にも同様の表記がなされていることから、[1]「ナゼ」に関する紅葉の用字法は、明治期において特殊なものであったと言えるのである。

紅葉の「ナゼ」の用字法

巻末の別表と次頁の表から、『金色夜叉・中編』（明治三十二年）を境に、〈何故〉から〈何為〉へと表記が移行していることが分かる。岡保生氏の説では、紅葉の用字法変革期は『二人女房』（明治二十四年）、『三人妻』（明治二十五年）と、『多情多恨』（明治二十九年）であるとされていたが、[2]今回の調査から、それに『金色夜叉・中編』

作品＼用字	なぜ	何故	何為	何以	以為
懺悔	5				
伽羅					
二人	4	5			
三前					
三後			1		
男					
隣		11		1	
紫	9				
不言					
多前		22			
多後		15			
金前		5			
金中			7		
金後			5		
続金			14		1
続々			1		
新続			3		
手紙					

も含められると言えそうである。そのことについては総合的に整理をした上で、最後の結論部分で改めて述べたいと思う。

紅葉が〈何故〉以外の表記を行っていたのは、明らかに漢文的要素から抜けきれなかったことを示す好例であると言える。今までにも「古態を示す表記」という表現を使いながら調査を進めてきたが、「ナゼ」に関しては、まさに「古態を示す表記法」と言うことができる。先に各用字について、〈何故〉以外の表記は「ナゼ」と同義語であると述べたが、特に紅葉の作品における〈何為〉の表記に関しては、「ナゼ」の他に「ナニシニ・ドウシテ・ナアニ・ナニ」などとして使用されているということからも、[3]〈何故〉と〈何為〉はイコールの関係であるという認識の元に、〈何為＝ナゼ〉の表記を行っていたということが分かる。そして〈何為〉の表記を意識的に行ったであろうことが右の表から明らかであり、何度も言うようであるが、「古態」の表記に拘泥した、紅葉の用字法の意識の表れであると言える。

まとめ

今回の調査範囲内では、「ナゼ」の表記に関して、明治期に表記の揺れは一切見られず、〈何故〉の一字に統一されていた。しかし紅葉の作品においては、平仮名を含めて五種の表記が用いられていた。「ナゼ」の漢字表記に関しては、『金色夜叉・中編』で〈何為〉へと統一されているが、それ以前の漢字表記については、『金色夜叉・前編』まで、ほぼ〈何故〉に統一されていた。

以上のことから、紅葉が最終的には「古態」の表記法を用いたということが明らかになった。

注(1)なぜに（何故）どうして、どういふわけで、などいはんが如く、何故といふ意なり。（『帝国大辞典』明治二十九年）なぜ（何故）どうして、どういふわけで。（『日本新辞林』（明治三十年）

(2)岡氏は「紅葉の用字法（『尾崎紅葉―その基礎的研究―』昭和五十八年　日本図書センター）の中で、副詞「ヤガテ・サスガニ・イツモ」の三語を検討した上で、紅葉の用字法に対する意識が明治二十四、五年の『二人女房』・『三人妻』と、明治二十九年の『多情多恨』で変化しているということを述べている。

(3)▽「何爲（ナニ）、默つてばかり居るのでもなからうけれど（下略）」（『千箱の玉章』五八六ぺ・三行目）

▽「まあ、貴方が何爲（どうし）て其を！」（『寒牡丹』八〇〇ぺ・一一行目）

他、多作品に見られる。

(五) ヤガテ（平仮名）

この項では、副詞「ヤガテ」についての検討を行っていく。

各作家の「ヤガテ」の用字法

時代	作品＼用字	頓	軈	旋	頓而
江戸時代	西　鶴		○		○
	八犬伝		○		
明治十年代	春　雨	○			
	阿　松	○			
	嶋　田	○			
明治二十年代	浮　雲	○	○		
	唐松操		○		
	秋の蝶		○		
	変目伝		○		
	今　戸		○		
	紅　葉	○	○	○	
明治三十年代	不如帰	○			
	薄　衣		○		
	高野聖		○		
	太郎坊		○		
	下士官			○	
	灰　尽	○			
	夜の雪	○			
	地　獄		○		
	魔　風	○			
明治四十年代	草迷宮	○	○		

右の表から、凡そ「軈→頓→軈→〈頓・軈〉の混用」という用字法変遷の流れが見られる。今回の調査で扱った明治四十年代の作品では、泉鏡花『草迷宮』（明治四十一年）だけが、「ヤガテ」という副詞に対して漢字を使用しており、その他の作品ではすべて平仮名を使用していたため、右の表中には載せられなかった。現在でも「ヤガテ」などの副詞に関しては、ほとんどが平仮名を用いることになっているが、明治四十年代からそのような傾向になっていったものと思われる。

同一作家の年代の異なる作品に関しては、泉鏡花『高野聖』（明治三十三年）では〈軈〉から、『草迷宮』（明治四十一年）の〈軈・頓〉の混用という変化が見られる他、年代は同じであるが、幸田露伴『太郎坊』（明治三十三年）と『夜の雪』（明治三十五年）では、〈軈〉から〈頓〉への表記の変化が見られる。これらの作家の作品については、今後年代別に多くの作品を検討していくべきであろう。

『書言字考節用集』では、

頓（ヤガテ）　軈（同）本朝ノ俗字。音義未詳。

とあり、〈軈〉は、日本においては通用字であると記されている。実際に、次の時代の西鶴の作品や『八犬伝』では、〈軈〉の表記が用いられている。一方明治期の国語辞書では、

やがて｜軈｜［止難ノ意ト云］（一）ソノママニ。スナハチ。タダチニ。スグニ。頓‖即‖須臾‖（二）ホドナク。マモナク。（『言海』明治二十二年）

やがて〔軈て〕［やみがて（止難）ノ義］（一）スナハチ。（二）ホド無ク。（『日本大辞書』明治二十六年）

とあり、その他の辞書にも〈軈〉が挙げられており[1]、明治期においては、この表記が一般的に使用される漢字として認められていたと言えるが、先の表から、実際の小説の表記の中では、年代によって〈軈〉と〈頓〉とで揺れていたと言えよう。

紅葉の「ヤガテ」の用字法

次頁の表を見ると、全体の合計としては、平仮名での使用が多いことが分かる。平仮名も含め三種以上の表記をしているのは、『二人女房』（明治二十四年）から『多情多恨・前編』（明治二十九年）に集中しているが、『多情多恨・前編』では〈軈〉が一例だけであるので、その前年の『不言不語』までを、三種以上の表記をしているものとして見て良いであろう。

仮名を除き、漢字のみの表記法を巻末の別表と併せて見てみると、『多情多恨・前編』以降は、〈旋〉の一字にほ

作品＼用字	やがて	旋	頓	聽
懺悔	8			
伽羅	20			1
二人	4	5	1	
三前	1	2	4	6
三後	3	1	3	6
男	20		1	1
隣	6	1	1	1
紫	7			
不言	31	4	4	2
多前	2	13		1
多後	6	15		
金前		6		
金中		11		
金後	1	7		
続金		5		
続々		5		
新続		1		
手紙				

ぼ統一されることになる。明治期の他作品の中では、小栗風葉『下士官』（明治三十三年）が〈旋〉を使用しているが、これは彼が紅葉の影響を用字法の面からも多分に受けていたと思われることから、恐らく彼独自の用字法とは言えないであろう(2)。また岡保生氏の論文「紅葉の用字法」では、「ヤガテ」の表記について明治期の他作家三十名との比較を行っているが、そこにも〈旋〉の表記をしている作家は見られないのである(3)。

このように〈旋〉の表記は、明治期においては一般的な用字法とは言えず、節用集や白話小説関係の辞書などにも見られない用法であるのだが、現代中国語では〈旋〉が書き言葉として、「まもなく、すぐ」という意味を持つ漢字として使用されていることから(4)、中国においても、ある時期から〈旋〉が「まもなく、すぐ」という意味でもって使用されたのは確かである。このことは、今後多くの中国の文献に当たって調査を進めねばならない課題であろう。

まとめ

明治期における「ヤガテ」の表記法は、〈聽〉と〈頓〉とで揺れがあったように思われる。紅葉の作品では、『不言不語』から『多情多恨』を境として、主として用いていた平仮名から、〈旋〉の表記へと統一されていた。しかし今回の調査では、〈旋〉を「ヤガテ」として扱っている資料が他に見当たらず、唯一、現代中国語の辞書に「書面語」として記されているだけであった。今後、より多くの資料に当って検討を行うべき課題である。

注(1)やがて（軈）①すなはちといふに同じ。②ほど無くといふ意にも用ゐる。（『帝国大辞典』明治二十九年）

やがて（軈）①すなはち。②ほど無く。（『日本新辞林』明治三十年）

(2)『下士官』

▽旋て東京へ着輦せられたのは五月の末、（二一六ペ・上段一八行目）

▽旋て四這ひになつて蜘の巣だらけの椽の下へ潜り込んで、（二一七ペ・上段五行目）

また、明治三十八年の『青春』でも、

▽旋て熬つたさうに搔散らした髪毛をも、（春之巻・一五ペ・一行目）

▽旋て木槿の花の仄白く暮れ殘つた垣の内へ入つて行くと、（夏之巻・一七五ペ・四行目）

▽頤を埋めて伏目に俛れたが、旋て面を起すと、（秋之巻・一一〇ペ・四行目）

など、他にも多数の用例が見られる。

(3)岡保生『尾崎紅葉―その基礎的研究―』（『近代作家研究叢書⑰』昭和五十八年　日本図書センター復刻）より、その調査対象とされた作家は以下の通りである。

坪内逍遙・長谷川二葉亭・饗庭篁村・須藤南翠・山田美妙・矢崎嵯峨屋・石橋思案・巌谷小波・川上眉山・江見水蔭・広津柳浪・中村花痩・幸田露伴・斎藤緑雨・原抱一庵・宮崎湖処子・遅塚麗水・幸堂得知・村上浪六・村井弦斎・高山樗牛・樋口一葉・徳富蘆花・北村透谷・泉鏡花・依田学海・森田思軒・丸岡九華

※ただし、岡氏が何れの作品に当たり検討を行ったのかは分からないが、小栗風葉については、本論で示したように〈旋〉の

使用が見られたので、右の一覧からは抜かした。

（4）『中日辞典』（小学館）

（六）ヤハリ・ヤッパリ（平仮名）

この項では「ヤハリ・ヤッパリ（ヤッパシ）」の両語について、それぞれ検討を行っていく。

各作家の「ヤハリ・ヤッパリ（シ）」の用字法

「ヤハリ・ヤッパリ」の語に関しては、西鶴の作品と『八犬伝』には用例がられなかったため、明治期の作品のみを調査した結果、次頁の表のようになった。表から一目瞭然であるが、明治期の一般的な表記法は〈矢張〉であり、紅葉の作品においてのみ、実に多種の表記がなされていることが明らかである。後藤宙外『独行』（明治四十一年）では、〈尚且・猶且〉が「ヤッパリ」として使用されているが[1]、これは「ナホカツ」が「ヤハリ」と同義に近い語として使用されていたことが原因であろう。

明治期の国語辞書には、

やはり｜矢張｜［弥張ノ意ニモアラムカ］ソノママニテ。故ノ姿ニテ。ナホ。ヤッパリ。依然　（『言海』明治二十二年）

やはり〔矢張り〕ソノママデ。＝ヤッパリ　（『日本大辞書』明治二十六年）

とあり、その他の辞書でも〈矢張〉が見出し語として挙げられていることからも[2]、明治期の通用字は〈矢張〉であったことに間違いはないであろう。

年代	作品＼用字	矢張	依然	依旧	依様	猶且	尚且	独且	仍旧	同前	果然	正是
明治十年代	春　雨	○										
	嶋　田	○										
	書　生	○										
明治二十年代	浮　雲	○										
	夏木立	○										
	唐松操		○									
	鷗　外	○										
	秋の蝶	○										
	変目伝	○										
	にごり	○										
	今　戸	○										
	紅　葉	○	○	○	○	○		○	○	○	○	○
明治三十年代	不如帰	○										
	薄　衣	○	○									
	高野聖	○										
	太郎坊	○										
	灰　尽	○										
	地　獄	○										
	魔　風	○										
明治四十年代	蒲　団	○										
	草迷宮	○										
	独　行	○				○	○					
	歓　楽	○										
	漱　石	○										

※右の表は、「ヤハリ・ヤッパリ」などを総合的にまとめたものである。
※鷗外…『ヰタ・セクスアリス』『青年』『普請中』『妄想』『雁』『かのやうに』『阿部一族』『安井夫人』『澁江抽斎』
※漱石…『行人』

紅葉の「ヤハリ・ヤッパリ（シ）」の用字法

①ヤハリ

作品＼用字	矢張	依然	依旧	依様	猶且
懺悔					
伽羅					
二人					
三前					
三後					
男	1				
隣	2				
紫					
不言					
多前	1	4			5
多後			1	1	5
金前	1				
金中			1	3	1
金後					4
続金				1	2
続々					
新続					
手紙					

②ヤッパリ

作品＼用字	矢張	依然	依旧	依様	猶且	独且	仍旧	同前	果然	正是
懺悔										
伽羅										
二人	2	6			3					
三前										
三後										
男										
隣										
紫	4	2								
不言										
多前	2			3	6					
多後		3	1	2	9	1	1	3		1
金前		2			1					
金中										
金後	1	1	1	7	1					
続金			1		4					
続々				1	4				1	
新続				1	3					
手紙										

①②の二つの表と巻末の別表を併わせて見てみると、紅葉が『多情多恨・前編』（明治二十九年）から〈猶且〉の表記を多く用いており、明治二十九年以降の作品では、〈矢張〉の表記をほとんど使用しなくなっていることが

分かる。用字法の面からも紅葉の影響を多分に受けたと思われる小栗風葉『下士官』（明治三十三年）も、〈猶且〉を「ヤッパリ」として使用している事実は、[3] 紅葉とその門下の中心となる用字法が〈猶且〉であったことを示していると言えよう。

①表の「ヤハリ」では、『多情多恨・前編』と『金色夜叉・中編』（明治三十二年）に、多種に亘る表記がなされており、②表の「ヤッパリ」では、『多情多恨・後編』と『金色夜叉・後編』（明治三十五年）に多種の表記がなされている。両者を併せて考えれば、『多情多恨』から紅葉の用字法に大きな変化が見られるということになる。明治三十年代に至っても、〈矢張〉以外の多種表記を用いているということは、明治期の作家としては異例であり、紅葉の用字法に対する深い関心と、それらをいかに作品中で用いるかという苦悩が表れているように思われる。

各字の表記について見ていくと、〈依然〉は現在でも「イゼン」として使用するが、「もとのまま」という意味で『大漢和辞典』にも見られる表記である。[4]〈果然〉は、『小説字林』に「果然（クワゼン）（ホンニ又ナルホド又アンノゴトク）」として記載されている。〈依旧〉は同じく『小説字林』に、「依旧没済（イキウボツセイ）（前ノトホリニヤクニ立タヌ）」とあり、〈仍旧〉についても「仍旧（ジヨウキウ）（モトノゴトク）」として記載されている。この〈依旧・仍旧〉に関しては、『大漢和辞典』に語自体が見られないことから、恐らく近世中国で使用されるようになったものと思われ、紅葉と近世白話小説との関係がここでも浮かび上がってくるのである。

まとめ

明治期における「ヤハリ・ヤッパリ」の表記としては、〈矢張〉が、通用字として明治全期に一貫して用いられていたことが明らかとなった。しかし紅葉の作品においては、一漢字の統一がなされなかったものの、〈猶且〉を主として用いており、〈矢張〉は『多情多恨・前編』以降使用されなくなっていった。またその他の多種に亘る表記法は、紅葉の近世白話小説との関係を浮かび上がらせるものであった。

注(1)▽『ふむ、猶且辛いものですかね（下略）』」(三六六ぺ・上段二〇行目)
▽十數里の距離はあるが猶且同じやうに僕も牛の群に驚かされたね。(三七三ぺ・上段二五行目)
▽戰死が尙且花やかだ、壯烈だといふ事にフラ〱と戻る。(三三九ぺ・上段二八行目)
▽が、尙且それを行るんだね。(三四五ぺ・上段六行目)
▽尙且人間の住む所が懷しくツてね。(三五二ぺ・下段一〇行目)

(2)やはり（矢張）そのまゝ、なほといふほどの意なり。（『帝国大辞典』明治二十九年）
やはり（矢張）そのまゝ、なほ。（『日本新辞林』明治三十年）

(3)▽「猶且俺が叱譴つて教育した奴だが（下略）」(二〇六ぺ・下段二一行目)
▽「猶且お酒は歇める譯には行かなかつたの。」(二一二ぺ・下段一六行目)
▽「猶且腹を立て、在るんだわ。」(二一三ぺ上段・一七行目)
※ただし明治三十八年～三十九年刊行の『青春』では、〈彌張〉のみを用いている。この表記は紅葉の作品には見られない。紅葉亡き後に風葉独自の表記法に変更したのか否かは、今回の調査では明らかにできないが、今後風葉の用字法にどのような変化が見られるのかということも、用字法研究の一課題であろう。
▽「彌張絕對的快樂の狀態と言ふより（下略）」(春之巻・一三ぺ・四行目)
▽彌張同じやうな懷疑病に取憑かれた上に、(夏之巻・七五ぺ・九行目)
▽彌張更年期の婦人が感ずる病性の總覺と同じやうな、(秋之巻・一〇三ぺ・一〇行目)
他、多数。

(4)【依然】①もとのまま。古を戀ひしたふさま。［南史、沈文季傳］其郡以前猶有故情。

（七）ワザト・ワザワザ（平仮名）

この項では、「ワザト・ワザワザ」の両語について共に検討を行っていく。

各作家の「ワザト・ワザワザ」の用字法

①ワザト

	作品＼用字	態	故	故意	仮意
江戸時代	西鶴	○			
	八犬伝			○	
明治十年代	嶋田	○			
	書生			○	
明治二十年代	浮雲			○	
	夏木立			○	
	唐松操	○			
	山吹塚			○	
	変目伝	○			
	紅葉	○	○	○	○
明治三十年代	不如帰			○	
	薄衣	○			
	高野聖		○		
	下士官		○		
	地獄			○	
	魔風	○		○	
	漱石	○		○	
明治四十年代	蒲団	○			
	草迷宮		○		
	独行			○	
	鷗外			○	

※鷗外…『キタ・セクスアリス』
※漱石…『吾輩は猫である』『それから』『門』『彼岸過迄』『行人』

②ワザワザ

	作品＼用字	態々	故々	故意故意
明治十年代	嶋田	○		
明治二十年代	浮雲			○
	唐松操	○		
	隅田川	○		
	変目伝	○		
	紅葉	○	○	
明治三十年代	下士官		○	
	魔風	○		
	漱石	○		
明治四十年代	蒲団	○		
	鷗外	○		

※鷗外…『青年』
※漱石…『吾輩は猫である』『行人』

まず①の「ワザト」について、紅葉以外の作品を見てみると、主に〈故意〉、または〈態〉による表記が行われていたことが分かる。漱石の場合は、〈態〉は『吾輩は猫である』（明治三十八年）に見られるのみであり、明治四十年以降の『それから』『門』『彼岸過迄』『行人』では〈故意〉が用いられている。[1]しかし「ワザトラシイ」の語では、『吾輩は猫である』でも〈故意〉が使用されていたり、『行人』では、「ワザワザ」の表記に〈態々〉が使用されていることから、[2]総合的に見た場合、どちらに統一されているということは言えない。

『易林本節用集』や『書言字考節用集』では、〈態〉が「ワザト」として記載されており、明治期の国語辞書の例を見ても、

わざと ‖態‖ [業トシテノ意カ] コトサラニ。故‖ （『言海』明治二十二年）

とあり、またその他の辞書にも〈態〉が挙げられていることから、[3]近世から明治期にかけての「ワザト」に対する漢字表記は、〈態〉が一般的であったということが分かる。

紅葉の作品と、泉鏡花『高野聖』（明治三十三年）・『草迷宮』（明治四十一年）、小栗風葉『下士官』（明治三十三年）では〈故〉の表記がなされているが、この表記は他作品には見られないことから、当時としてはあまり一般的な表記法とは言えなかったものと思われる。小栗風葉『下士官』については、他の項目でもたびたび触れてきたように、紅葉からの用字法の影響が強いと思われるため、〈故〉の表記は、紅葉が進んで取り入れた表記法であったと言って良いであろう。泉鏡花の場合は、一概に紅葉の影響があったとは言えないように思われるので、ここでは、「ワザト」に関しては紅葉や風葉と同様に、明治期としては稀な表記法を使用していたという事実だけを述べるに止めておく。

現代中国語では、〈態〉は「①姿、形、ありさま、様子。②（語法）態、ボイス」として、〈故〉は日本語にあたる「わざと、ことさらに、故意に」の意味として使用されている。[4]「各作家の『ワザト』の用字法」の中で、紅葉のみが〈故〉を「ワザト」として使用していたのは、「わざと」と「ことさらに」が同義であるからだと考えられると共に、漢語的な表現に即していこうとする態度が強かったということも、その理由の一つではないだろうか。

詳しくは後述するので、次に〈態〉と〈故〉との関係を考えていきたいと思う。

〈態〉は、『字訓』に拠ると、「ワザ」という訓で『日本書紀』などに見られると記され、『類聚名義抄』にも、「ワザ」として「行・事・態」と、〈態〉の表記が見られ、〈態〉が、古来「ワザ」として訓がなされてきたものであったということが分かる。また『字訓』の〈態〉の解説によると、

［荀子、成相］に「人の態には備ふるに如かず」とあり、態とは詐態をいう。「わざ」「ことさらに」の意と字義が合う。

とされ、「ワザ」という語自体の説明では、

ある特定の意味を含む行為をいう。その行為者を「わざをき」、呪詛的な行為の結果としてもたらされる不孝を「わざはひ」という。［常陸風土記］などに「風俗（くにぶり）の諺」といわれる「ことわざ」も、本来は呪能をもつ呪詞的な語であった。

としている。そして『大漢和辞典』には、

【故】⑬わざとしたこと。［書、大、譔］刑故無小。［集伝］故者、知之而故犯也。

【態】①すがた。かたち。さま。②しぐさ。わざ。みぶり。③やうす。ありさま。④才能がある。

となっている。以上のことから、当初は「ワザ」という一和語に種々の表記がなされていたが、次第に意味が細分化されていった結果、技能・技術としてのワザには〈技〉が、人の行為に対するワザには〈業〉が、そして人の心をもって意図的に行われる行為に対しては、〈態〉が当てられるようになったと考えられるのではないだろうか。

以上のことから、〈態〉に「ワザト」として使用するのは漢語的な用法ではなく、和語的な用法であるということが分かったと思う。

『八犬伝』の「ワザト」の用字法

用字＼輯	故意	胡意
1		
2		
3		
4		
5		
6		
7		
8	○	
9	○	
10	○	
11	○	
12	○	
13	○	
14	○	○
15	○	○
16	○	○
17	○	○
18	○	○
19	○	○

『八犬伝』では一字表記による「ワザト」は無く、二字表記の〈故意・胡意〉の二種の表記によって書き表されている。『八犬伝』の中では、〈故意〉の表記でほぼ統一されていたと言ってよいであろう。〈胡意〉に関しては、このような表記はどの辞書にも見られなかったが、『支那小説辞彙』に「胡（胡ノ字ハ、スベテ義理ニ、アハザル不法ナルコトナリ）」とあり、「ワザト」に近い意味を持つ語であることが分かる。恐らく、〈故〉と〈胡〉の音が「コ」という同一の音であることから、このような表記が現れたのではないだろうか。しかしこの表記が『八犬伝』にのみ見られるものなのか、近世のその他の作品にも見られるものなのかについては、今回の調査では明らかにできなかった。一方〈故意〉は、現在でも「コイ」として使用される言葉である。意味は言うまでも無く、「わざと」である。この表記は、明治期の諸作品に用いられているものである、漢字表記を行う際に、この表記しか用いない作品もある。鷗外の作品にも、十七例の「ワザト」のうち、『ヰタ・セクスアリス』（明治四十二年）に〈故意〉の表記が一例のみ見られ、残りはすべて仮名表記となっている。[5] 漱石は〈態・故意〉の二表記を用いているものの、やはり鷗外と同じように仮名表記が多く、「ワザトラシイ」なども含めると、漢字表記は『吾輩は猫である』（明治三十八年）では二十八例中十三例、『それから』では二十八例中一例、『門』では二十四例中一例、『彼岸過迄』では四十七例中二例、大正期の

『行人』では五十二例中三例、『明暗』では九十二例中一例というように、稀に現れる表記である。[6] しかし明治初期の作品となると、〈故意〉のみの表記が多く、坪内逍遙『当世書生気質』(明治十八年)では、五例すべてが〈故意と〉と表記され、二葉亭四迷『浮雲』(明治二十年)でも、やはり〈故意と〉が多く見られる。[7]

以上のことから、〈故意〉の漢語的な表記は明治初期に多いと言え、そこからは、未だ漢文要素から脱し切れていない、当時の「表記に対する諸作家の意識」というものが見えてくるのではないだろうか。

紅葉の「ワザト・ワザワザ」の用字法

①ワザト

用字／作品	わざと	故	態	故意	仮意
懺悔					
伽羅	1			2	
二人	8	2	1		
三前	5	6			
三後	7	3	1		
男	7				
隣	5	2			
紫	6	2			1
不言	3	2			
多前	4	9			
多後		6			
金前		1			
金中		7			
金後		2			
続金		1			
続々					
新続					
手紙	2	1			

②ワザワザ

用字／作品	わざわざ	故々	態々
懺悔			
伽羅	4		
二人	1		
三前	3		1
三後	5		2
男	3		
隣	4		
紫	1		1
不言	4		1
多前	3	3	
多後		1	
金前	1	1	
金中	1		
金後		2	
続金			
続々			
新続			
手紙			

巻末の別表と右の表から、紅葉の「ワザト・ワザワザ」の表記が、『多情多恨・前編』(明治二十九年)以降、〈故と・故々〉へと統一されていっていることが分かる。①の「ワザト」では、初期の頃から〈故〉と仮名との併

用がなされ、〈故〉へと統一されていっているが、②の「ワザワザ」では、仮名表記と〈態々〉とが『不言不語』まで併用されているものの、仮名表記が主となっており、今までまったく使用されていなかった〈故々〉が、『多情多恨・前編』（明治二十九年）以降使用されることになる。また初期の他作家に多く見られた〈故意と〉の表記は、『伽羅枕』（明治二十三年）に二例見られるのみである。[8]

〈態〉と〈故〉との関係については先に述べたが、ここで紅葉の用字法の位置付けの一端を見てみると、明治初期の作家が、〈故意〉を使用するという点で漢語的要素から抜けきれていなかったのに対し、紅葉は明治後期の作品に至って、わざわざこの表記をとっているのである。なぜこのような他作家と異なる表記をする必要があったのかについては、今回の調査を総合的に比較整理した上で、最終的な結論部分で改めて考えていきたいと思う。

まとめ

「ワザト」の表記は、明治初期においては、〈故意〉が主に使用されていたようであり、漢語的要素が色濃く残っていた様子を伺わせるものである。「ワザワザ」に関しては、〈態々〉が主に用いられていたようであるが、この表記は和語的要素を含んだ表記であった。紅葉の作品においては、「ワザト・ワザワザ」の両語に〈故〉が用いられていたが、この表記は漢語的な表記法であり、紅葉が漢語的な表記に執着していたことを示した例であると言える。

注（1）▽「演者自身の局部は回護の恐れがありますから、態と論じません。」（『吾輩は猫である』一二九ペ・八行目）
▽「此間蝙蝠傘を買ってもらう時にも、入らない、入らないって、態と云つたら（下略）」（『吾輩は猫である』四〇六ペ・六行目）

▽もう少し控えて置く方が得策だといふ料簡を起した結果、故意と話題を避けたとも取れる。（『それから』三五五ペ・四行目）
▽故意と短い日を前へ押し出したがつて齷齪する様子を見ると、（『門』七五七ペ・一〇行目）
▽天下の往來を同じ方角に行くもの、如くに、故意とあらぬ方を見て歩いた。（『彼岸過迄』一二〇ペ・五行目）
▽さうして故意と己の袖や裾のあたりを成程といつたやうな、（『行人』四九三ペ・六行目）
（2）▽「どうも自分で作つた名はうまくつけた積りでも何となく故意とらしい所があつて面白くない。」（『吾輩は猫である』三六ペ・五行目）
▽態々年始状をよこした迷亭君が飄然とやつて來る。（『吾輩は猫である』六二ペ・一行目）
▽「そこで今日態々君を招いたのだがね」と、（『吾輩は猫である』一四一ペ・九行目）他
▽實行しにくい感情的の言葉に過ぎなかつたと父は態々説明した。（『行人』五六五ペ・一行目）
（3）わざと〔態と〕コトサラニ　（『日本大辞書』明治二十六年）
わざと（態）ことさらに、といふにおなじ。　（『帝国大辞典』明治二十九年）
わざと（態）ことさらに。　（『日本新辞林』明治三十年）
わざわざ｜態態｜わざとヲ重ヌ。コトサラニ。別段ニ。ワザト。故‖　（『言海』明治二十二年）
わざわざ（態態）　ことさらに、などいふにおなじ。　（『帝国大辞典』明治二十九年）
わざわざ（態）　ことさらに。　（『日本新辞林』明治三十年）
（4）『中日辞典』（小学館）
（5）▽望月君が妙な聲をする。故意とするのである。（『ヰタ・セクスアリス』一七四ペ・三行目）
（6）▽是といふ故意とらしい點も見えないので、（『彼岸過迄』八六ペ・一〇行目）
▽すると其態とらしさが、すぐ兄の神經に觸つた。（『行人』五八八ペ・一四行目）
▽お負に不規則な故意とらしい曲折を描いて、（『明暗』五九七ペ・一行目）

その他は（注一）を参照のこと。

（7）▽離れさうになつた古帽子を。故意と横さまに被りながら。（『当世書生気質』第貳號・一〇ぺ裏・六行目）

▽故意と知らん振で居た所が。（『当世書生気質』第拾七號・一六二ぺ裏・五行目）

▽故意とならぬ眺はまた格別なもので、（『浮雲』第一篇・八一ぺ・一行目）

▽今日は故意と日本服で茶の糸織の一ツ小袖に、（『浮雲』第二篇・五ぺ・四行目）

この他にも用例は見られる。

（8）▽さめ〱と涙を流せば、石見は故意と笑ひて、（三ぺ・一〇行目）

▽左源太故意に呀といひて小膝を搦ち、（一九四ぺ・五行目）

六　その他

ここでは、一漢字がどのように使用されていたのかについて検討を行っていく。

（一）「頭」の用法—「～のサキ」・場所を表す「頭」—

紅葉の作品では、〈頭〉が非常に多く使用されている。それは大きく分けて「名詞＋頭」に分けられる。そのすべてを以下に挙げる。

頭・枝頭・肩頭・肝頭・舌頭・口頭・毛頭・剣頭・七頭・爪頭・指頭・手頭・簷頭・鼻頭・話頭・膝頭・臂頭・紐頭・店頭・枕頭・唇頭・層頭

現在でも使用されているものも多少あるが、それらは現在では、主に音読みで用いられているのに対し、紅葉の作品では大部分が訓で読まれている。例えば〈口頭〉は、現在では「コウトウ」であるが、紅葉の作品では「クチ・クチサキ・クチノハタ・クチモト・クチマヘ」と、五種もの訓が付されている。〈頭〉に関しても、現在では「アタマ・～トウ（動物を数える場合）」であるが、紅葉は「アタマ・サキ・～ビキ（動物を数える場合）・ホトリ」というように多様に訓を付している。このような〈頭〉の使用法は紅葉独自のものであったのか、紅葉の作品で特に多く使用される「～のサキ」として使用されている〈頭〉と、「枕頭（まくらもと）」・「頭（ほとり）」の三つの用法について、他作家の作品との比較を交えながら検討を行っていきたい。

(a) サキ

作品＼用字	肩頭（かたさき）	肝頭（きもさき）	口頭（くち（の）さき）	毛頭（けさき）	舌頭（したさき）	爪頭（つまさき）	指頭（つまさき）	手頭（てさき）	指頭（てさき）	鼻頭（はな（の）さき）	膝頭（ひざさき）	臂頭（ひぢさき）	指頭（ゆび（の）さき）
懺悔										1			
伽羅	4		5		1	1	2			2			3
二人	1	1		1				1		1			3
三前			1							3		1	2
三後			1										1
男							1		1				
隣	1									2	1		
紫								1		1			
不言													
多前	1		1							3			
多後										2			1
金前													
金中													
金後													
続金	1		1										
続々	1												
新続													
手紙													

〈頭〉の「サキ」としての用法は、特に「身体＋頭（サキ）」の形で使用されている。紅葉の作品における「サキ」を詳しく見てみると、前頁のような表になる。

この用法は、〈肩頭・口頭〉の例が『金色夜叉・続編』『金色夜叉・続々編』に見られるものの、『多情多恨』（明治二十九年）以降の作品にはほとんど見られなくなっている。しかしこれは、特に「先」へ統一されていったというわけではなく、語自体が作品中に見られなくなっているためである。

〈頭〉を「サキ」として使用するようになったのは、いつ頃からであろうか。『類聚名義抄』には「先・前（サキ、ハシメ）」「已往・鋒・嚢・昨（サキ）」となっており、〈頭〉は見られない。江戸期の『書言字考節用集』には、単独の「サキ」としては、〈頭〉は記載されていないが、「鼻頭（ハナノサキ）」という形で、〈頭〉が「サキ」として使用されている。また明治期の辞書には、

さき｜先｜　（一）物ノ最モ前ナル処。（場所ニイフ、後ニ対ス）　先頭　（『言海』明治二十二年）

とされ、その他の辞書にも、〈先〉以外の表記は同義語としても記されていない。[1]『大漢和辞典』には、「さき。先端」として「［晋書、顧愷之伝］矛頭淅米剣頭炊」の例があるが、紅葉の作品に見られた「身体＋頭」の例ではない。この『晋書』のような例は、『八犬伝』に多く見られるものである。

キッサキ…刃頭・刀頭　ツゑノサキ…杖頭　ツツサキ…銃頭・筒頭　ハサキ…刃頭

ホコサキ…鋒頭　ホサキ…穂頭・尖頭・刃頭・槍頭　ヤサキ…矢頭・箭頭　ヤリサキ…鎗頭

このような用法以外にも、『八犬伝』では〈頭〉がさまざまな形で使用されている。（紅葉と同じ表記法をしているものには、傍線を付した）

頭（まくら）　~頭（ヒキ・ビキ）　二杖頭（ふたさしぜに）　頭（くび）　尾頭（おざき）

爪頭（つまさき）　指の頭（さき）　手頭（てくび）　兎の毛の頭（さき）　両頭（ふたつにわか

る）　笠頭（かさのうへ）

以上のように、僅かな例ではあるが、紅葉の表記法と同じ〈頭〉の使い方がなされている例があった。因に動物の数を表す「〜頭（ヒキ・ビキ）」の例は、岡本起泉『嶋田一郎梅雨日記』（明治十二年）にも例が見られた(2)。

次に〈頭〉に関係なく、明治期の他作品の「身体＋サキ」の用例を見てみると、次のような表になった。

	作品＼用字	頭	尖	先	端	前
明治十年代	春雨			○		
	阿松			○		
明治二十年代	浮雲	○			○	
	唐松操			○		
	秋の蝶			○		
	隅田川			○		○
	変目伝			○		
	にごり			○		
	今戸			○		
明治三十年代	不如帰		○	○		○
	薄衣			○		
	高野聖		○	○		
	太郎坊	○				
	下士官	○				
	灰尽		○			
	地獄			○		
	魔風	○				○
明治四十年代	草迷宮		○	○		○
	独行		○			
	歓楽			○		

二種以上の表記を用いている作品の中で、重要と思われるものを以下に掲げる。

二葉亭四迷『浮雲』………第二篇に〈爪端（つまさき）〉の例が一例あったが、他の六例（手頭・爪頭・鼻（の）頭・口頭）は、すべて〈頭〉を使用している。

徳富蘆花『不如帰』………「身体＋サキ」としては「眼前（めさき）—五例・鼻先—一例・手先—一例・胸先

―三例・爪先―一例・指尖（ゆびさき）―一例」であるが、他に「傘の尖（さき）・塔の尖（さき）」が各一例ずつ、「椽前（えんさき）・玄関先・店先」が各一例ずつ見られた。

泉鏡花『高野聖』…………〈手先〉一例・〈爪先〉三例・〈爪尖（つまさき）〉一例・〈指の尖（さき）〉一例、その他には「枝の尖（さき）・岩の尖（さき）」が各一例ずつと、「鼻頭（はなづら）」が一例見られた。

小杉天外『魔風恋風』……「口頭―五例・口頭（くち）―一例」であるが、「ハナサキ」の「サキ」については、前編では「鼻頭・鼻前」を一例ずつ使用していたのが、中編・後編では「鼻（の）前」として〈前〉が「サキ」として使用されており、前編から中編・後編にかけて表記を変えている。

泉鏡花『草迷宮』…………「指の尖（さき）―三例・手尖（てさき）―一例・爪先―一例・目（の）前（さき）―三例」の他に、「鼻頭（はなづら）―一例・「影の尖（さき）・杖の尖（さき）・得物の尖（さき）」各一例ずつと、「庭前（にはさき）―一例・切尖（きツさき）―三例」の例が見られた。

このように、作品によりさまざまな表記法が見られるが、全体的には〈先〉が時代を通して使用されていたと言えるであろう。また、紅葉が多用していた「身体＋頭」の用法は、少なからず明治期の他作品でも用いられていた用法であったということが明らかになった。

（b）場所を表す「頭」―枕頭（まくらもと）・頭（ほとり）

「マクラモト」に当てられる字は、現在では「枕元・枕許」であると『大辞泉』に記されており、その説明には「寝ている人の枕のあたり。枕頭（チントウ）。まくらがみ。まくらべ」とある。『大漢和辞典』には、「ほとり。あたり」として「［古詩、木蘭詩］暮宿黒山頭」の例が記されている。また『類聚名義抄』には、「アタリ」としては「他」の例が見られるのみであるが、「ホトリ」として「傍・側・邉・上・頭・端・際」などが挙げられていることから、〈頭〉は「ホトリ」として認められていたということが分かる。明治期の国語辞書には、

ほとり｜辺｜［端ト通ズルカ］程近キ処。アタリ。ソバ。キハ。（『言海』明治二十二年）

ほとり（辺）あたり、そば、きは（頭、上）（『日本新辞林』明治三十年）

とあり、『日本新辞林』には同義語として〈頭・上〉と見られるが、その他の辞書には、『言海』と同様に〈辺〉のみが記されているだけである。[3] また「マクラモト」については、明治二十二年の『言海』が〈枕許〉を第一に掲げ、「漢の通用字」として〈枕頭〉が挙げられている以外は、すべて〈枕頭〉が第一に挙げられており、[4] 明治期の二十年代後半から「まくらもと＝枕頭」であるというのが一般の認識であったと考えられる。

実際の明治期の諸作品の用例は、次頁の表の通りであるが、このように、「マクラモト」に関しては〈枕頭・枕元〉共に使用されており、恐らく江戸文学などの影響が明治期の作家の意識として強く現れたのが〈枕頭〉であり、〈枕頭・枕元〉のいずれを用いたかということによって、各作家の用字法に対する意識が推測できるのではないだろうか。

ところで、このように〈頭〉が場所を表す漢字として使用されるようになったのは、先にも見たように「ホトリ」という意味を持っていたためであると思われる。『八犬伝』では、以下のように〈頭〉が使用されている。

年代	作品＼用字	枕頭（まくらもと）	枕元（まくらもと）	枕辺（まくらもと）	枕頭（まくらべ）	枕辺（まくらべ）	枕上（まくら）
明治十年代	春雨					○	
	嶋田					○	
明治二十年代	山吹塚		○				
	隅田川		○				
	変目伝	○					
	今戸	○					
明治三十年代	不如帰	○	○		○	○	○
	地獄		○				
	魔風	○					
明治四十年代	草迷宮		○				
	独行			○			
	歓楽	○					

▽這頭（こゝ・ここら）　其頭（そこら）　門頭（かどべ）　〜頭（わたり）　頭（ほとり）

今回調査した明治期の作品には、このような例は既に見当たらず、唯一、紅葉の『不言不語』（明治二十九年）に、「ホトリ」としての例が四例見られるだけとなっている。(5)

「〜のアタリ」に近い用例としては、尾崎紅葉『伽羅枕』（明治二十三年）の「口頭（くちもと）」、同『多情多恨・後編』（明治二十九年）の「唇頭（くちもと）」各一例と、二葉亭四迷『浮雲』の「口頭（くちもと）」二例を挙げることができる。明治期の国語辞書では、「マクラモト」としては〈頭〉が場所を示す語として認められていたにも拘らず、「ホトリ・アタリ」の項では、〈頭〉ではなく〈辺〉が通用字として掲げられていた。これは、〈頭〉が「動物のアタマ」を指す語として主に使用されていたためであろう。

以上のように、「マクラモト＝枕頭」として使用される例は、明治期においてはごく一般的なものであったことは明らかである。単独で「場所を表す語」としては、近世以降使用されなくなったと言えるが、僅かな例であるとは言え、紅葉の作品に「頭＝ホトリ」という表記がなされていたことで、江戸時代の『八犬伝』などの読本の類との繋がりが、改めて認められたと言えるであろう。

まとめ

紅葉の作品に見られた〈頭〉の用法の一部を見てきたが、特殊と思われた〈頭〉の使用法は、明治期の他作品にも見られるものであった。しかし単独で場所を表す〈頭〉は、ごく僅かではあるが、紅葉の作品にのみ見られるものであり、江戸時代の読本の類と、紅葉の作品との関係を改めて伺い知ることができた。

注（1）さき〔先〕（一）スエ＝トガリ＝ハシ（もとノ対）―「筆ノさき」
（三）目ザス相手＝先方―「さきノ心」（『日本大辞書』明治二十六年）
さき（先）②末端をいふ「筆のさき」③目ざす相手をいふ（『帝国大辞典』明治二十九年）
さき（先）②末のこと「筆の―」（『日本新辞林』明治三十年）
（2）最愛らしき一頭の洋犬が多くの地犬に取巻れ、（三編下・一ぺ裏・下段一行目）
（3）ほとり〔辺〕アタリ＝ソバ＝キハ（『日本新辞林』明治三十年）
ほとり（辺）あたりなり、そばをいふ、きはに同じ。（『帝国大辞典』明治二十九年）
（4）まくらもと―枕許―　枕のアタリ。枕頭（『言海』明治二十二年）
まくらもと　枕頭＝枕辺（『日本大辞書』明治二十六年）
まくらもと　枕頭なり、枕辺をいふ。（『帝国大辞典』明治二十九年）

まくらもと（枕頭）枕の辺、枕上。（『日本新辞林』明治三十年）

（5）▽雑栽を潜りて裏なる池の頭に出づれば、（二四一ぺ・一二行目）

▽やう〳〵我側に來給ひければ、打連れて再び池の頭に出でたり。（二四二ぺ・九行目）

▽池の頭の手帕に驚きしは、尋常事にして看過し難き所もあり。（二八三ぺ・一行目）

▽池の頭にも見えたまはざりければ、御庭の内殘る方無く尋ねまゐらせしに、（二八九ぺ・三行目）

（二）「微」の用法—接辞の「微」・形容動詞の「微」—

この項では、接頭辞の〈微・薄〉の使用法「ウス～・ホノ～」と、形容動詞としての〈微〉の用法「カスカニ・ホノカニ」とを、それぞれに検討していきたいと思う。

（a）「ウス～・ホノ～」

まず、〈微〉を接頭辞として使用している作品がどのくらいあるのかを見てみると、

訓＼作品	鷗外	紅葉	漱石
うす～	○	○	○
ほの～	○	○	

このように、僅か三作家の作品に見られるのみである。鷗外の場合には、

▽乳の如き色の顔は燈火に映じて微紅（うすくれない）を潮したり。（『舞姫』四三二ぺ・八行目）

▽裏庭の方の障子は微白（ほのじろ）い。（『半日』四五九ぺ・一〇行目）

▽其時微白（ほのじろ）い女の顔がさつと赤く染まつて、（『雁』四九八ぺ・六行目）

の三例だけであり、「ウス～」の表記三十一例中、漢字表記は右の一例のみであり、「ホノ～」は右の二例のみで、残りはすべて仮名表記である。漱石も一三七例の「ウス～」中、〈微〉を使用したものは、

▽あの女の顔に普段充満して居るものは、人を馬鹿にする微笑（うすわらひ）と、（『草枕』五〇一ぺ・一一行目）

の僅か一例のみである。しかし紅葉の作品では、次のようになっている。

①ウス～

作品＼用字	微寂（うすさび）しい	微寂（うそさび）しい	（元気が）微（うす）い	微寒（うすさむ）い	微曇（うすぐもり）	微暗（うすくら）い
懺悔						
伽羅						
二人						
三前						
三後						
男						
隣					1	
紫						
不言			1			1
多前				1		
多後	1	2				
金前						
金中						
金後						
続金						
続々						
新続						
手紙						

微昏（うすくら）い	微昏（うすぐらい）	微黯（うすくら）い	微黯（うすぐら）い	微黯（うすくら）がり	微覚（うろおぼ）え
					1
			1		
		1			
1	1				
				1	

②ホノ〜

用字／作品	微紅（ほのあか）める	微曇（ほのぐも）る	微黯（ほのぐら）い	微闇（ほのぐら）い	微暗（ほのぐら）い	微白（ほのじろ）い
懺悔						
伽羅						
二人						
三前				1		
三後						
男			1			
隣					1	
紫						
不言						
多前						
多後						
金前		1				1
金中						
金後	1					
続金						
続々						
新続						
手紙						

以上のように、全体的に数は少ないが、語種は鷗外・漱石などと比べられないほど多様な語を登場させている。右の表からは、『三人妻・前編』（明治二十五年）以降に、〈微〉を接頭辞として使用しているということが分かる。『類聚名義抄』や『易林本節用集』、『書言字考節用集』などには、「ウスイ」系の語として〈微〉の表記は見当たらないが、〈微〉は、漢字の字義として「カスカニ・スコシ」といった意味を表す語であることから、「ウス・ホノ」などのような接頭辞としても使用されたのであろう。

〈微〉の他の用法としては、後藤宙外『独行』（明治四十一年）に「微痒（むづかゆ）い」という例や、永井荷風『地獄の花』（明治三十五年）の「微風（そよかぜ）」などの例がある。[1] また〈微〉以外では、泉鏡花『夜行巡査』（明治二十八年）に「仄見（ほのみ）ゆる」、永井荷風『地獄の花』には「隠見（ほのみ）せる」が一例、また小栗風葉『青春』（明治三十八年）には、他作品には見られない〈仄〉の用法が見られる。[2]

明治期の国語辞書には、「ウス〜」の語の中で、「微明（うすあかり）・微傷（うすで）」という例で〈微＝ウス〉としての用例が見られる。[3] しかし、実際にこの語自体が使用されている作品は少なく、徳富蘆花『灰尽』（明治三十三年）に、「微明（あかり）」という例が一例見られるのみであった。[4]

以上のことから、紅葉の多種に亘る〈微〉の接辞用法は、明治期においてはあまり例の無いものであったと言える。

(b)「カスカニ・ホノカニ」

次に形容動詞の〈微〉の用法について見ていく。

①カスカニ

時代	作品	微	幽	徴	幺微	幽微
明治十年代	春雨	○				
	阿松		○			
	嶋田		○			
明治二十年代	浮雲	○	○			
	唐松操	◎	○			
	隅田川	○				
	紅葉	○	○		○	
明治三十年代	不如帰	○	○	○		
	薄衣		○			
	高野聖		○			
	太郎坊					○
	下士官	○				
	地獄		○			
	魔風	○				
明治四十年代	蒲団	○				
	草迷宮		○			
	独行	○				

「カスカニ」には、主に〈微・幽〉の二表記が使用されている。二葉亭四迷『浮雲』（明治二十年）では第一篇では〈幽〉、第二篇では〈微〉というように、各篇によって異なった表記がなされている。[5] 紅葉の表記を詳しく見てみると、次のような表になる。

作品	微	幽	幺微
懺悔	1	1	
伽羅			
二人			
三前		2	1
三後	1		
男	1		
隣			
紫			
不言	3	1	
多前			
多後		1	
金前			
金中			
金後			
続金			
続々	1		3
新続			
手紙			

二字表記〈幺微〉の用例は、合計四例見られる。このような二字表記の「カスカニ」は、先ほど掲げた表にあるように、幸田露伴『太郎坊』（明治三十三年）の「幽微（かすか）な」としての用例が見られるだけである。全体的には、〈微・幽〉共にほぼ同数使用されており、どちらを主に使用していたというわけではないようである。

明治期の国語辞書の用例を見てみると、明治二十二年の『言海』以降の辞書では、すべて〈微・幽〉の表記が記され、第一掲出漢字が〈微〉であることから、[6]〈微＝カスカニ〉の表記は、明治期において一般的な用法として認められていたということが分かり、どちらの表記を用いるかに個人差があったと言える。現在でも、「カスカニ」に用いることのできる表記は〈微・幽〉とされ、[7]明治期から今日に至るまで、一字に統一されていない語であると言える。

②ホノカニ

	作品＼用字	微	幽	仄
明治二十年代	紅葉	○		○
明治三十年代	不如帰			
	灰尽			○
	下士官		○	
	魔風			○
明治四十年代	草迷宮			○

今回調査対象とした作品には、「ホノカニ」の用例が僅かしか見られず、充分な検討ができないが、前頁の表からは〈仄〉が通用字であったと推定される。紅葉の表記法を詳しく見てみると、次のような表になる。

用字／作品	ほのかに	微	幽	軽々
懺悔				
伽羅	1			
二人				
三前				
三後				
男			1	
隣		2	1	
紫				
不言			4	
多前				
多後			1	
金前				
金中		2		
金後			2	
続金		1		
続々		1		
新続				1
手紙				

先の「カスカニ」に比べると、こちらの方が〈微〉の用法が多く使用されていることが分かる。明治期の国語辞書では第一掲出漢字に〈仄〉が挙げられ、〈微〉の表記はどこにも見られない(8)。しかし、『言海』（明治二十二年）の「ウスグラシ」の項目に、次のような例が載っていた。

うすぐらし｜薄暗｜　微ホノカニ暗シ。ヲグラシ。　微明‖

このように、実際の「ホノカニ」の項目には〈微〉は見られないものの、右の例のように「ホノカニ」として使用されているのである。このことは、明治初期の段階では、まだ完全には一漢字に統一されるという形がとられておらず、多表記がごく普通に行われていたということを示しているように思われる。辞書の表記についてはこれ以上触れないが、とにかく、「ホノカニ」は〈微・幽〉の両字が併用されていたと見て良いのではないだろうか。〈微〉

が「カスカニ・ホノカニ」として使用されていた理由は先にも少し触れたが、〈微〉の持つ字義が、「ホノカニ・カスカニ」と同義のものとして捉えられていたからに他ならないであろう。小栗風葉『下士官』（明治三十三年）で、〈幽〉が「ホノカニ」として使用されていたことについても、同様のことが言えるであろう。

まとめ

明治期における〈微〉の接頭辞用法と形容動詞用法とを取り上げたが、それらは結果的には漢字〈微〉でもって、いかに日本語の意味を破綻なく表現することができるかを具体的に示そうとしたものであり、紅葉の〈微〉の表記法は、恐らくその壮大な試みとして受け取られるべきものではないだろうか。

注（1）▽汗は微痒く頬を流れる、眼に入る、（『独行』三三八ペ・下段一二行目）
▽口の中は急に微痒い様な氣が爲る。（『独行』三六五ペ・下段一六行目）
▽川面から吹いて來る微風の、（『地獄の花』一二ペ・三行目）
▽植物の發育する香氣を含んだ微風につれて、（『地獄の花』七二ペ・一〇行目）
（2）▽譬へば堀端の芝生の一面に白く仄見ゆるに、（『夜行巡査』七一ペ・三行目）
▽何やら外國の雜誌らしいものを隠見せ、（『地獄の花』六九ペ・四行目）
▽「頭が何だか仄（ぼうツ）として了ひました。」（『青春・春之巻』一二一ペ・八行目）
▽旋て木槿の花の仄白（ほのじろ）く暮れ殘つた垣の内へ、（『青春・夏之巻』一三〇ペ・一〇行目）
▽青かつた顏も仄（ぽつ）と赤く上氣した。（『青春・秋之巻』二〇六ペ・一二行目）
他、多数。
（3）○**『言海』（明治二十二年）**

うすあかり｜薄明｜　朧月夜ナド、微ニ明キコト。　微明‖
うすし｜薄｜　(六) 烈シカラズ。カロシ。(痛、傷ナドニ)　微‖
うすで｜薄手｜　(一) 浅キ手疵。　微傷‖
うすゆき｜薄雪｜　スコシ降リ積レル雪。　微雪‖

○『日本大辞書』(明治二十六年)

うすで〔薄手＝(微傷)〕　カルイ疵。＝ケイシヤウ。＝ビシヤウ。

○『帝国大辞典』(明治二十九年)

うすあかり(薄明、微明) ほのかにさすひかりなり。
うすぐらし(薄暗) ほのかに、くらきなり、ほのぐらしに同じ。微明なるなり。
うすで(微傷) かろき疵なり、けいしやう、びしやう、などもいふ。
うすばか(微馬鹿) すこし性質遅鈍なるなり、うすぼんやりに同じ。
うすわらふ(薄笑、微笑) すこし笑ふなり、ほゝゑむ容をいふ。

○『日本新辞林』(明治三十年)

うすぐらし(薄暗) ほのかにくらし、ほのくらし、微明なり。
うすで(微傷) ①かろき疵、けいしやう、びしやう。
うすゆき(微雪) ①少しばかり降り積りたる雪。
うすわらふ(薄笑) すこし笑ふ、ほゝゑむ。(微笑)

(4) 眼を山上の微明(アカリ)に注ぎて行けば、(『灰尽』五四ぺ・九行目)

(5) 第一篇

▽幽かに聞える傳通院の暮鐘の音に誘ハれて、(六七ぺ・七行目)

第二篇

▽九段坂を上ツた覺えが微に殘ツてゐる、（七一ペ・一二行目）
▽微かに云ツて可笑しな身振りをして、（九五ペ・二行目）

（6）かすかに―幽―　（一）確ト認メ難ク。纔ニ見分ケ聞キ分クベク。ホノカニ。髣髴（『言海』明治二十二年）
かすか〔（微＝幽）か〕　（一）アキラカデナイコト＝ホノカ（『日本大辞書』明治二十六年）
かすか（微、幽）　①あきらかならざるなり、ほのか、といふにおなじ。（『帝国大辞典』明治二十九年）
かすか（微）①あきらかならざること、ほのかなること。
　　②あるかなきか、見るかげもなきこと（幽）
かすかに（幽）　かすか、しかと認めがたく（『日本新辞林』明治三十年）

（7）『大辞泉』（小学館）・『広辞苑第五版』（岩波書店）・『新装改訂新潮国語辞典・現代語古語』（新潮社）など。なお『常用漢字表』では、いずれの漢字にも「カスカ」の訓を与えていない。

（8）ほのかに―仄―側―彷彿―　見エテ分明ナラヌ状ニイフ語。オボホシク。カスカニ。ホンノリト。（『言海』明治二十二年）
ほのか〔（仄＝側＝彷彿）〕　カスカ＝ホンノリ（『日本大辞書』明治二十六年）
ほのか（仄、側、彷彿）　かすかなり、ほんのりに同じ。（『帝国大辞典』明治二十九年）
ほのか（仄）かすか、ほんのり（側、彷彿）（『日本新辞林』明治三十年）

Ⅲ　結論

今回の調査では、近世後期の二作家の作品七作品と、近代の明治九年から大正五年までの二十四作家一〇二作品（近世・明治期共に索引分を含む）を基に、四十一語の用字法の変遷について検討を行った。語の数や作品の選定については、出来る限り偏りの無いよう配慮をしたつもりであるが、明治二十年〜三十年代の作品が多くなってしまい、時間の関係で調査対象の語も少なく、紅葉の作品の本文についての詳細な検討が多少大雑把になってしまった向きがあるかもしれない。しかし今回の調査からは、本書のテーマである「近代日本語における用字法の変遷」の一端を、断片的ではあるが検討することができたのではないかと思う。

以下、本書の調査結果を基に、「明治期の用字法」と「紅葉の用字法」についてのまとめをそれぞれ述べて、本書の結論としたいと思う。

（一）明治期の作品から見た表記の多様性

明治十年代

各作品において、各語の表記が何種類使用されていたかをまとめると、次頁のような表になる。

全四十一語のうち、二表記以上を用いている語の割合は、『春雨文庫』四三・二％、『鳥追阿松海上新話』二二・七％、『嶋田一郎梅雨日記』二二・二％、『冠松真土夜暴動』二九・四％、『当世書生気質』五六・七％であり、『春雨文庫』と『当世書生気質』における複数表記が多いことが分かる。細かく年代を区切れば、

明治十年代前半　『春雨文庫』

明治十年代中ば　『鳥追阿松海上新話』『嶋田一郎梅雨日記』『冠松真土夜暴動』

明治十年代後半『当世書生気質』と分けられ、前半と後半の作品に複数表記がなされていたと言うことができる。

語＼作品	春雨	阿松	嶋田	冠松	書生
ヲット	2	2	2		
父	2			1	6
母	2				2
オレ	1	1	2		2
サイクン	1				2
アヒテ	3		1	1	4
アタリ	1	2	1	1	3
カタチ	1	1	1		1
キズ	1	1	2	2	
ムカシ	2	1	1		1
ムカフ	1	1	1		2
メガネ					1
アケル	1	1	1		1
アツマル	2	1	1	1	1
カマフ	1			1	3
タツ	1		1		2
ハナス	2	2	1	2	1
ハナシ	2	2	3	1	4
フケル	1	1	1		
ヨフケ		1	1		
ユルス	2	1	2	1	1
アカイ	2				1
クライ	1	1	1		
ツライ	2		1		
ワカイ	1	1	1		3
アンナニ	1		1		
コンナニ	2		1		1
ソンナニ	1				
ドンナニ	1			1	
サスガニ	3	1	2	2	1
シキリニ	1		1	1	2
ニハカニ	1		1	1	2
シバシ	2	1	1	2	2
シバラク	2	1	1	2	2
トカク	1	1	1	1	2
ナホ	2	2	2	1	2
ナゼ	1		1		1
ヤガテ	1	1	1		
ヤハリ	1		1		1
ワザト			1		1
ワザワザ			1		
表記率	43.2	22.7	21.2	29.4	56.7

※ただし、ここでは紅葉・漱石・鷗外の作品は含めない。

※語の使用自体が見られなかったものは空欄にしておいた。各作品ごとの複数表記率を見るため、四十一語中、一作品の漢字表記語の総数で、複数表記語の総数を除したものが右の表である。以下の表も同様である。

明治二十年代

明治二十年代になると、十年代に見られなかった二〇％未満の作品が四作品も現れる一方、『唐松操』のように五〇％を超える作品も見られ、複数表記の作品群と一表記の作品群と、二極化する傾向が見られ始めている。

『浮雲』の場合は、複数表記が多くなっているが、例えば「シキリニ」は三種用いているということが次の表から分かるが、実際には各篇により表記が変動しているということから、各篇を別々に分けて見た場合には各篇一表記のみの使用ということになり、全体の表記率は下がることになるので、ここでは特殊な作品と考えられる。二十年代の作品においては、各作品ごとに複数表記をどの程度用いているかにばらつきがあり、十年代で見たようには

作品／語	浮雲	夏木立	唐松操	山吹塚	秋の蝶	隅田川	変目伝	夜行巡	にごり	今戸心
ヲット	2	1	3	1	1	1			2	
父	1	2	3	1	4				1	1
母	1	2	1	1	2		2		1	1
オレ	2	2	4	1	1		1	4	1	1
サイクン	2	1	1							1
アヒテ	2		1	1	1	1			1	1
アタリ	1	2	2	2	2	1	2			
カタチ			2	1			1			
キズ	1		1		2		1		1	1
ムカシ		1	4	1	2	1			1	1
ムカフ	1	3	2				2	1		3
メガネ	1			1						1
アケル	1	2	1	1		2	1		1	2
アツマル	2	1	3	1		1				
カマフ	2	1	1	1	1		2		1	2
タツ	2	2	2	1	1	1	1		2	2
ハナス	2	1	1	1	1	1	2		1	2
ハナシ	5	3	3	1	2	1	4		1	6
フケル		1	1	1		1		1	1	1
ヨフケ								1		
ユルス	1	1	2	1	1	2	1	1		
アカイ	1		1		1		1			2
クライ	2	1	2	1	2	2		1	1	1
ツライ	2					1			1	1
ワカイ	1	1	4	1	2	1	2		1	
アンナニ	1	1	5				1		1	1
コンナニ	3	1	1	1			2		1	1
ソンナニ	1	1	1	1			2		1	1
ドンナニ	3	1	1				1		1	1
サスガニ	1	1	1	1	1	1	1		1	1
シキリニ	3	2	3		1		1		1	
ニハカニ	1		3		1	1	1	1	1	3
シバシ			4	2	1	1	1			
シバラク	6	4	4	1	1	1	1	1	1	1
トカク	1	1	2	1	1	1	2		1	1
ナホ	1	1	2	1	2	2	1		1	1
ナゼ	1	1	1	1	1	1			1	1
ヤガテ	2		1		1		1			1
ヤハリ	1	1	1		1		1		1	1
ワザト	1	1	1	1			1			
ワザワザ	1		1			1	1			
表記率	44.4	33.3	52.6	7.1	34.6	18.2	34.5	12.5	7.1	26.7

細分化できない。複数表記を用いている作品は、右の表からは『唐松操』『浮雲』『秋の蝶』『変目伝』『夏木立』『今戸心中』というように順序立てられる。『変目伝』と『今戸心中』は広津柳浪の作品であり、二作品共に複数表記が行われていたということから、比較的複数表記を行っていた作家だと言えるであろう。

　次に、十年代から二十年代の境目にある三作品について見てみると次のような表になる。

夏木立	浮雲	書生	作品／語
1	2		ヲット
2	1	6	父
2	1	2	母
2	2	2	オレ
1	2	2	サイクン
	2	4	アヒテ
2	1	3	アタリ
		1	カタチ
	1		キズ
1		1	ムカシ
3	1	2	ムカフ
	1	1	メガネ
2	1	1	アケル
1	2	1	アツマル
1	2	3	カマフ
2	2	2	タツ
1	2	1	ハナス
3	5	4	ハナシ
1			フケル
			ヨフケ
1	1	1	ユルス
	1	1	アカイ
1	2		クライ
	2		ツライ
1	1	3	ワカイ
1	1		アンナニ
1	3	1	コンナニ
1	1		ソンナニ
1	3	1	ドンナニ
1	1	2	サスガニ
2	3	2	シキリニ
	1		ニハカニ
		2	シバシ
4	6	2	シバラク
1	1	2	トカク
1	1	2	ナホ
1	1	1	ナゼ
	2		ヤガテ
1	1	1	ヤハリ
1	1	1	ワザト
	1		ワザワザ
33.3	44.4	56.7	表記率

明治十年代から二十年代の境目に位置する作品として、『当世書生気質』『浮雲』『夏木立』の三作品を右に示したが、二種以上の表記を使用する割合は、四十一語全体のうち『当世書生気質』五六・七%、『浮雲』四四・四%、『夏木立』三三・三%である。

　この三作品は、新しい小説を世に示す意欲のもとに執筆されたものであるが、特に『当世書生気質』と『浮雲』の複数表記が著しいのは、新しい小説に用いるべき用字法がいまだ確立していなかった時期であったため、新しい小説の描写に相応しいと思われる表記を、試行錯誤的に複数用いたということが考えられる。

『当世書生気質』の場合には、文章中に盛んに英語が使用されているのとは対照的に、
▽却説（かへってとく）・閑話休題（あだしごとはさておき）・看客（みるひと）～したまへ
などの、『八犬伝』中に頻繁に使用される表現を使用したり、「作者が馬琴風を気取るなれば・馬琴風を気取りて」
などの、『八犬伝』との関連を伺わせる表現を使用している。『当世書生気質』に漢語的表記が多く見られるのと同時に、複数表記が多いのは、作者自身が新しい表現を取り入れながらも、一方では戯作的な表記に依存するという江戸的体質から脱し切れなかったことを意味しているように思われる。

『浮雲』と『夏木立』は、「言文一致体を試みた作品」である。「言文一致体」とは、『国語学研究事典』に拠ると、江戸末期から明治の時代にかけて西洋の文物が輸入され、西洋諸国の文章では言文の隔たりがないことが気付かれ、わが国でも言文を一致させ、やさしい話しことばによる文章にしなければならないとの考えが生じ、文体改革の運動が行われた。それによって生み出されたのが言文一致体である。

とされている。平易な文章を書くことは、用字の面にも少なからず影響が及んだはずであり、特に『夏木立』において、多種・特殊な表記が少なかったということに、この言文一致という文体改革の影響があったのではないかと考える。その言文一致と複数表記の低率との関係を顕著に示しているのが、『浮雲』である。先にも述べたように、複数の表記率は全篇を通して見たものであるため、全篇の総合的な複数表記率は高目になっているが、実際には各篇により用字が異なっており、例えば「起揚」から「起上」への変化や、「シキリニ」の「切→荐→頻」への変化など、篇を追うごとに複数表記が減少し、一般性のある表記へと移行していった作品であることは、既に本論中で述べた通りである。これを半沢幹一氏の「漢字表記率の減少」ということと考え合わせると[1]、先の言文一致との関連を裏付けることができる。つまり、
▽漢字表記率の減少・一般性のある漢字への変遷＝平易な文章

という構図ができあがり、言文一致体との関連が明らかになるのである。『夏木立』が、『当世書生気質』や『浮雲』に比べ複数表記が低率なのは、その時代の先取り的な用字法を山田美妙が指向していたと思われ、『浮雲』と同じように、言文一致への試みが、平易な用字への意識を働かせたとも考えられるのではないだろうか。勿論これは、今回の調査結果の上での結果論でしかなく、今後、より多くの言文一致を指向した人びとの作品にも目を通し、検討していくべき課題である。

明治三十年代

魔風恋	地獄の	夜の雪	灰尽	下士官	太郎坊	高野聖	薄衣	不如帰	作品／語
2	2							4	ヲット
1	2	2	1	1	1		1	7	父
1	1	1	1				1	6	母
2		1	1	1	2	1	1	1	オレ
1					1			1	サイクン
2	1			1			1	2	アヒテ
2	1			1		2	2	2	アタリ
2	1			1	1	2		3	カタチ
2	1			1	1	1		2	キズ
1	1		2		3	1		3	ムカシ
4	1					2		2	ムカフ
1	1							1	メガネ
2	2	2		1		1	2	2	アケル
			2	1				2	アツマル
2	1	2				1	2	1	カマフ
2	1	1			1	1	1	2	タツ
3	2				2	1	1	1	ハナス
7	3	2		1	3	2	1	1	ハナシ
2	1	1		1		1		1	フケル
1	1						1	1	ヨフケ
5	1					1			ユルス
2	3				1	1	1	2	アカイ
1	1	1	1			1	1	3	クライ
1	1		1	1	1			1	ツライ
1	1			1		1		1	ワカイ
2			1	1		1		2	アンナニ
1	1	1		1	2	1	1	2	コンナニ
1	1		1	1		2	1	1	ソンナニ
4	1			1		1	2	3	ドンナニ
1	1	1	1	1		1		1	サスガニ
2	1		1	2	1	1		2	シキリニ
4	1					1	1	2	ニハカニ
2	1	1			2		1	3	シバシ
3	1	1		1		3	1	1	シバラク
2	1			1	1	1		2	トカク
2	1	1	1		1	1	2	2	ナホ
1	1	1	1	1		1		1	ナゼ
1	1	1	1	1	1	1	1	1	ヤガテ
1	1		1		1	1	2	1	ヤハリ
2	1			1		1	1	1	ワザト
1				1					ワザワザ
60.0	16.7	25.0	13.3	4.2	33.3	20.0	26.1	56.4	表記率

『不如帰』と『魔風恋風』は、当時の評判の作品である。これらが読者に迎えられた理由としては、内容の当代性・ユニークさが挙げられようが、他に表記の多様性、そしてその一つとして用字法の多様性も加味されていることが考えられ、複数表記が高使用率を示しているのも、その表れであると言えよう。

その他の三十二年『薄衣』から三十五年『地獄の花』までは、『不如帰』と『魔風恋風』の半分以下の比率を示している。これは一例を挙げれば、「ナホ」が、十年代・二十年代では〈猶・尚〉の両表記を使用している作品が多かったものが、三十年代に至ると〈猶〉で統一されていることなどが挙げられ、三十年代では一部の作品を除いては、全体的にほぼ表記が安定してきた時期であると言えるのではないだろうか。

明治四十年代

語＼作品	蒲団	草迷宮	独行	歓楽
ヲット	1	1		1
父	2			
母	1	1		
オレ		1		
サイクン	2			
アヒテ	1	1	2	1
アタリ	2	2	4	1
カタチ	2	1	2	1
キズ			2	
ムカシ	2	1	1	1
ムカフ	1	2	1	2
メガネ				
アケル	2	2	1	
アツマル	1	1	1	
カマフ	2	1	1	
タツ	1	2	1	1
ハナス	1	1		1
ハナシ	2	1	2	1
フケル	1	1		1
ヨフケ		1		1
ユルス	1	1	1	
アカイ	2	1	1	
クライ	1	1	1	1
ツライ	1	1	1	1
ワカイ	1	2	1	1
アンナニ			1	
コンナニ			2	1
ソンナニ		1	1	
ドンナニ			1	
サスガニ	1		1	
シキリニ	1	1	1	1
ニハカニ	2	1	1	
シバシ	1			
シバラク	2	4	2	1
トカク	1	2	2	1
ナホ	1	1	1	1
ナゼ	1	1	1	1
ヤガテ		2		
ヤハリ	1	1	3	1
ワザト	1	1	1	
ワザワザ	1			
表記率	34.4	25.8	31.0	4.7

明治四十年代の作品は、四十年から四十二年という前半の作品しか検討を行っていないが、永井荷風『歓楽』以外は、ここでも、三十年代の『不如帰』と『魔風恋風』を除いた他の作品と同じように、ほぼ同じ比率を示してい

る。次の「語から見た表記法の変遷」の表を見て分る通り、四十年代は、三十年代までと比べると漢字表記が安定した時期であったと言える。

注（1） 関良一「明治の文体　尾崎紅葉」（『解釈と鑑賞』　昭和四十四年一月）

（二） 語から見た表記法の変遷

次頁の表中の印は以下の通りである。

◎…完全に統一されている。
⦿…主要表記が定まっているが、一、二作品に他表記を用いているものがみられる。
○…ほぼ主要表記が定まっているが、稀に他表記の用例が見られる。
□…ほぼ主要表記が定まっているが、稀に他の表記を主要表記としている作品が見られる。
◇…「○」と「□」の要素を合わせ持っている。
△…ほぼ主要表記が定まっているが、稀に複数表記を行っている作品がある。
●…主要表記が二種存在し、何れかに定まることができない。
■…主要表記が決まっているが、他の表記も多数使用されている。
◆…二種表記併用が作品に散在し、何れかに定まることができないでいる。
▲…各作品により、思い思いの表記がなされてしまっている。
▼…「●■」と「▲」の要素を合わせ持っている。

人称代名詞／年代	ヲット	父	母	オレ	サイクン				
10年代	□	△	▲	▲	●				
20年代	●	▼	▼	▼	●				
30年代	◆	▲	●	▼	●				
40年代	◎	○	○	◎	●				
名詞／年代	アヒテ	アタリ	カタチ	キズ	ムカシ	ムカウ	ハナシ		
10年代	○	○	○	○	□	◉	▲		
20年代	◉	△	△	○	◇	◇	■		
30年代	◉	○	○	○	◇	○	■		
40年代	◉	△	○	○	◉	○	○		
動詞／年代	アケル	アツマル	カマフ	タツ	ハナス	フケル	ユルス		
10年代	●	◉	◉	○	□	◎	▲		
20年代	◆	△	○	○	△	□	○		
30年代	◆	△	◇	○	△	□	◉		
40年代	◆	◎	◇	○	◎	◎	◉		
形容詞／年代	アカイ	クライ	ツライ	ワカイ					
10年代	○	◎	□	○					
20年代	◇	◆	◇	○					
30年代	◇	◇	□	◎					
40年代	▲	◎	◎	□					
形容動詞／年代	アンナニ	コンナニ	ソンナニ	ドンナニ	サスガニ	シキリニ	ニハカニ		
10年代	▲	□	◎	◎	○	◉	◉		
20年代	△	◉	◉	◉	◉	△	○		
30年代	□	◉	▲	▲	◉	◇	◇		
40年代	◎	◉	▲	◎	◎	◎	◉		
副詞／年代	シバシ	シバラク	トカク	ナホ	ナゼ	ヤガテ	ヤハリ	ワザト	ワザワザ
10年代	▼	▼	◉	◇	◎	◎	◎	▼	◎
20年代	▼	▼	◉	◆	◎	○	◉	▼	◉
30年代	▼	◇	◇	○	◎	●	◉	▲	◉
40年代	◎	▼	○	●	◎	●	◉	▼	◎

各語により、各年代の作品数が異なっているため、右のような区分をすることは適当ではないかもしれないが、凡その全体像を把握するために、各年代ごとに、各語が表記上どのような状況にあったかを見るために、右のような表を作成した。「◉」の示してある語は、主要表記が定まっているにも拘らず、僅か一、二作品に他表記の使用が見られるために、完全な統一が見られなかったものであるため、右の表中「◎◉」の二印は、今回の調査においては九九％統一性が見られたものとして考える。すると、明治十年代は十四語に二印が見られ、二十年代と三十年代では八語ずつ、そして四十年代では十九語に二印が付されている。つまり今回の調査では、明治十年代と四十年

代が比較的漢字表記に安定性が見られ、二十～三十年代にかけては、各作品・作家によって表記の多様性が多く見られ、主要表記と他表記とを兼用しているものが多く見られるという結果に至った。

(三) 鷗外と漱石の用字法

鷗外と漱石の作品に関しては、一作品ごとに検討しなかったため、今回取り扱った作品の全体でのまとめということになる。

漱石	鷗外	語
1	1	ヲット
4	1	父
2	1	母
2	1	オレ
2	1	サイクン
1	2	アヒテ
4	1	アタリ
3	3	カタチ
5	3	キズ
2	2	ムカシ
3	1	ムカフ
1	3	メガネ
2	2	アケル
6	2	アツマル
2	1	カマフ
2	2	タツ
4	1	ハナス
		ハナシ
1	1	フケル
1		ヨフケ
2	6	ユルス
4		アカイ
1	3	クライ
3	1	ツライ
2	2	ワカイ
		アンナニ
		コンナニ
		ソンナニ
		ドンナニ
	1	サスガニ
2	2	シキリニ
1	3	ニハカニ
1	1	シバシ
4	2	シバラク
1	1	トカク
2	2	ナホ
1	1	ナゼ
		ヤガテ
1	1	ヤハリ
2	1	ワザト
1	1	ワザワザ
64.7	45.5	表記率

右の表から、表記の多様性という点では、人称代名詞・形容動詞・副詞は、名詞・動詞・形容詞に比べると非常に薄く、現在にそのまま受け継がれている表記が比較的多いと言えよう。ここで出した表記率は全作品を総合したものであるが、全体的に見た四十一語における鷗外と漱石の二種以上の表記の率は、鷗外が四五・五%、漱石が六四・七%と、漱石の方が遥かに複数表記の傾向が見られる。この複数表記率を高く示した漱石と、尾崎紅葉との比較についてのまとめは、次の「紅葉の作品における用字法に関する総論」の部分で改めて触れることにする。

（四）紅葉の用字法

四十五作品の全体的な複数表記

紅葉	語
4	ヲット
10	父
7	母
5	オレ
2	サイクン
9	アヒテ
8	アタリ
8	カタチ
9	キズ
16	ムカシ
14	ムカフ
2	メガネ
4	アケル
9	アツマル
4	カマフ
2	タツ
3	ハナス
21	ハナシ
2	フケル
13	ヨフケ
5	ユルス
5	アカイ
8	クライ
4	ツライ
4	ワカイ
2	アンナニ
9	コンナニ
5	ソンナニ
6	ドンナニ
3	サスガニ
6	シキリニ
11	ニハカニ
14	シバシ
15	シバラク
2	トカク
4	ナホ
4	ナゼ
3	ヤガテ
10	ヤハリ
4	ワザト
2	ワザワザ
100	表記率

右の表は、今回調査の対象とした紅葉の四十五の作品の総合表である。一見して明らかなように、二種以上の複数表記率は一〇〇％である。前項で掲げた鷗外と漱石の総合表と比べて見ても、紅葉の作品においては、一表記に統一されている語が見られない。

全体的には漱石も複数表記率が高かったが、人称代名詞・形容動詞・副詞においては漢字表記自体が見られなくなっており、比較的現代表記に近いものであった。紅葉と同じく、慶応三（一八六七）年に東京に生れた漱石も、やはり紅葉と同じように江戸時代語と近代日本語との狭間に位置していたわけであるが、紅葉の多表記の多さに比べ、多表記が比較的少ないという点が、明治後期から活躍し始めた漱石の方が、現代にまで広く受け入れられている理由となっているのではないかと思われる。

明治二十年、二葉亭四迷は「言文一致」なるものを『浮雲』の中で試みた。紅葉も「デアル体」などに挑戦した人物であるが、紅葉の活躍したこの明治二十年代というのは、小説界においても「古」から「新」への過渡的時代であった。一方、漱石が活躍した明治後期は、現代とほぼ同じ文章表現や表記法が確立しつつあり、漱石もそれに対応して文章表現を整えていた時期でもあったのである。

紅葉は、明治二十年代初めに、二十二歳という若さで文名を高らしめたものの、時代が「古」から「新」へと移行する過渡期であったが故に、すでに紅葉自身が血肉化していた江戸時代語を、完全に払拭できないでいた。それは本論中で、用字法という視点から確認でき、紅葉が表記を選択する上で、江戸的なものと近代的なものとの間を行きつ戻りつしていた様を見てきた。しかし、江戸的なものと近代的なものとの間で苦渋を感じながら、結局、江戸的なものに親近感を覚えていたということは、用字法の面からだけではなく、『金色夜叉』の文体という面からも明らかであろう。

一方、明治三十年代末に作家活動を始めた漱石は、近代日本語確立後の作家であったために、江戸的なものを殊更に意識する必要がなかった。そして、その後の日本語は、漱石の用いた日本語と二人三脚の形で進んでいったものと思われる。

同じ年齢でありながら、紅葉は江戸的なものに親近感を覚え、そこから脱しきれなかった。漱石は、江戸的なもの（江戸的なものは若干用いる。一例として「とらまえる」「豪も」など）から断絶していたということが、二人の作家のその後の運命を決定づけたと言えるであろう。

各作品ごとの複数表記

四十五作品すべてを挙げるには無理があるので、今回詳細な調査の対象とした作品のみの、複数表記の様相を見ていくことにする。なお、漢字表記のみを対象とする。

表中の記号は以下の通りであり、これには巻末に掲げた別表中の結果と、平仮名のあるものについては平仮名も

金後	金中	金前	多後	多前	不言	紫	隣	男	三後	三前	二人	伽羅	懺悔	作品／語
1	1	1	1	①	2	1				1	1	3	1	ヲット
1	①	3	1	4		2		1			4			父
①		1	1	5				1			3			母
1	2	①	4	3		1	1				4	1		オレ
2	1	2	2	2		1	1							サイクン
1	2	1	4	3	2	2	1	3	3	2	4	4	1	アヒテ
2	2	1	2	2	3	1	2	2	2	3		4	1	アタリ
5	5	3	4	4	3	1	6	3	3	6	3	4	3	カタチ
4	1				2			2	2	1	3	2	1	キズ
1	1	1	1	①	3	3	3	4	2	5	3	8	1	ムカシ
	1	2	3	3			4	1	2	1	3		2	ムカフ
1	1	1	1	1		1		1			2	2		メガネ
1	1	①	1	1	3	2	1	2	1	2	2		2	アケル
1	2	4		1		2		1	2	2	2	4		アツマル
1		1	2	①	2	1	2	1	2	1	1			カマフ
2	2	2	2	2	2	2	1	1	1	1	2	2	1	タツ
1	1	1	1	1	1	①	2	2	2	2	2	2		ハナス
1	1	①	2	5	3	4	2	5	3	6	6	5	1	ハナシ
1	1		2	1	1		1				1	1		フケル
		2	2	2	1	1		1	1			2		ヨフケ
3	3	1	3	4	6	1	1	1	4	4	1	2	1	ユルス
														アカイ
2	3	1	2	3	3	1	3	4	3	3	2	1		クライ
1	1	①	2	2	2	1	1	2	1	2	2	3	1	ツライ
1	2	1	1	1	2	1	1	3	1	1	1	5	2	ワカイ
1	1	①		2	2						1			アンナニ
2	1	1		1	①	3	5		1	1	1			コンナニ
1	1	1		2	3	1	2		1	1	2			ソンナニ
1	1	1	①		2	3	3	1			1			ドンナニ
1	2	1	2	2	1	1	2	1	①	2	1	1		サスガニ
2	3	3	3	3	4	2	3	2	3	3	2	2		シキリニ
2	2	5	1	3	5	1	2	4	3	3	2	3	2	ニハカニ
1	4	1	1	1	6	1	2	1	2	3	2	3	3	シバシ
2	4	3	5	5	2	2	6	2	4	3	3	1	3	シバラク
1	1	1	1	1	①	2	2	1	1	2	2	2	1	トカク
4	2	3	3	3	3	2	1	3	2	3	2	1	1	ナホ
1	①	1	1	1			2		1		1			ナゼ
1	1	①	1	1	2	3		3	2	3	3	2	1	ヤガテ
5	3	3	8	4		2	1	1			3			ヤハリ
1	1	1	①	1	1	2	1		2	1	2	1		ワザト
1		1	1	1	1	1			1	1				ワザワザ
34.2	44.4	28.9	54.3	57.9	74.2	47.1	60.0	53.3	63.3	65.5	72.2	74.0	36.8	表記率

	手紙	新続	続々	続金
◎	1	1		1
◈				1
◇			1	2
○			1	1
■			1	1
●			1	2
○	1	1	2	1
●			3	2
○			2	3
○	6			2
●				
●				
◆				1
●				1
◇			1	1
■		1	2	2
◎		1	1	1
○		1	2	1
○				
◇				
●			1	5
●	1		4	1
□			1	1
◈		1		2
◈		1	1	1
○			1	1
◇		1	1	1
◈		1	1	1
◆		1	1	2
▲		1	1	2
▲	1	1	3	3
◇	1		1	2
▲			5	2
◇	2	1	1	1
▲	2	2	3	3
◆		1	1	2
◆		1	1	1
●		2	3	3
◆	1			1
◇				
	33.3	11.8	35.7	45.7

※なお、語に一字統一の表記が見られたものには、その統一傾向が明らかな作品を丸数字で示した。特に語の表記に統一の見られなかったものは、何も示していない。

考察の対象に含めることにした。

◎…ある時期から、完全に一字に統一されていく。その一字は明治期の一般的な表記、もしくは現代語表記と同じものである。

○…ほぼ一字に統一され主表記が定まってはいるが、他表記も見られる。その一字は明治期の一般的な表記、もしくは現代語表記と同じものである。

□…古態表記だったものが、ある時期を境に一般的な表記、もしくは現代語表記と同じ表記に変わる。

◈…ある時期から、完全に一字に統一されていく。その一字は江戸文学的、もしくは漢語的表記であり、古態を示す表記と見られる。

◇…ほぼ一字に統一され主表記が定まってはいるが、他表記も見られる。その一字は江戸文学的、もしくは漢語的な表記であり、古態を示す表記と見られる。

●…一字に統一されない。

■…一字に統一されないが、明治期全体でも揺れが見られる。
◆…一般的表記だったものが、ある時期を境に古態を示す表記に変わる。
▲…二、三の表記で揺れており、統一されない。

まず、紅葉の作品における表記がどのような状態にあったのかを全体的に見てみると、明治期の一般的な表記、もしくは現代語表記と同じものを使用していた語は、

ヲット・オレ・ハナス・フケル・アタリ・キズ・ムカシ・ハナシ・ツライ・ワカイ

の十語であった。一方古態を示す表記を使用しているものは、

オトッサン・オッカサン・アケル・カマフ・ヨフケ・アンナニ・コンナニ・ソンナニ・ドンナニ・サスガニ・シバシ・トカク・ナゼ・ヤガテ・ワザト・ワザワザ

の十六語であり、紅葉の表記に統一の見られなかったものが、

サイクン・アヒテ・カタチ・ムカフ・メガネ・アツマル・タツ・ユルス・クライ・シキリニ・ニハカニ・シバラク・ナホ・ヤハリ

の十三語、調査対象語のうち明治期全体に揺れの見られたものが、

サイクン・タツ・アケル

の三語であった。

古態を示す表記を多用しているのは明らかだが、ここで注目すべきことは、一般的表記をする語には、形容動詞と副詞が含まれていないということであり、先に見た鷗外と漱石の表記とは正反対の表記法を行っているというこ

とである。副詞に関しては、明治四十三年に発見された『畳字訓』（『紅葉遺稿』明治四十四年　博信堂書房）の存在から、紅葉が副詞の表記法に関して大変に苦心していたということが明らかとなっている。そして今回の調査対象となった語だけから見れば、副詞の表記九例中、六例が古態を示す表記を使用していることが分かる。また形容動詞においても、七例中六例が同じような結果となっている（ただし、形容動詞には副詞をも含めて調査したものもある）。

次に、紅葉の作品における一字統一への時期であるが、先の表から、十八の統一された語のうち『金色夜叉』以降統一された語が九語と、全体の半分もあることが分かる。更にその中で古態を示す表記へと統一されているのが六語（六六・七％）という結果となっている。また十八語全体から見ても、一字に統一されている語のうち、十一語（六一・一％）が古態表記へと統一されている。

紅葉の文体と用字法

次頁のグラフと共に、紅葉の文体の推移を見ていきたい。まず紅葉の文体の変遷について、関良一氏の「明治の文体『尾崎紅葉』」では、以下のようにまとめられている[1]。

明治十八年「戯作体」→二十二年「折衷体」→二十二〜二十三年「西鶴体」→二十四年「言文一致体」
→二十五年「西鶴体」→二十六年「言文一致体」→二十八年「折衷体」→二十九年「言文一致体」
→三十年「口語体と文語体」

言文一致体を試みた『隣の女』（明治二十六年）と『多情多恨』（明治二十九年）は、西鶴体を取り入れた『伽羅枕』（明治二十五年）や折衷体を用いた『不言不語』（明治二十八年）よりも、複数表記率が下がっている。関氏のまとめられた文体の推移を示したように、文体の上からも「新」と「古」との文体を繰り返し、試行錯誤していた様が見受けられるのと同時に、用字法という点からもその様子が伺える。しかし『金色夜叉』に至って、今までに

紅葉の作品における表記法の変化

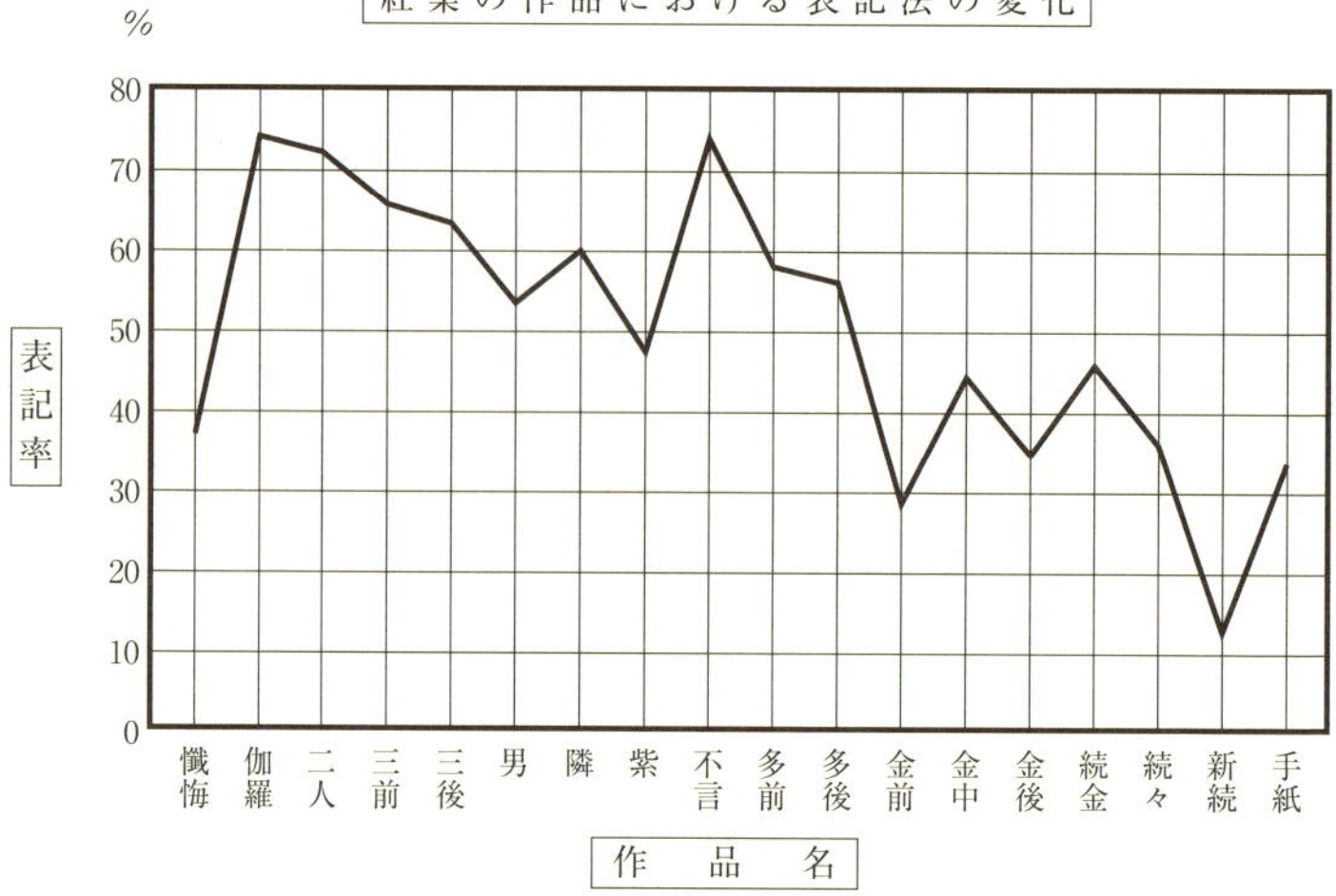

見られないほど複数表記の率が下がり、表記の統一への姿勢が見られるのである。この表記の統一という姿勢は、今までにあらゆる表記を駆使して文章中に生かしてきた紅葉にとって、どのような意味を持つのであろうか。十八語の統一された表記のうち、古態の表記へと統一されたのは十一語であった。一般性のある表記と大差は見られないが、半分以上が古態表記へと統一されたということは確かである。なぜこのように「新しい表記」と「古態の表記」とが対立する形になったのかを明らかにするためには、やはり紅葉の文体への意識というものを見ていかなければならない。

先に、紅葉の作品においては、言文一致体と擬古体とが繰り返されているという点について見たが、この揺れ動く文体の繰り返しは、紅葉が「擬古文」と「言文一致体」との間で苦悩していたことを如実に表している。それは紅葉が、「七たび生れかはつて文章を大成せむ」と、死の間際に言った言葉からも伺い知ることができるのではないだろうか。また、田山花袋は「美文作法」の中で次のように言っている。(2)

日本では文体にやかましかつた人は、先づ紅葉山人であらう(中略)紅葉全集を繙いて見るとよく解るが、其処女作、『色懺悔』が既に文体に対する作者の煩悶を充分に顕はして居る、殊更に句の短いものを使つて、其間に誇張した長い感嘆詞を挿んで居る具合（下略）。一面に『伽羅枕』のやうな堅苦しい美文を書き、一面に『二人女房』のやうな奔放なるものを書いて居た時、私は山人に逢つて、文体に対する説を聞いたことがあつた。山人曰く、

『何うも実に文体には閉口する。言文一致を書かうと思つても何うも思はしくないし、さりとて雅俗折衷で書けぬものもある。会話などを、折角其まゝ活動して居るのを、侍り、候ふにするのも厭だし、さうかと言つて、此の文を言文一致にすると、面白味の半分はなくなつて了ふ、近松のやうに会話と地の文と旨く連絡するものも一度は遣つて見るつもりで、今書いて居るもの（其時焼継茶碗といふのを読売に書いて居た）はいくらか其心地で加減して居るんだが、何うも思ふやうに思想が書けなくつて仕方が無い。文体と言ふのは実にむづかしい者だ。』

言文一致に対する意見を問ふと、

『言文一致は何だか虫が好かん。山田（美妙）の遣つて居るやうな者では、言文一致にする必要が無い、かと言つて私の都の花に遣つた（二人女房のこと）ものも、あまり成功したものとも言へない。千駄木（鷗外氏のこと）で書いてるものも文章の方は好いが、言文一致は何うも好ましくない。さうさ……言文一致が今少し改良して或は将来の定つた文体になつて了ふかも知れんが、私はまア今のだらな言文一致に降参して了ふ勇気はないよ……一体、何も文体をさうきちんと定めて了ふことは無い、書くことによつて、自から文体が異なるのは、自然のことだから。』

これが紅葉山人の文体論である。そして紅葉山人は其の議論を実行したのである。『三人妻』の次ぎに『男心』その次ぎに『隣の女』其の次ぎに『むらさき』『心の闇』『多情多恨』『金色夜叉』皆なそれぐ＼文体が変つて居て、皆な非常な努力の痕がありありと指さゝれる。

傍線部分は、裏返せばどちらにも徹しきれない、紅葉の気持ちの表れであるとも考えられ、これにより、紅葉が文体にいかに悩まされていたのかということが分かる。そしてその苦悩は、紅葉の各作品にはっきりと表れているのであった。更に両文体に関する意見として、明治三十三年に紅葉が「言文一致会」で行った演説がある。(3)

とにかく言文一致は、自分の思想を自在に言ひ表はすことができるのみならず、唯口で饒舌ったよりは余程力強よく書ける。(中略)言文一致と擬古文と両方で同じ事を書くにしても、擬古文の方は影で音楽を奏でて助けて居るやうな趣がある。錯綜した思想を片ツ端からすらすらと書くのは言文一致に限る。擬古文の方は不自由であるが、その中にどふも余韻が有る。(中略)だから、私は言文一致体を美文に用ゐる前に先づ実用の方面に手を着けたいと思ふ。

また、「少国民」第十四巻第六号(明治三十五年三月)には、「言文一致に対する尾崎紅葉先生の意見」として次のようなものがある。(4)

今の言文一致体の文を講談家の話とすれば、擬古文の方は音楽の声である。講談家の話はどんなに上手で、面白く聞かれても、余情はチツともない。しかし音楽の声は天然の余情を有つてゐる。即ち美文を書くには、今日の言文一致体の文では、遺憾が甚だ多い。日用文を書くには、言文一致の文が至極便利である。それは日用文は唯思ふだけの事が書けて、それで判り易ければ充分だからである。シカシ美文ではさうは往かぬ。要するに言文一致体の文は将来極めて必要であるに相違ないけれども、今日のやうでは、いかぬ、猶ほ大いに進歩を計らねばならぬ。

「美文」とは、『国語学研究事典』に拠ると、

明治時代に芸術的な文章をさして呼んだ語。(落合直文が)「将来の国文」(『国民之友』明23・11〜12)において、将来の国文は文法にかなった古文に学ばなければならないと論じ、国文を桜の花の美しさにたとえ、その美し

さを味わうしるべとして雑誌『国文』（明24・5）を発行。美文は、この落合直文の新国文提唱に応じて現れた文体で、明治二〇年代後半、言文一致への批判を込めた国文復興の機運に乗じて、七五調の韻文（新体詩）と並んで、主として国文学者たちによって作られた。

とある。そして、先に引用した田山花袋の「美文作法」では、「美文作家として立つて居る作者は今は一人もない」が、「小説家を問はず、紀行文家を問はず、雑文家を問はず、成べく其文章に美文らしい脈を有して居る人々に就いて、自分の知つてる限を挙げやう」と述べ、一番に紅葉を掲げているのである。

尾崎紅葉山人は年歯猶壮にして白玉楼中の人となつたが、明治の文壇では、第一の美文家たることは争はれぬ。紅葉全集六巻、句として烹錬ならざるなく、篇として艶麗ならざるなく、読めば読むほど、研究すれば研究するほど其苦心惨憺の痕が歴々と見える。故高山樗牛は紅葉山人のあまりに彫琢に過ぎ、あまりに繊巧に過ぎたのを難じ、文章は達意を主とすべし、山人の如きは、これ文の魔道なりといふ風に論じたが、かう論じられるだけそれだけ苦心したといふことは明かである。文体の選択に苦しんだこと辞句の排列に腐心したことは前に既にこれを述べたが、山人は実際文章の苦心に斃れたと言つて好いので、『文章報国』と自から言つたのでも其の自信の程が察せられる（以下略）。

以上の文章から、紅葉の言文一致体と擬古体に対する意識が、どのようなものであったのかが分かるであろう。紅葉の文体論をまとめると、「擬古文＝美文＝芸術」であり、「言文一致体＝実用」というように分けられる。実用性のある言文一致体で文章を書いた時、そこに失われるものとは「芸術性」である。勿論文学そのものが芸術作品であるのだが、ここで言う「芸術」とは、紅葉の唱える「美文」という芸術である。その「美文」を文体上でいかに駆使してきたのかは、花袋の「美文作法」に記されていたことからだけでも充分想像できよう。しかし文体と同じく、紅葉は用字法に対しても苦心惨憺してきたのであり、そこにも彼は「芸術」を求めて止まなかったのである。

文体だけでは表現しきれない芸術。その芸術性を補うことができる「擬古文」に替わり得るものとは、音楽のように読む者に何かを感じさせることのできるもの、つまり「文字」だったのではないだろうか。「文字＝漢字」は、表意性という特性を持つがために、見る側に視覚的に何かを感じさせる力というものを存分に発揮できるものである。その漢字、つまり用字法こそが、言文一致に欠けた芸術性を補うことのできる、紅葉にとっての芸術（＝美文）だったのではないだろうか。これまでの諸研究の中では、紅葉の用字法は明治期において「特殊」であり、「個人的域を出ていない」ということだけで片付けられてきたが、今回の調査から、彼が特殊且つ「古態」の表記法を行ったのは「言文一致と擬古文の持つ芸術性との共存」ということが意識にあったからだと言える。そして、文体と用字法の上でそれが顕著に現れた作品が、『金色夜叉』である。

用字法の面では、漢字節減論が盛んに取り沙汰された時代である。先に明治期の用字法のまとめの部分で、三十年代から四十年代は複数表記率が下がる傾向にあったという調査結果を出した。『金色夜叉』における一字統一への動きは、紅葉が時代の波へ乗りかかったことを示しているように思われる。しかし一方で「古態表記」へと統一することで、完全には新しい時代の波に乗り切れなかった紅葉の姿が見られるのである。このような「古いものと新しいものとの共存」は、幼い頃から漢文・漢学に親しみ、多様な表記を駆使してきた紅葉が、完全に擬古文から抜け出すことが出来なかったということをも意味している。しかし言文一致を試みた二葉亭四迷や山田美妙などが、あくまで「平易な文章」を心がけ、時代を先取りしようとしたのに対し、紅葉は「新（言文一致体）と古（擬古文＝芸術性）との共存」という意識の下に、彼独自の作品を創りあげていったのであり、それは別の意味で、新しい文学のスタイルであったと言えるのかもしれない。芸術家は常に自己の感性を磨き、究極の美を求めて止まず、何かにこだわりを持ち続けているものである。このような彼独自の文学のスタイルが出来上がったのは、紅葉自身が真の美のあり方を求めた芸術家であったからであり、また長期に亘り、文体の上でも用字法の上でも妥協を許さず、心血を注いだ苦心の結果であったと言えるであろう。

注(1)関良一「明治の文体　尾崎紅葉」(『解釈と鑑賞』　昭和四十四年一月)
※関氏の示した『隣の女』と『伽羅枕』の年代と、今回調査の基盤とした『紅葉全集』で表示されていた作品年代が異なっているが、分かりやすくするために、ここでは関氏の作品年代に合わせて、両作品の年代を表示した。
(2)『定本　花袋全集』第二十六巻(平成七年六月　臨川書店)
(3)尾崎知光「『二人女房』の文体と紅葉の言文一致」(『名古屋大学国語国文学』三四号　昭和四十九年五月)より引用。
(4)注3に同じ。

(五)『八犬伝』などの江戸文学と明治期の表記法

今回の調査から、明治期における『八犬伝』と近世白話小説との関係を、以下のようにまとめることができる。
○近世白話小説などとの関連は、個人的なものではなく、明治期の文学作品全体として起こっていた現象であった(「阿」の用法、「四辺」の用法など)。
○『八犬伝』との共通点が見られる作品は、特に明治二十年代の作品のみであり、後期の作品では、たとえそこに『八犬伝』を始めとした江戸文学の類との繋がりがあったとしても、それは既に一般化した現象となって現れたものとなっており、個人的に影響を受けている作品は皆無であると言ってよい。
紅葉の作品と、『八犬伝』などの江戸文学・近世の中国白話小説との関連は、以下の通りである。
○『八犬伝』等の読本類の影響を受けた作品は、明治初期の作品であるが、用字法に関してその細部に亘る使用法が類似しているものは、紅葉の作品に多く見られた。このことから、紅葉と『八犬伝』を始めとした読本の類との関係は切り離して考えられないものであるということが、今回の調査から明らかとなった。

○具体的に『八犬伝』と紅葉の作品における用字法の関連を見た時、『八犬伝』が一字多訓であるのに対し、紅葉は一字一訓として使用しているものがあった。これは時代的な問題も大きく関わっているが、それらも含めて両者の関係を考えると、紅葉が『八犬伝』で用いられていたような用字法を、近代の用字法として引き継いだという一連の流れが見えてくるのである。

○白話小説との関連に関しては、直接的な影響を受けているとは言い難いと思われる。今回の調査を基に考えた場合、白話小説と紅葉との間に、『八犬伝』等の読本の類、つまり江戸文学という仲介者が存在すると思われるからである。なぜなら、『八犬伝』等の江戸文学が、白話小説の類の表記をふんだんに取り入れた最初の作品だからである。勿論、これは本論の調査結果を基にした上での結論であり、その他の読本の類を広く検討してみなければ、明治期の用字法と読本の用字法との総合的な関連は分からないということを敢えて述べておきたいと思う。

Ⅳ　紅葉の作品の用字法・別表

（一）ヲット（「ヤド・テイシュ」などの訓が付されているものは含めない）

作品年	作品＼用字	夫	良人	良夫	所天	所夫	亭主	震策
23	恋の蜕	2	1					
	此ぬし	2						
	夏痩	7	17	6			1	3
	関東五郎	4						
24	新色懺悔	2						
	二人椋助	4						
25	おぼろ舟			1				
	むき玉子		1			2		
	伽羅物語		1					
	女の顔	3						
	花ぐもり	2			9			
	毒饅頭	2						
26	侠黒児	6						
27	袖時雨	28			8			
	心の闇	2						
28	鷹料理	1						
	三箇条	1						
29	浮木丸	2						
30	安知歇貌	1						
31	八重欅	1						
33	寒牡丹	28						

※表の右側に付した数字は、それぞれの作品年である（以下同じ）。

（二）オトッサン

作品年	作品＼用字	（お）父様	御父様	（お）父親	（お）親父様	阿父（さん・様）	阿爺さん	お父さん
22	南無阿弥							1
23	恋の蜕	9		1	1			
25	おぼろ舟				5			
	むき玉子	7	1	1				
	夏小袖	37		1				
27	心の闇	1						
29	浮木丸	2						
30	千箱の玉							1
33	八重欅					33	7	

（三）オッカサン

母上様	阿母さん	お母さん	御母親	母親（さん）	御母様	（お）母様	用字＼作品	
		4					南無阿弥	22
				1			風雅娘	22
					1	4	恋の蛻	23
1							夏痩	23
1			2		11	2	おぼろ舟	25
			1			6	むき玉子	25
					2		毒饅頭	25
						6	夏小袖	25
					2		恋の病	26
					2	4	心の闇	27
		1					千箱の玉	30
	3						八重欅	31
					1		寒牡丹	33

（四）オレ

乃公	私	妾	俺	我	用字＼作品	
				1	むき玉子	25
				1	女の顔	25
	1			38	夏小袖	25
		2		35	恋の病	26
				18	侠男児	26
				6	心の闇	27
				6	冷熱	27
				8	浮木丸	29
2				6	青葡萄	29
			8		八重欅	31
			7		寒牡丹	33

（五）サイクン

妻君	細君	用字＼作品	
1		此ぬし	23
5		千箱の玉	30
2	2	八重欅	31

（六）アヒテ（「〜アヒテ」という複合語も含めた）

女子	敵手	合手	対手	相手	敵	対	用字／作品	
		1		2			南無阿弥	22
				1			風雅娘	
1			3				恋の蜕	23
			12	1			夏痩	
			1				新色懺悔	24
			1				文ながし	
		1					わかれ蚊	
	1						命の安売	
	1				1		二人椋助	
			3	1		1	おぼろ舟	25
	1		6				むき玉子	
				2			女の顔	
			7	6			毒饅頭	
	1			1			夏小袖	
		1	2				恋の病	26
		1	3	1			袖時雨	27
	5	2	1				心の闇	
	1						千箱の玉	30
			8				八重櫸	31
	1		4				寒牡丹	33

（七）アタリ（「そこら辺」といった曖昧なものは省略・「顔のアタリ」などは省き、場所を示すもののみ）

近所	四隣	四面	四下	四方	四辺	辺	用字／作品	
					1		風雅娘	22
					2		恋の蜕	23
					2		此ぬし	
					1		夏痩	
1							二人椋助	24
				1	3		むき玉子	
		1			1		女の顔	
1	1	2			6		毒饅頭	
					2		恋の病	26
					1		侠黒児	
					1	1	袖時雨	27
					1		心の闇	
					1		冷熱	
					1		鷹料理	28
					4		浮木丸	29
	1				4		青葡萄	
	1						千箱の玉	30
			1		2		八重櫸	31
					2		寒牡丹	33

（八）カタチ

形状	容貌	威儀	姿勢	躰	象	態	状	貌	容	形	用字＼作品	
										2	南無阿弥	22
										1	恋の蛻	23
										5	此ぬし	
1											夏痩	
										1	新桃花扇	
									1		巴波川	
										1	猿枕	24
										1	わかれ蚊	
									1		二人椋助	
	1	1								1	おぼろ舟	25
			1		2			1	2		むき玉子	
										1	女の顔	
							1		1	1	毒饅頭	
									1		袖時雨	27
							1	1		4	心の闇	
				1			1				冷熱	
									1	3	鷹料理	28
									1		青葡萄	29
						1	2			2	八重欅	31
						1			8	2	寒牡丹	33

（九）キズ（「キズツケル」などの動詞・「カスリキズ」などの複合語は含めない）

微傷	負傷	欠点	瑕瑾	玷	疵	傷	用字＼作品	
1	6				3	3	此ぬし	23
					1		夏痩	
				1			おぼろ舟	25
			1				むき玉子	
			1				伽羅物語	
					1		夏小袖	
1							恋の病	26
		1					袖時雨	27
	1						心の闇	
					1		安知歇貌	30
				1	4		八重欅	31
					1	1	寒牡丹	33

（十）ムカシ

作品	用字	昔	昔時	旧時	往時	往古	往昔	既往	去年	青年	以前	従前
22	南無阿弥	1										
	風雅娘	1										
23	拈華微笑	1										
	恋の蛻		1	2								
	夏痩										1	1
	巴波川			1								
24	新色懺悔	3	1	3								
	猿枕	1										
	二人椋助						1					
25	おぼろ舟	1	1									
	伽羅物語			4								
	女の顔			1	1							
	花ぐもり	1			1							
	毒饅頭	2		2		2			1	1		
26	恋の病		1	1								
	侠黒児	1										
27	袖時雨			4								
	心の闇	2		1	1			1				
	冷熱	2										
28	鷹料理	4										
	三箇条	2										
29	浮木丸	1		1								
	青葡萄	1										
33	寒牡丹	3										

（十一）ムカフ（表中の丸括弧内の語は動詞である）

向後	反対	対岸	前岸	前面	前方	先方	他	（敵）	（向）	用字 ／ 作品	
				2						恋の蛻	23
					1				1	此ぬし	
				1					1	夏痩	
				1						関東五郎	
									1	わかれ蚊	24
				1					2	二人椋助	
									5	おぼろ舟	25
		1						1	5	むき玉子	
				1					1	毒饅頭	
	1					1				夏小袖	
									2	恋の病	26
1									1	侠黒児	
									1	袖時雨	27
						1			2	心の闇	
									2	冷熱	
									1	三箇条	28
			1						2	浮木丸	29
				1					7	青葡萄	
				2			5		2	八重欅	31
							3		11	寒牡丹	33

（十二）メガネ（視力調整の「メガネ」だけを取り上げた）

柄眼鏡	色眼鏡	鼻眼鏡	眼鏡	目鏡	用字 ／ 作品	
				1	此ぬし	23
				1	猿枕	24
				1	わかれ蚊	
				1	おぼろ舟	25
		1		1	むき玉子	
			1	1	毒饅頭	
				1	夏小袖	
	1				恋の病	26
			1		青葡萄	29
				1	八重欅	31
1					寒牡丹	33

（十三）アケル（戸の開閉の「アケル」のみで、複合語も含める）

放	啓	明	開	用字 ／ 作品	
		1	1	南無阿弥	22
	1	1	5	恋の蛻	23
		4	5	此ぬし	
		2	2	夏痩	
			1	猿枕	24
			3	二人椋助	
		6	3	おぼろ舟	25
		1	4	むき玉子	
		2	6	女の顔	
		1		花ぐもり	
		1	6	毒饅頭	
			1	侠黒児	26
		2	1	袖時雨	27
			6	心の闇	
2	11		2	冷熱	
	1		3	浮木丸	29
	10		10	青葡萄	
	1			千箱の玉	30
1	5		1	八重欅	31
	7			寒牡丹	33

（十四）ヒラク

開	用字／作品	
1	南無阿弥	22
3	恋の蛻	23
2	此ぬし	
1	命の安売	24
2	二人椋助	
1	おぼろ舟	25
2	むき玉子	
1	女の顔	
5	毒饅頭	
1	侠黒児	26
1	寒牡丹	33

（十五）アツマル（単独語のみ）

集合	蒐	湊	聚	会	集	用字／作品	
			1			夏痩	23
				1		巴波川	
				1		文ながし	24
					1	わかれ蚊	
			1			むき玉子	25
1	2		2		1	毒饅頭	
					1	冷熱	27
		1				青葡萄	29
			3		1	寒牡丹	33

（十六）カマフ・カマハナイ

管	構	用字／作品	
	1	夏痩	23
	1	関東五郎	
	2	新色懺悔	24
	1	おぼろ舟	25
	1	むき玉子	
	4	毒饅頭	
	1	夏小袖	
	2	恋の病	26
	1	侠黒児	
	1	心の闇	27
2	3	冷熱	
	1	八重欅	31
4		寒牡丹	33

（十七）タツ（単独語・人の動作のみ）

起	立	用字／作品	
3	7	恋の蛻	23
	9	此ぬし	
	4	夏痩	
	3	巴波川	
	1	新色懺悔	24
	1	猿枕	
	2	わかれ蚊	
	7	おぼろ舟	25
	10	むき玉子	
	1	女の顔	
	8	毒饅頭	
	1	夏小袖	
	2	侠黒児	26
	2	袖時雨	27
1	6	冷熱	
	4	浮木丸	29
16	7	青葡萄	
2		安知歇貌	30
3	5	八重欅	31
16	7	寒牡丹	33

（十八）ハナス・ハナシ（単独語のみ・丸括弧内は動詞である）

成功	物語	条理	言語	問答	話頭	話柄	話説	対話	密話	会話	談話	縁談	対談	雑談	相談	俗話	説話	談	話	（談）	（話）	用字／作品	
																			4			南無阿弥	22
																			1		1	拈華微笑	23
	3						1				5			2	2		1		8		11	恋の蛻	
				1		1					5								1		1	此ぬし	
											4								4		5	夏痩	
											1								2		2	関東五郎	
														1								巴波川	
											4			2							5	新色懺悔	24
											1											文ながし	
																			1			猿枕	
								1											2			二人椋助	
											1				1				9		1	おぼろ舟	25
1	1	1	1				4			1	6				7	1			14	1	5	むき玉子	
											1											伽羅物語	
															1				1		1	花ぐもり	
							2				3		1		2				9		2	毒饅頭	
												1			2				20	1	9	夏小袖	
														1					12		2	恋の病	26
																			3		5	侠黒児	
							1		1						5				13		3	袖時雨	27
						1	1							1					11		2	心の闇	
																			6		4	冷熱	
																			12		4	浮木丸	29
					1						1							2	2		1	青葡萄	
																			3			千箱の玉	30
																		4	48		5	八重欅	31
																		6	69		12	寒牡丹	33

（十九）フケル（「フケユク」などの複合語も含む）

深	更	用字／作品	
	2	風雅娘	22
	2	夏痩	23
1	1	二人椋助	24
	1	おぼろ舟	25
	1	むき玉子	
	1	女の顔	
	3	毒饅頭	
	3	心の闇	27
	2	冷熱	
	1	浮木丸	29

（二十）ヨフケ

夜闌	夜深	夜更	用字／作品	
	1		関東五郎	23
	1		巴波川	
	1	1	猿枕	24
	1		おぼろ舟	25
		1	女の顔	
	1	1	毒饅頭	
	2	1	心の闇	27
		1	冷熱	
1			青葡萄	29
	1	1	八重欅	31
	1		寒牡丹	33

（二十一）ユルス（単独語のみ）

宥免	許容	宥	釈	允	赦	免	容	許	用字／作品	
								2	恋の蛻	23
						1	1		此ぬし	
							1		夏痩	
								2	新色懺悔	24
								1	猿枕	
							1	2	わかれ蚊	
		1							二人椋助	
1	1					5		2	むき玉子	25
						1		1	花ぐもり	
			1			1		5	毒饅頭	
				2					恋の病	26
			1			1			侠黒児	
						5	1	2	袖時雨	27
			1						心の闇	
			1			2		1	冷熱	
								4	青葡萄	29
					1		1	2	八重欅	31
			1		2	2		3	寒牡丹	33

（二十二）アカイ（単独語のみ・顔のアカサのみ・動詞も含む）

赭	赤	紅	赧	用字／作品	
			1	恋の蛻	23
			1	此ぬし	
			2	夏痩	
	1			関東五郎	
			1	猿枕	24
		1	1	おぼろ舟	25
			8	むき玉子	
			1	毒饅頭	
	1			袖時雨	27
1				千箱の玉	30

（二十三）クライ（単独語のみ）

味	昏	黯	闇	暗	用字／作品	
			1		伽羅物語	25
			1		女の顔	
			1	1	毒饅頭	
				1	袖時雨	27
1	1				心の闇	
		1			寒牡丹	33

（二十四）ツライ（名詞・複合語も含む）

不愉快	極楚	情無	苦悩	強顔	可愁	憂	愁	辛	用字／作品	
								1	南無阿弥	22
								4	恋の蛻	23
							1		此ぬし	
		1	1	1			2		夏痩	
							1		巴波川	
								1	新色懺悔	24
					1				わかれ蚊	
							1	4	むき玉子	25
							3	3	毒饅頭	
								1	夏小袖	
							3	1	侠黒児	26
								8	袖時雨	27
1	1						1		心の闇	
						1	5	1	冷熱	
							1	1	浮木丸	29
								3	八重欅	31
								4	寒牡丹	33

(二十五) ワカイ (名詞も含む)

妙齢	年壮	青年	若年	年若	年少	少	若	用字	作品
							2	南無阿弥	22
							1	風雅娘	
							1	拈華微笑	23
		1					2	恋の蛻	
					1		4	此ぬし	
							2	夏痩	
							1	関東五郎	
		1					3	新色懺悔	24
2		1		1	1		2	おぼろ舟	25
					1		1	むき玉子	
			1			1	5	毒饅頭	
							12	夏小袖	
							5	恋の病	26
	1						2	袖時雨	27
							3	心の闇	
							1	冷熱	
							4	浮木丸	29
							3	青葡萄	
							3	八重欅	31
							2	寒牡丹	33

(二十六) アンナ

那麼	用字	作品
3	冷熱	27
1	浮木丸	29
1	千箱の玉	30
8	八重欅	31
3	寒牡丹	33

(二十七) コンナ

這箇	這般	這麼	此如	如此	用字	作品
				1	南無阿弥	22
				1	おぼろ舟	25
			1	1	袖時雨	27
1	6	3			冷熱	
		3			浮木丸	29
		5			青葡萄	
		4			千箱の玉	30
		19			八重欅	31
		13			寒牡丹	33

（二十八）ソンナ

那麼	那様	用字／作品	
5		冷熱	27
6		青葡萄	29
	3	安知歇貌	30
	3	千箱の玉	
5	58	八重櫻	31
1	45	寒牡丹	33

（二十九）ドンナ

如何	什麼	恁麼	甚麼	用字／作品	
1		1	3	冷熱	27
			4	浮木丸	29
	1			青葡萄	
			20	八重櫻	31
			18	寒牡丹	33

（三十）サスガニ

有繫	流石	遉	用字／作品	
	1		風雅娘	22
	1		拈華微笑	23
	3		此ぬし	
	4		夏痩	
	2		新色懺悔	24
	1		文ながし	
	3		おぼろ舟	25
	5		むき玉子	
	1		伽羅物語	
	7		毒饅頭	
	2		夏小袖	
	1		恋の病	26
	5		袖時雨	27
3			心の闇	
3			冷熱	
2			鷹料理	28
3		1	浮木丸	29
10			青葡萄	
1			千箱の玉	30
3			八重櫻	31
12			寒牡丹	33

（三十一）シキリニ

絡繹	荐	連	切	頻	用字／作品	
		1			恋の蛻	23
				1	此ぬし	
				3	おぼろ舟	25
			1	2	むき玉子	
				1	花ぐもり	
1		1		2	毒饅頭	
				1	俠黒児	26
		1		2	袖時雨	27
				5	心の闇	
	2			2	冷熱	
				1	鷹料理	28
				1	三箇条	
				6	浮木丸	29
		1	1	7	青葡萄	
		1		1	安知歇貌	30
				1	千箱の玉	
			2	5	八重櫻	31
	1	1	2	7	寒牡丹	33

（三十二）ニハカニ

要急	一転	卒然	突然	遽爾	遽急	遽然	暴	卒	遽	俄	用字／作品	
									1		恋の蛻	23
	1		1								夏痩	
						1					巴波川	
									1	1	二人椋助	24
									2		おぼろ舟	25
									8	2	むき玉子	
							1		2		女の顔	
									2		花ぐもり	
		1						1	7	1	毒饅頭	
								1			夏小袖	
								1			恋の病	26
								1	1	1	侠黒児	
1					1				1	2	袖時雨	27
								1	4	2	心の闇	
								1	1		冷熱	
								2			鷹料理	28
							1				三箇条	
								1	2		浮木丸	29
								2			青葡萄	
									2		安知歇貌	30
									2		千箱の玉	
								2	5		八重欅	31
				1			1	5	7	3	寒牡丹	33

（三十三）シバシ

少頃	有間	霎時	多時	少時	暫時	用字／作品	
					2	南無阿弥	22
					1	拈華微笑	23
				6		恋の蛻	
		1		1	1	此ぬし	
		1		1	1	夏痩	
				4		巴波川	
				4	1	新色懺悔	24
				1		文ながし	
				1		命の安売	
				1		二人椋助	
					1	おぼろ舟	25
			2	9		むき玉子	
				1		伽羅物語	
				1		花ぐもり	
				6		毒饅頭	
		1				侠黒児	26
		2		4		袖時雨	27
		3				心の闇	
				1		鷹料理	28
	1					三箇条	
				3		浮木丸	29
				2		青葡萄	
	1					千箱の玉	30
1	2			2		寒牡丹	33

（三十四）シバラク

有間	少焉	少頃	長年	霎時	多時	少時	間	久	姑	暫	用字／作品	
						1					南無阿弥	22
										1	風雅娘	
			1								恋の蛻	23
						1					此ぬし	
						3					おぼろ舟	25
					1	2					むき玉子	
						1					女の顔	
						1					花ぐもり	
					1	3				1	毒饅頭	
				1		2					恋の病	26
				1	1						侠黒児	
	1			1	1	2			1		心の闇	27
1	1								7	1	冷熱	
				1	1	1			2		浮木丸	29
1									2		青葡萄	
									1		安知歇貌	30
									2		千箱の玉	
										7	八重欅	31
3		1				1	1	1	4	8	寒牡丹	33

（三十五）トカク（「トモカクモ・トミカウミ・トサマカウサマ」などの語すべてを含む）

右左	左右	兎角	用字／作品	
	1		拈華微笑	23
		3	恋の蛻	
	1		此ぬし	
1		2	夏痩	
		1	関東五郎	
		1	おぼろ舟	25
1		4	むき玉子	
		5	毒饅頭	
		1	夏小袖	
		2	恋の病	26
		9	袖時雨	27
		7	心の闇	
1	5		冷熱	
	2		鷹料理	28
	1		三箇条	
	3	1	浮木丸	29
	4		青葡萄	
	9		八重欅	31
	14		寒牡丹	33

（三十六）ナホ

仍	尚	猶	用字／作品	
		3	南無阿弥	22
		1	恋の蛻	23
	1		夏痩	
		5	巴波川	
	1		おぼろ舟	25
	3	1	むき玉子	
	2		毒饅頭	
	1		侠黒児	26
	3		袖時雨	27
4	2		心の闇	
1			冷熱	
		1	鷹料理	28
	1		三箇条	
	2		浮木丸	29
		2	青葡萄	
1			安知歇貌	30
1		1	千箱の玉	
		7	八重欅	31
7	7	16	寒牡丹	33

（三十七）ナゼ

何為	何故	用字＼作品	
	1	夏痩	23
	2	むき玉子	25
	2	夏小袖	
	1	恋の病	26
	2	心の闇	27
	4	冷熱	
	1	安知歇貌	30
10	3	八重櫸	31
5		寒牡丹	33

（三十八）ヤガテ

軈	旋	頓	用字＼作品	
1			おぼろ舟	25
		1	むき玉子	
		1	女の顔	
1		5	毒饅頭	
		1	侠黒児	26
1	1	1	心の闇	27
2			冷熱	
	2		浮木丸	29
1		1	青葡萄	
	1		安知歇貌	30
	2		八重櫸	31
	16	1	寒牡丹	33

（三十九）ヤハリ・ヤッパリ

仍旧	依様	依然	猶且	矢張	用字＼作品	
				1	夏小袖	25
				2	恋の病	26
				1	心の闇	27
				1	浮木丸	29
		1			青葡萄	
			1		安知歇貌	30
1	5	1	11		八重櫸	31
	6		6		寒牡丹	33

（四十）ワザト（「ワザトラシイ」なども含む）・ワザワザ

故々	態々	故	態	用字＼作品	
	1		2	此ぬし	23
			1	夏痩	
			1	新色懺悔	24
	1			おぼろ舟	25
	2			むき玉子	
	1			毒饅頭	
	1			恋の病	26
	1			侠黒児	
		4		冷熱	27
		1		三箇条	28
		3		青葡萄	29
		1		安知歇貌	30
2		2		八重櫸	31
1		2		寒牡丹	33

参考文献一覧

《使用資料》

（一）『紅葉全集』第一巻〜第六巻（昭和五十四年十一月　日本図書センター）

（二）『鷗外全集』第一巻〜第三十八巻（昭和四十六年十一月　岩波書店）

（三）『漱石全集』第一巻〜第十七巻（昭和四十年　岩波書店）

（四）『南総里見八犬伝』第一巻〜第十巻（平成二年　岩波文庫）

（五）松村春輔『春雨文庫』（『明治開化期文学集二』／『明治文学全集』第一巻　筑摩書房）

（六）久保田彦作『鳥追阿松海上新話』（明治十一年一月　錦榮堂）

（七）岡本起泉『嶋田一郎梅雨日記』（明治十二年六月　島鮮堂）

（八）武田交来『冠松真土夜暴動』（明治十三年九月　錦壽堂）

（九）坪内逍遙『当世書生気質』（元版―明治十八年六月　晩青堂／『新選名著複刻全集』近代文学館）

（一〇）二葉亭四迷『新篇・浮雲』第一篇・第二篇（一篇―明治二十年六月・二篇―明治二十一年二月　金港堂／『名著複刻全集』近代文学館）

（一一）二葉亭四迷『浮雲』第三篇（明治二十二年七月〜八月「都の花」）

（一二）山田美妙『夏木立』（元版―明治二十一年八月　金港堂／『特選名著複刻全集』近代文学館）

（一三）須藤南翠『唐松操』（明治二十二年六月　文昌堂）

（一四）丸岡九華『山吹塚』（明治二十四年二月　吉岡書籍店）

（一五）巌谷小波『秋の蝶』（『短篇小説明治文庫・第一篇』明治二十六年三月　博文館）

（一六）田山花袋『隅田川の秋』（『短篇小説明治文庫・第四篇』明治二十六年十二月　博文館）
（一七）広津柳浪『変目伝』（『柳浪叢書・前編』明治四十二年十二月　博文館）
（一八）泉鏡花『夜行巡査』（『粧蝶集』大正六年八月　春陽堂）
（一九）樋口一葉『にごりえ』（『一葉全集』明治三十年一月　博文館）
（二〇）広津柳浪『今戸心中』（『柳浪叢書・前編』明治四十二年十二月　博文館）
（二一）徳富蘆花『不如帰』（元版―明治三十三年一月　民友社／『名著複刻全集』近代文学館）
（二二）永井荷風『薄衣』（『永井荷風集』／『明治文学全集』七十三巻　筑摩書房）
（二三）泉鏡花『高野聖』（元版―明治四十一年二月　左久良書房／『精選名著複刻全集』近代文学館）
（二四）幸田露伴『太郎坊』（『長語』明治三十五年／再版）
（二五）小栗風葉『下士官』（『小杉天外・後藤宙外・小栗風葉集』／『明治文学全集』六十五巻　筑摩書房）
（二六）徳富蘆花『灰尽』（元版―『自然と人生』明治三十三年八月　民友社／『名著複刻全集』近代文学館）
（二七）幸田露伴『夜の雪』（『露伴叢書』明治三十五年六月　博文館）
（二八）永井荷風『地獄の花』（明治三十五年九月　金港堂）
（二九）小杉天外『魔風恋風』（明治三十八年二月／前編―第八版・中編―第七版・後編―第五版　春陽堂）
（三〇）小栗風葉『青春』（「春之巻」明治四十年五月―第五版・「夏之巻」明治四十年九月―第五版・「秋之巻」明治四十年十一月―再版　春陽堂）
（三一）田山花袋『蒲団』（『花袋集』明治四十一年五月／第五版　易風社）
（三二）泉鏡花『草迷宮』（明治四十一年一月／再版　春陽堂）
（三三）後藤宙外『独行』（『小杉天外・後藤宙外・小栗風葉集』／『明治文学全集』六十五巻　筑摩書房）
（三四）永井荷風『歓楽』（明治四十二年九月　易風社）

《使用索引》

（一）近世文学総索引『井原西鶴』（教育社）
（二）作家用語索引『夏目漱石』（教育社）
（三）作家用語索引『森鷗外』（教育社）
（四）作家用語索引『太宰治』（教育社）
（五）作家用語索引『芥川龍之介』（教育社）

《研究文献》

（一）『紅葉遺稿』（明治四十四年四月　博信堂書房）
（二）江見水蔭『硯友社と紅葉』（昭和二年四月　改造社）
（三）岡保生『尾崎紅葉―その基礎的研究―』（「近代作家研究叢書⑰」昭和五十八年十二月　日本図書センター）
（四）小平麻衣子『尾崎紅葉女物語を読み直す』（ＮＨＫ文化セミナー「明治文学をよむ」平成十年十月　ＮＨＫ出版）
（五）『定本花袋全集』一五・二三・二六巻（平成七年六月　臨川書店）
（六）田島優『近代漢字表記語の研究』（平成十年十一月　和泉書院）
（七）『近世の漢字とことば』（『漢字講座七』昭和六十三年十月　明治書院）
（八）『近代日本語と漢字』（『漢字講座八』昭和六十三年十月　明治書院）
（九）『近代文学と漢字』（『漢字講座九』昭和六十三年十月　明治書院）
（一〇）『漢字と国語問題』（『漢字講座十一』昭和六十三年十月　明治書院）
（一一）山内洋一郎『野飼ひの駒―語史論集―』（平成八年五月　和泉書院）
（一二）『近代語研究』第一集（昭和四十年九月　近代語学会　武蔵野書院）
（一三）『国語国文学研究史大成⑮（国語学）』

（一四）佐藤喜代治「西鶴の小説における用字についての試論」（『東北大学文学部研究年報』一三号　昭和五十五年十一月）
（一五）杉本つとむ「西鶴の用字法覚書」（『国文学研究』第十一輯　昭和二十九年十二月）
（一六）荒尾禎秀「西鶴五作品の「熟字」」（『東京学芸大学紀要第二部門』第四〇集　平成元年二月）
（一七）木村秀次「『雨月物語』の用字「かたち」の場合を通して」（『日本語学』　平成二年七月）
（一八）土屋信一「式亭三馬の漢字使用―『浮世風呂』を資料として―」（『日本語学』　昭和六十一年五月）
（一九）鈴木丹士郎「馬琴の語彙」（『専修国文』一号　昭和四十二年一月）
（二〇）鈴木英夫「『安愚楽鍋』にみられる漢語とその表記について」（『共立女子大学短期大学部文化紀要』十五号　昭和四十七年三月）
（二一）伊藤澄子「独歩における用字法について―『野菊』を中心に―」（『東洋大学短期大学論集　日本文学編』二十六号　平成二年三月）
（二二）田島優「速記本の漢字表記語の一面―『怪談牡丹燈籠』を中心に―」（『東海学園国語国文』三七号　昭和六十三年三月）
（二三）太田紘子「『あひゞき』初訳・改訳の使用漢字」（『就実国文』七号　昭和六十一年十一月）
（二四）山田貞雄「明治一知識人の用字二―森鷗外『青年』における同一語表記の変容について―」（『図書館情報大学研究報告』第八巻一号　平成元年七月）
（二五）石川禎紀「夏目漱石の用字法」（『言語生活』二六一号　昭和四十八年六月）
（二六）田中順子「夏目漱石研究―『夢十夜』の宛字について―」（『東洋大学短期大学論集　日本文学編』二十七号　平成三年三月）
（二七）尾崎知光「『二人女房』の文体と紅葉の言文一致」（『名古屋大学国語国文学』三四号　昭和四十九年五月）
（二八）関良一「明治の文体―尾崎紅葉―」（『解釈と鑑賞』　昭和四十四年一月）
（二九）玉村文郎「漢字をあてる―『多情多恨』表記考―」（『大阪外国語大学学報』二九号　昭和四十八年二月）
（三〇）玉村文郎「「かな」の位相―『多情多恨』表記考補遺―」（『大阪外国語大学学報三〇号　昭和四十九年二月）
（三一）梶原滉太郎「尾崎紅葉「三人妻」の副詞の表記」（『佐藤喜代治教授退官記念　国語学論集』同刊行会　昭和五十一年六月）
（三二）『続・尾崎紅葉の諸相』（専修大学大学院文学研究科畑研究室）

（三三）築島裕「宛字考」（『言語生活』　昭和三十五年七月）
（三四）天沼寧「背の明いた服」（『国文学研究』九四集　昭和六十三年四月）
（三五）蜂谷清人「「さすが（に）」の漢字表記をめぐって」（『日本語学』　平成二年四月）
（三六）斎藤文俊「近世・近代の漢文訓読」（『日本語学』　平成九年六月）

《使用辞書》

（一）『国語学大辞典』（東京堂出版）
（二）『国語学研究事典』（明治書院）
（三）『明治のことば辞典』（昭和六十一年十二月　東京堂出版）
（四）『日本古典文学大辞典』（岩波書店）
（五）『故事・ことわざの辞典』（小学館）
（六）『日本国語大辞典』（小学館）
（七）『大辞泉』（小学館）
（八）日本辞書『言海』（明治二十四年　大槻文彦／『明治期国語辞書大系』［普5］）
（九）『日本大辞書』（明治二十六年　山田美妙／『明治期国語辞書大系』［普6］）
（一〇）『帝国大辞典』（明治二十九年　藤井乙男・草野清民／『明治期国語辞書大系』［普10］）
（一一）『日本新辞林』（明治三十年　林甕臣・棚橋一郎／『明治期国語辞書大系』［普11］）
（一二）『類聚名義抄』（昭和二十九年　風間書房）
（一三）『易林本節用集』（慶長二年原刻本乾本　国立国会図書館蔵本　『改訂新版古本節用集六種研究並びに総合索引』中田祝夫著）
（一四）『書言字考節用集』（享保二年版　『書言字考節用集研究並びに索引』中田祝夫・小林祥次郎著）
（一五）秋水園主人編『小説字彙』（寛政三年十一月　風月荘左衛門等／『中国文学語学資料集成第一篇』第一巻①）

（一六）市川清流編『雅俗漢語訳解乾坤』（明治十一年十月　市川清流／『中国文学語学資料集成第一篇』第一巻②）

（一七）藤井理伯編『俗語訓訳支那小説辞彙』上・下（明治十一年十二月　松山堂／『中国文学語学資料集成第一篇』第一巻③）

（一八）桑野鋭編『小説字林―別名支那俗語集』（明治十七年七月　九春社／『中国文学語学資料集成第一篇』第一巻④）

（一九）『大漢和辞典』（大修館書店）

（二〇）『新版　漢字源』（学習研究社）

（二一）『普及版　字訓』（平凡社）

（二二）『普及版　字統』（平凡社）

（二三）『中日辞典』（小学館）

あとがき

本書は、書名のごとく「尾崎紅葉を中心とした、明治期における用字法の変遷」という課題に取り組んだ研究書であるが、私が日本大学文理学部国文学科の学生であった時の卒業論文を基に、内容を充実させるために更に手を加え纏めあげたものである。

事の始まりは、私が大学三年の時、佐藤武義先生の「国語学演習」で取り上げられた、尾崎紅葉の『二人女房』が、多彩な漢字表記で綴られていたことに魅せられてしまったことであった。

佐藤先生の授業では、言葉に関してであれば何をテーマに研究を発表しても良いということであったので、私は迷うことなく「尾崎紅葉の用字法」について、夏休みを挟んで研究に取り組むことにした。その時は研究方法ということ自体がよく理解できていなかったものの、とにかく紅葉の全集を読破し、一語一語研究対象となる言葉を抜き出していった。調査は思っていた以上に大変ではあったが、表にまとめ、紅葉の用字法の多彩さや揺れ動いているらしき傾向などが明らかになってくると、面白くて仕方がなくなってしまい、僅か九十分の発表時間しかないのにも拘らず、出来上がったレジュメはレポート用紙一〇〇枚を超えていた。勿論余分なところは割愛し、授業中の範囲内でできる程度にまとめ直し、六週にわたって発表をさせていただいた。結局、この時に纏めあげた調査をそのままにしておくのが惜しかったことと、佐藤先生の勧めなどもあり、卒業論文では更に他作家の作品を加えた、紅葉の用字法について書くことになったのである。

その後、佐藤先生の御指導を賜りながら、卒業論文を書き進めていったのであるが、三年の時に調査を行ったものは初版本に近いものではなく、また研究方法も手荒かったため、一から調査のやり直しをすることになった。調査の間、紅葉の作品だけで手一杯になってしまい、このままでは「明治期の用字法の変遷」ではなく、「紅葉の用字法の変遷」になってしまいそうであったのだが、わずかながらも、どうにか他作家の作品をも交えることができ、「近代日本語における用字法の変遷」という題目で論文を提出することができたのである。

後から先生の御話で気付いたことであったが、途中体調を崩してしまったこともあり、調査に半年、論文を書きあげるのに僅か三ヶ月しかなかったのであった。この激務に私は体調を崩し、論文提出時には三十九度の熱を押して、姉に付き添われながら日本大学へと向かい、その後半月余り床に就く羽目になってしまったことは今でも忘れられない。

漸く書きあげた卒業論文は、表が多かったせいもあり、原稿用紙七二九枚という膨大な枚数になってしまったのだが、佐藤先生は一日がかりで全て読破して下さった。私はこれを御聞きしたとき、本当に感無量の思いであった。更に卒業時には、日本大学国文学科から栄誉な鈴木賞まで頂くことができ、努力が認められた嬉しさに、心が踊るばかりであった。

その後、私は大学院へ進学するか否か悩んだが、結果的に会社を営む実家で働くという道を選んだ。この結論が出るまでの間、佐藤先生には大変御迷惑をお掛けしてしまった。進学を取りやめた私にとって、本を作製したいという夢もそこで終わってしまったのだが、卒業後父親からの提案で、卒業論文を体裁を整えて本にしたらどうかという話を持ちかけられたことによって、私の夢が復活したのであった。勿論この時点では出版などというものではなく、単にプロの方に頼んで本のような形のものを何部か印刷してもらおうというものであった。専門的なことでもあるので、長年研究に従事され、学生時には大変お世話になった佐藤先生に御伺いすることになったのだが、いろいろと御話をしているうちに、明治時代の用字法に関心を持つ研究者に供する形で本を出しても良いのではないか、という御言葉を頂いたのである。そこで御紹介頂いたのが、日本大学の御出身でもあられる今井肇氏が経営なさっている、翰林書房であった。

そして忘れもしない平成十二年十二月二十日大安吉日、佐藤先生と翰林書房へ訪問し、今井社長と御話をさせて頂いた結果、本書の出版を快く引き受けて下さることになったのである。夢にも「出版」など簡単にはできないであろうと思っていたのだが、今井社長の御厚意と御英断によって出版が決まったのであった。

このように本書は、佐藤先生や翰林書房のお力添えがあって出来上がったものである。

そして今年の一月、会社へ入社したのと同時に、再び研究調査が始まった。短期間で仕上げた卒業論文には訂正箇所も多く、更に尾崎紅葉以外の作品は手近な文庫本で済ませてしまったこと、また明治十年代の作品に目を通していなかったことなどの理由で、改めて纏め直すことになったのだが、今回御尽力下さった方々、そして本書に目を通して下さる方々に納得し満足して頂けるように、仕事の合間を利用し、再び日本近代文学館や日本大学などにも足を伸ばし、内容を充実させたつもりである。

しかし本来ならば、研究書というものは学会等で研究発表を行い、多くの諸先輩方との討論を経、よりよい研究論文を目指し、練り直しを重ねて纏め直した後に、なお長い年月をかけて一冊の本に集大成されるものであるはずだが、本書はその過程を経ずして刊行に至ったため、調査内容や文章の面などに至らない点が多く、プロの研究者として御活躍なさっている諸先輩方からは、本書に対する厳しい御批判が当然伴うものと思う。しかし少しでも私の意図するところを汲んで頂くために、私なりに試行錯誤を重ね、佐藤先生に御指導を賜りながら、限られた時間の中で精一杯努力したつもりである。私は今後研究に従事していく者ではないとは言え、本書への感想や御意見をもって御鞭撻頂ければ幸いである。

右の事情により、本書はいわゆるカッコつきの「研究書」ではあるが、研究に従事していない一般の方々や学生の方々にも、広く読まれることを願う。本書をきっかけに、漢字を始めとした「言葉」というものについて、あるいは、明治の文学作品について興味を持って頂ければ、いや文学に限らずとも、何か、ごく身近なものに興味を持つ楽しさというものを感じて頂ければ、それに勝る喜びは無い。

今私たちは、物質的にも精神的にも非常に恵まれた時代に生きている。しかしその恵まれた時代の中に生きていられるのは、多くの先人たちの努力があったからこそだと思うのである。身近に、ごく当たり前に存在している物事が、当たり前でなかった時代が当然あったのであり、そういったことに少しでも目を向けることによって、自分自身を顧みることもできるし、新しい何かを見出すことができるものである。

私は大学に入るまで、「用字法」というものなど気に止めたこともなかったが、今回幸運にも、用字法というものについて考える機会を得ることができた。そこには新しい発見や喜びがあったのと同時に、自分が普段何の考えもなしに、文字、特に漢字を使用していたことを、改めて考えさせられることにもなった。今後、本書を編むことによって得た体験を、実生活の中でどう生かしていくかは、もちろん私の意志如何であるが、とにかく、今回このような貴重な機会を作ってくださった方々に、心より、深く感謝の意を表したく思うのである。

私が未熟なばかりに、今回資料を再調査し、新たに本書を纏めるに当り、佐藤先生には言葉の一語一語にまで細かい御配慮と御指導を賜り、お忙しい身の上にも拘らず、原稿の厳密なチェックをして頂いた。先生の御力添えが無かったならば、本書を公に出版することなどできなかった。

そして日本大学文理学部図書館をはじめ、日本近代文学館、町田市立中央図書館、国文学研究資料館、神奈川近代文学館の各図書館においては、諸論文や資料を拝見させて頂いた。特に町田市立中央図書館においては、今回の調査の基本資料である『紅葉全集』全六巻を、長期に亘りお借りし、常に手元に置いておけたことによって、調査を短期間でスムーズに進めることができたことは言うまでもない。

また、尾崎紅葉の初出の確認のため、明治期の読売新聞を閲覧するにあたり、読売新聞・メディア戦略局事業部の次長であられる小川和夫氏にアドバイスを頂いたことにより、本書で最も重要な部分に、何ら支障をきたすことなく、論を進めることができた。

今回の出版にあたり、あらゆる面で御力添えを頂いた佐藤武義先生、資料を提供して下さった各図書館、親切にアドバイスをして下さった小川和夫氏、そして本書の出版を快く引き受けて下さり、本の体裁を整えるにあたり、お忙しい中、色々と相談に乗って頂き、本書の刊行に至るまで御力添えして下さった翰林書房の今井社長御夫妻に、この場をお借りして心より感謝の意を表したい。

最後に私事ではあるが、調査のために度々会社を休んだことを詫びると共に、今回の出版のきっかけを作ってくれた、父であり上司でもある榮雄と、母文子に、この場を借りて心から謝意を表したい。

平成十三年七月二十日

近藤　瑞子

著者紹介
近藤瑞子（こんどう　みつこ）
昭和四十九年生まれ。松蔭高等学校卒業。
東放学園卒業。
日本大学文理学部国文学科卒業。
現在、会社勤務。

近代日本語における用字法の変遷
—尾崎紅葉を中心に

二〇〇一年一一月二二日
第一刷

著　者——近藤瑞子©
発行者——今井　肇
発行所——翰林書房
〒101-0051東京都千代田区神田神保町一-一四
電話（〇三）三二九四-〇五八八
FAX（〇三）三二九四-〇二七八
印刷——教文堂
製本——三高製本
2001 Printed in Japan.
ISBN4-87737-141-9　C3081